清代學術名著叢刊

經史問答

外三種

［清］全祖望 撰

朱鑄禹 彙校集注

上海古籍出版社

圖書在版編目(CIP)數據

經史問答：外三種／(清）全祖望撰；朱鑄禹彙校集注. —上海：上海古籍出版社，2023.5
(清代學術名著叢刊）
ISBN 978-7-5732-0706-7

Ⅰ.①經…　Ⅱ.①全… ②朱…　Ⅲ.①經學—研究　Ⅳ.①Z126.27

中國國家版本館 CIP 數據核字(2023)第 075994 號

清代學術名著叢刊
經史問答(外三種)
［清］全祖望　撰
朱鑄禹　彙校集注
上海古籍出版社出版發行
(上海市閔行區號景路 159 弄 1-5 號 A 座 5F　郵政編碼 201101)
(1) 網址：www.guji.com.cn
(2) E-mail：guji1@guji.com.cn
(3) 易文網網址：www.ewen.co
上海展强印刷有限公司印刷
開本 850×1168　1/32　印張 12.5　插頁 5　字數 258,000
2023 年 5 月第 1 版　2023 年 5 月第 1 次印刷
印數：1—1,500
ISBN 978-7-5732-0706-7
K·3374　定價：78.00 元
如有質量問題，請與承印公司聯繫
電話：021-66366565

出版説明

全祖望（一七〇五—一七五五），字紹衣，號謝山，浙江鄞縣人，清代浙東學派代表人物，傑出的史學家，素以氣節自勵，著作等身，尤悉南明史事。其主要著作有鮚埼亭集内外編、詩集、句餘土音、經史問答、漢書地理志稽疑等多種；他從四十二歲起續修黄宗羲宋元學案，四十五歲起七校水經注、三箋困學紀聞，三書均爲我國文化學術史上之重要文獻。

本書遴選全祖望四種重要著作——經史問答、孔子弟子姓名表、漢書地理志稽疑、讀易别録合爲一編，收入清代學術名著叢刊，以饗讀者。

經史問答爲全祖望回答弟子疑問之記録，凡十卷，其中易、尚書、詩、三傳、三禮、論語各一卷，大學、中庸、孟子共一卷，諸史三卷。是書内容涉及範圍甚廣，既包括對歷史事件、歷史人物之評價，也有對史書内容之論述等，是全祖望經史研究的主要成果。本書以嘉慶九年（一八〇四）史夢蛟刻鮚埼亭集本爲底本。

孔子弟子姓名表，輯録史記、孔子家語、文翁石室圖、蘇轍古史考所載孔子弟子姓名，並列表對照。本書以馮孟顓先生藏舊鈔本爲底本。

漢書地理志稽疑以漢書地理志爲研究對象，詳加考證，凡六卷，是全祖望歷史地理學研究的重要成果。本書以嘉慶九年朱文翰得諼草堂刻本爲底本，以粤雅堂叢書本爲校本。

讀易别録是我國目録學史上首部專門的易學書目，盡録研究、討論易經之書，開輯一書相關著述爲目録之先河，是全祖望易學研究的重要成果。本書以知不足齋叢書本爲底本。

上海古籍出版社

二〇二三年四月

目録

孔子弟子姓名表

漢書地理志稽疑

讀易別録

經史問答

經史問答序

阮元

經學、史才、詞科三者，得一足以傳。而鄞縣全謝山先生兼之。先生舉鴻博科，已官庶常，不與試，擬進二賦，抉漢志、唐志之微，爲與試諸公所不能及，精通經史故也。元視學至鄞，求二萬氏、全氏遺書。及其後人慈谿鄭生勳以先生經史答問呈閱，往返尋繹，實足以繼古賢，啟後學，與顧亭林日知録相埒。吾觀象山、慈湖諸説，如海上神山，雖極高妙，而頃刻可成；萬、全之學，則如百尺樓臺，實從地起，其功非積年工力不可。噫！此本朝四明學術，所以校昔人，爲不憚迂遠也。兩浙督學使者儀徵阮元序。

經史問答卷一〔一〕

易問目答董秉純 十七條

問：說易家有互體，其來遠矣。南軒教人且看王輔嗣、胡安定、王介甫三家，以其不言互體也。然則互體之說非與？而朱子晚年頗有取焉，何也？

答：向來謂大傳之雜物撰德，同功異位，即指互體。愚未敢信其必然，蓋觀於『多凶多功，多譽多懼』之語，似於互體無涉。然互體在春秋左氏傳已有之，乃周太史之古法，則自不可斥，不必攀援大傳而後信也。漢晉諸儒無不言互體者，至王輔嗣、鍾士季，始力排之，然亦終不能絀也。特是漢儒言互，祇就一卦一爻取象，而未能探其所以然。直至南宋深寧王禮部作鄭康成易注序，始發之。深寧謂八卦

〔一〕本書底本每卷卷首書名下有『餘姚史夢蛟重校』七字。

之中,乾、坤純乎陰陽,故無互體。若震、巽、艮、兑,分主四時,而坎、離居中以運之,是以下互震而上互艮者,坎也;下互巽而上互兑者,離也。若震、巽分乾、坤之下畫,則上互有坎、離;艮、兑分乾、坤之上畫,則下互有坎、離。而震、艮又自相互,巽、兑又自相互,斯陰陽老少之交相資也。其義最精。而愚由深寧之言,再以十辟卦推之:五陽辟,以震、兑與乾、坤合而成。五陰辟,以巽艮與乾坤合而成。乃夬姤近乎純乾,剥復近乎純坤,故無互體。而艮兑之合乾坤也,爲臨爲遯,則下互有震巽。震巽之合乾坤也,爲大壯爲觀,則上互有艮兑。至坤乾合而爲泰,則下互艮而上互震。乾、坤合而爲否,則下互兑而上互巽。坎、離於十辟卦雖不豫,而以既、未濟自相互,是陰陽消長之迭爲用也。其法象亦未嘗不天然也。然則互體之説,非徒以數推,而以理備。當聖人畫卦之初,何嘗計及於此,乃其既具而旁午曲中,所以不流於鑿。是故深寧八卦之旨,即中央寄王之義也。愚所推十辟卦之旨,即六律還宫之義也。而聖人參伍於此,以之取象,蓋十之五。是以朱子晚年,謂從左氏悟得互體,而服漢儒之善於説經,有自來矣。是固互體之原也。

問:然則諸家之異同若何?

答:古人互體之法,但於六畫中求兩互,是正例也。漢人説易如剥蕉,於是又有從互體以求重卦之法,謂之『連互』,蓋取兩互卦與兩正卦,參錯連之,下互連外體,上互連内體,各得一卦,所謂五畫之連互也。下互連内體，上互連外體，又各得一卦，所謂四畫之連互也。虞仲翔解豫曰『豫初至互體比，故利建侯』，是五畫連互之説也。又曰『三至上體師，故利行師』，是四畫連互之説也。問嘗以其説求之於象，如訟初至五互渙，故初之不永，二之歸逋，三之無成，四之即命，皆能聽命於元吉之主而渙其羣。至終訟之上，鞶帶是侈，三褫不改，則以其在渙外也。晉初至五互比，故有康侯之接，其象皆天然者。且不特經文之象多所合也，即卜筮家占法亦用之。宋人或筮取妻，得小過，不知其説，質之沙隨，則曰『大吉』，蓋内卦兼互體爲漸，漸女歸吉，外卦兼互體，則歸妹也，是誠曲而中矣。至宋所傳麻衣易，則又有參互之法，謂除本卦之二體，但以所互之上下二卦，重而參之，又得六畫之卦一，是又一法也。然此皆但於二互中離合以求之，不參以他説，其於古法不悖。及漢上朱内翰則以二互爲未足，始於互中求伏，共得四卦。不知正體或可言伏，互體而更求其伏則支矣。林黄中則謂一卦皆得八卦，前四卦以正卦兼兩互體，後四卦以兩反對卦兼兩互體。夫於反對之中尚欲求互，則屯即蒙，蒙即屯矣，是較之漢上爲更謬矣。黄中又别有包體之説，亦以互體分去取，則尤屬舛戾不足詰者。華亭田興齋，則於每卦取變卦，而又於變卦之中求互。其説本之沈守約，不知是在占法中或可用，若以解經，則不可也。降而至於明之瞿塘來氏，雜用諸家之例，愈繁愈溷，而互體之學互亂。近則西河毛氏亦然。使南軒見之，必益動色相戒，揜耳而走。然遂以之廢古法，則又非也。

問：林氏之包體若何？

答：林氏之書，傳於今者祇集解，不載包體之說。惟楊止菴嘗述之，其説以爲一卦具兩互，取一互，留一互。取之者以致用，留之者以植體。一卦取上互，則一卦取下互，如乾包坤，則爲損益；坤包乾，則爲咸恒。一卦包三十二卦，八卦包二百五十六卦。是於易之經傳取象，全無豫者，故朱子於其前説嘗辨之，而包體之説不及焉。蓋以爲其不足詰而置之也。

問：先天互體之説，先生獨不道及，何也？

答：宋人言互體，於伏，於反對，於變，皆非古法，然猶未牽纏於陳、邵之圖説。其以先天圖説言互體者，則吴草廬也。草廬之圖，有隔八縮四諸法。隔八者，先天圖之左起乾、夬，歷八卦而至睽、歸妹，又歷八卦而至家人、既濟，又歷八卦而至頤、復。先天圖之右起姤、大過，歷八卦而至未濟、解，又歷八卦而至漸、蹇，又歷八卦而至剥、坤。左右各以二卦互一卦，合六十四卦互之，得十六卦也。縮四者，合十六卦而互之，祇得乾、坤、既、未濟四卦也。草廬爲是圖，不載之易纂言，而載之外翼。按外翼十八卷，是圖即十八卷之一也。顧同時胡雲峯言互，竟與之合。二人學術門户不甚同，而言互則同。草廬之外翼，今已罕見，獨楊止菴嘗述之，故世但知爲雲峯之説。夫康節之言曰『四象相交，成十六事；八卦相盪，爲六十四』，是言正體也，非言互體也。雖就康節之説，亦祇成爲康節重卦之法，而非易之法。

然在康節，亦未嘗以之當互體。今如草廬之圖，是先有互體，後有正體，其謬不攻而自見矣。乃李厚菴力宗之，更參以漢人連互之法，而又變之爲環互，因舉雜卦大過一節爲例，謂自初至四爲姤，自上至三爲漸，自五至二爲頤，自四至初爲歸妹，自三至上爲夬。本卦之畫順行，互卦之義逆轉，斯雜卦大過一節之旨也。既、未濟無可取，則又從而別爲之詞。吾聞六畫自下而上，故其互亦自下而上，即支離其説而求之於伏，於反對，於變者，亦未有不自下而上者也。而謂可以析而環之，順行而逆轉之，斯則未之前聞也。是豈特於經無補，且又從而障之矣。故弗敢及也。

問： 又有大卦之説若何？

答： 是亦京房之説，而朱子嘗用之者，所謂中孚爲大離，小過爲大坎是也。六子同列，何以獨舉坎、離也？曰：四子之大卦，臨、大壯、遯、觀皆在十辟。所以然者，十辟以震、兑、巽、艮與乾、坤合而成，而坎、離居中以運之，不豫焉。十辟無坎、離，故坎、離之大卦不在十辟，而別見於中孚、小過。舉坎、離，可以概六子矣。然聖人之取象則有序，大抵求之正體而不得，則求之互體，又不得，則求之大卦，或反對卦，或變卦，故朱子於大壯，取大卦之兑以解羊象，而先儒以爲大壯本互兑，且其諸卦相接之兑不一，故六爻有四羊。洪景盧曰：『自復進爲臨，而下卦有兑，三之觸藩所自也。又進而爲泰，而上互爲兑，四之決藩所自也。又進爲本卦，而上互爲兑，五之喪易所自也。及五變爲夬，而上卦又有兑，上之不退不遂所自也。』洪氏之説，校之朱子更精。然則大壯之羊，無需於大壯求之矣。是以師之二至上爲大震，然自初至四，本互震，則長子弟子之象，不必於大震取之。晉之初至四爲大艮，然自二至四，本互艮，則鼫鼠之象，不必於大艮取之。此固例也。其必有兼取而後備者，則如蠱是也。蠱之六爻，其五皆以父母爲象，而求之無乾坤之體。不知蠱之正體，艮也，巽也；互體，震也，兑也；五畫四畫之大卦，坎也，離也，六子備矣，而父母獨失位，則兄弟交出而有事。惟上九已際蠱之終，故别爲象。乃知聖人所以成卦之旨，亦有取於是者，是則大卦之説，足以與互體參觀者也。五畫之大卦，間有與五畫之連互同者；四畫之大卦，間亦有與四畫之連互同者；則皆以互體爲主也。

問：近人惟南昌萬學士孺廬最善言互，先生所深許也。唯是先天卦位，學士亦頗用之，如先生言，則斷不可用者矣。向嘗與學士論及之否？

答：學士於予，深有忘年之交，説易尤多合。其論互，能發前人所未及者至多，獨有偶及先天卦位者，是其不審。曩在江都同邸舍，嘗以告之。學士生平固力言陳、邵之學不可以解易，一聞予言，瞿然引過曰：『即當芟之。』今學士已没，其説尚存，或是其門人所録前此未定之本，非芟正之書也。蓋乾一兑二之序，出於陳、邵諸子之言，自宋以前未之聞也。可據者莫如經，以父母男女之序言，始乾終兑。以春夏秋冬之序言，始震終艮。若乾一兑二之序，其於經何所見？且三男皆少陽，三女皆少陰，而太陽何以有兑？少陰何以有震？少陽何以有巽？太陰何以有艮？此皆絶不可解者。乃既横列以定其序，又圜列以定其位，而四正四維，究無豫於經，則又不審學易諸公何以震而驚之，以爲千古之絶學。然其説之初起，原不過自爲一家言，而未嘗以之解經。劉長民始謂八卦圖位，乾一與坤八對，兑二與艮七對，離三與坎六對，震四與巽五對，其位皆九，故説卦云『天地定位，山澤通氣，雷風相薄，水火不相射』也。説者引以解康節三十六宫之詩，未爲不可，而牽説卦之文以就之，則所謂『天地定位』者，其於四九之數何取焉。康節始以解數往知來之旨，謂有已生之卦，未生之卦。而朱子實之曰『自震至乾爲已生，自巽至坤爲未生』，則又牽説卦以就圓圖之序。而其實所謂數往知來者，甚非經之本解也。然於六十四卦之象，則自來未有以此序言之者。而學士於解二之『三狐』，困初之『三歲』，巽四之『三品』，則皆曰『三者互離之數』。震二之『七日』，則曰『七者互艮之數』。豐初之『旬』，則曰『十日爲旬。是合離三、巽五、兑二之數』。是殆未及致思而筆之者。互體者，周太史之説也。乾一兑二者，宋陳、邵諸儒之説也。此其爲説，必不可合。要之陳、邵圖學，自爲一家。其於聖經之説皆無豫，牽而合之，是又一草廬矣。

問：宋儒爲九卦説者十餘家，大率以反身脩德之義言之。若陳希夷龍圖中亦及九卦，則於繫辭三陳之意無豫，於是胡仲虎輩遂别立一説，謂上下經適相對，咸、恒與乾對，損、益與履對，困、井與謙對，巽、兑與復對，皆以下經之兩，當上經之一。凡十二卦而二篇卦數，上下適均，十二卦而僅舉其九者。

乾、咸其始也，兑其終也，始終則皆略之。上卦自乾至履，得卦者九；下經自恒至損、益，得卦亦九。上經自謙至復，得卦者五；下經自益至困、井，得卦亦五。上經自謙至復，得卦者九；下經自井至巽，得卦亦九。此三陳之序也。循環數之，上經自復至下經恒，得卦者九；下經自巽至上經乾，得卦亦九。近多有是之者，然否？

答：序卦之旨，宜專從正對反對爲當。蓋乾、坤、大過、頤、坎、離、中孚、小過爲正對，而反對者五十六，則上下二篇，得卦各十有八，無參差也。倘謂乾爲上經之始，咸爲下經之始，而皆去之矣，則復爲上經之終，兑爲下經之終，何以祗去兑而不去復也。蓋去復則不可以言九卦，而自謙至恒，得卦十八，不可通也。且自巽至乾得卦九，是又數乾矣，則自復數之，亦仍宜至咸，而無如其得卦祗八，因越咸而數恒，則何以上經又數乾。蓋使自巽至履，得卦十七，不可通也。然則所謂序卦之旨，據胡氏之説牽强增減，非自然之法象矣。且序卦則皆宜有一定之例，九卦之中，或得卦九，或得卦五，亦無説以處此。即如戴師愈麻衣易，謂序卦當以小畜居履之後，今以錯簡亂之。大傳三陳九卦之序，履得九，謙得十五，復得廿四，皆與龍圖數合，非偶然也。是皆舉聖經以就己説，而不知其爲儒林之禍。其於真正微言，豪髮無補。蓋皆自僞龍圖序啟之。

問：三十六宫之説，自朱子外，有謂太陰、太陽之位，乾一與坤八對，兑二與艮七對；少陰、少陽之位，離三與坎六對，震四與巽五對。是以配位得四九，合爲三十六宮。其説本於劉長民，稍出康節之前。有謂震、坎、艮皆五畫，通十五畫，合乾爲十八畫；巽、離、兑皆四畫，通十二畫，合坤爲十八畫。是以分畫得四九，合爲三十六宮。其説出於六經奥論，託之鄭漁仲者也。方虚谷則謂一陽起子，正當天根，由是左行，得一百八十日；一陰起午，正當月窟，由是右行，得一百八十日。十干一宮，是謂三十六宮，是以先天卦氣言之。鮑魯齋則謂自復至乾爲陽辟，凡陽爻二十一，陰爻十五；自姤至坤爲陰辟，凡陰爻二十一，陽爻十五。奇偶相配，合爲三十六宮，是以十二辟卦言之。若以朱子之説校之，孰優？

答：尚不止此四家，而愚近以健忘，不能舉矣。猶記先司空曰：乾之策，二百一十有六；坤之策，一百四十有四；凡三百有六十。當期之日，少陽進而未極乎盈，少陰退而未極乎虚，數亦如之。自天一至地十爲一宮，是用九用六三十六宮，用七用八三十六宮。先宗伯曰：震、坎、艮爲三男，三男之畫十八；巽、離、兑爲三女，三女之畫十八；合六子之重卦數之，亦得三十六宮。凡此數説，於義皆合。然不過就卦畫、卦位、卦策言之，亦不能出朱子之右。唯所聞於梨洲黄子者曰：『康節所謂天根者，性也。月窟者，命也。性命雙脩，老子之學。康節自泝其希夷之傳，而其理於易無豫，則亦自述其道家之學，而其數於易無豫也。説者求之易，而欲得其三十六宮者，可以不必也。其説最精。而康節之所謂三十六宮者，尚未知何所指，則黄子亦未之發也。』愚偶與當塗徐檢討顒尊語及之，則欣然曰：『是也，君不讀擊壤集詩乎？「物外洞天三十六，都疑布在洛陽中；小車春暖秋涼日，一日祇能移一宮。」是非三十六宫之明文乎？天根、月窟，老氏之微言也。三十六宫，圖經之洞天福地也。其必以復、姤之説文之者，猶之參同必以乾、坤、坎、離分氣值日，而究之參同之用易，非聖人作易之旨也。』是足以爲黄子易學象數論之箋疏矣。檢討所著管城碩記，最精博，有考據。

問：厚齋先生謂『蔡澤引易「亢龍有悔」，此言上而不能下，信而不能詘，往而不能自反者也。澤相秦數月而歸相印，非苟知之，亦允蹈之』。何其許澤之深也？

答：蔡澤安知易。澤以傾危之口，乘范睢之急，挑而奪之。是其進其得不以正也。居位一無建白，是其存不以正也。不過巧於退而不陷於喪亡耳。細觀澤之底裏，蓋以蘇、張之術始，以黄、老之術終，其所爲於蘇、張則已黠，其所得於黄、老則尚粗。吴禮部校國策，其言略與予合。

問：厚齋於井之九三，荆公解曰『求王明，孔子所謂異乎人之求之也。君子之於君也，以不求求之。其於民也，以不取取之。其於天也，以不禱禱之。其於命也，以不知知之。井之道，無求也，以不求求之而已。』以爲語意精妙，諸儒所不及。而義門以爲此特輔嗣清言之儔。何如？

答：厚齋之許固過，義門以爲清言亦非。此數語，乃荆公一生作用，一生心法。所謂『以不求求之』者，即其累召不出之祕術也；『以不取取之』者，即惠卿不加賦而用自足之秘術也；『以不禱禱之者』，一變而遂爲『天變不足畏』之邪説矣。斯荆公經義之最乖舛者也。

問：厚齋謂陸希聲作易傳，而不知比之匪人之訓，與易相違。考之唐書本傳，但言希聲居位無所重輕，不見他事。故閻潛邱疑厚齋蓋誤以希聲爲文通。是否？

答：希聲如何溷於文通。此事見於楊文公談苑，而葉石林避暑録述之，厚齋之所本也。其言曰：方希聲閑居時，供奉僧䛒光以善書得幸，嘗從希聲授筆法，因祈使援己，寄以詩曰：『筆底龍蛇似有神，天池雷雨變逡巡。寄言昔日不龜手，應念當時洴澼人。』䛒光即以名達貴幸，因得召。昭宗末年，求士甚急，故首傾倒於朱朴，待希聲亦然。按之，乃所謂比之匪人也。潛邱多學，顧未考及此。此事亦可補唐史之遺。

問：喻湍石曰：『泰之「小人道消」，非消小人也，化小人爲君子也。』厚齋取之，而吾丈非之，何也？

答：此言似新而實戾經旨。『小人道消』，是化小人而爲君子；然則『君子道消』，是化君子爲小人也？可以知其説之訛矣。須知小人或可化而爲君子，君子必不化而爲小人。不如舊説之爲妥。

問：謝觀察説中孚，其於『虞吉，有他不燕』，甚奇。

答：觀察，予好友，其箋經多特見，然亦有好奇之病，不可不審也。如此條，因中孚之有豚魚、鶴、翰音，而撏扯其類，因及於燕，又及於虞，强以爲飛走之屬，誕矣。

問：『西南得朋』、『東北喪朋』之説，程子之説了然，而朱子不從，何也？

答：陰陽趨舍，凡陰未有不以從陽爲慶。故程子之説，不可易也。朱子殆欲以上文後得之得，貫下得朋之得，故謂當返之西南，而不知得喪之際，蓋有以喪爲得者。當從程子爲是。

問：春秋外傳筮法『貞屯悔豫皆八』之説，大不可曉。沙隨尚不了了。近世如安谿所云，先生尤以爲妄，究竟何以解之？

答：貞、悔之例，有變爻，則以本卦之卦分之；無變爻，則以内卦、外卦分之，原不可易。獨此所云貞、悔，則别有説。韋注曰：『内卦爲貞，外卦爲悔。震下坎上屯，坤下震上豫。得此兩卦，震在屯爲貞，在豫爲悔，其兩陰爻皆不動。』然則是兩筮所得也。蓋初筮得屯，原筮得豫，其二體各有震，而一在内，一在外，皆得八焉。故其曰貞屯，曰悔豫，謂合兩筮而共一震，故分貞、悔以别之。後人不知，竟以本卦之卦之貞、悔當之，宜其舛戾而難合已。夫兩筮皆八，一奇也。兩八皆在震體，又一奇也。兩震皆得建侯之彖，又一奇也。屯之八爲晉，豫之八爲泰，皆爲吉兆。要之二彖已足，不必更求之卦而了然者，寧待司空季子始知之？而當時筮史以爲不吉，真妄人耳。況夫事始之爲貞，事終之爲悔。貞屯之震，文公得國之占也。高梁之刺，公宫之焚，蓋猶有不寧焉。悔豫之震，文公定霸之占也，陽樊、城濮之勛，以順動矣，其兆顯然，更無事旁推，而正非盡筮家貞、悔之例也。及讀朱子答沙隨書，亦謂似是連得兩卦，皆不值老陽、老陰之爻，故曰皆八。然兩卦中有陽爻，何以偏言皆八，似亦未安。朱子之謂連得兩卦，是也。其疑兩卦中有陽爻，何以偏言皆八，則疑之泥者。蓋兩卦之震，二陰不動，則以兩陰爲主，故曰皆八。惜乎朱子之未見及此也。倘如沙隨之説，爲屯之豫，是三爻變也。其不變之三爻，在屯亦八，在豫亦八，固已。夫三爻變，以變爲主，安得尚以八稱之，是在古筮家無此文也。安溪别爲之説，其所謂卦以八成者，於用八之旨尤謬。由今觀之，則韋注内外貞悔之説，本自了然，而世勿深考，遂滋惑耳。

問：泰之八一條，此最難曉。如先儒以爲六爻不變者，是因董因占語，秪稱本卦彖詞故也。其説似矣，然果爾，則何以云之八也？如春秋内傳僖十五年，秦伯伐晉，遇蠱。成十六年，晉厲公擊楚，遇復。昭七年，孔成子立君，遇屯。家語孔子自筮，遇賁。乾鑿度孔子自筮，遇旅。是皆六爻不變者，而均不云之八，則舊説託於夏、商之易者，其誤已見。若以爲三爻皆變，是泰之坤，此因誤解貞屯悔豫爲屯之豫，而援其例，總於八不可通。夫筮法以兩爻或一爻不變，始占七八。則泰之八，其所遇者，有六四不變爲觀，五不變爲晉，上不變爲萃，四五不變爲剥，五上不變爲豫，四上不變爲比。今但云泰之八，而繇詞又無所引及，宜乎後世之茫然矣。

答：愚因此六卦推之，以爲當日所遇者，泰之剥也。蓋使其爲觀，爲晉，爲萃，爲豫，爲比，則不曰建侯行師，即曰錫馬晝接；不曰假廟，即曰盥薦，是皆晉公子所幾幸而不敢必之辭，其爲大吉更何疑，不應董因總無一語及之，而反有取於本卦之彖。惟爲剥，則嫌其不吉，故竟不復引，而别爲之詞。然其實由泰而剥，凡事不吉，而争國則吉。蓋兩爻皆不變，或以爲占下爻，或以爲占上爻，亦頗不同。如是卦，以争國則當占五，今泰五則帝乙歸妹，剥五則貫魚以宫人寵，其爲得國必矣。董因之見不及此，而但取大往小來之説，則其於泰之八何有矣。近世經師亦多知舊解之非，故蕭山毛檢討以爲泰之豫，桂林謝御史以爲泰之晉，則何竟不及兩彖也。愚故以爲所遇者剥，雖亦出懸揣之辭，而於理近之。穆姜之筮也，得艮之八，史以爲艮之隨。説者以爲史有所諱，故妄引隨以爲言。夫使不以隨實之，則艮四陰之不動者，孰能知其爲何爻，是復董因之例也。

問：易象用之占筮，列國皆當有之，何以韓宣子獨見之魯？且易象何以爲周禮，不應當時列國皆無易象？

答：按此陳潛室嘗及之。潛室謂易卜筮所嘗用，然掌在太易，屬之太史，列國蓋無此書。故左傳所載卜筮繇辭，其見於列國者，各不與周易同，而別爲一種占書。獨周史及魯所筮，則皆周易正文。以此見周易惟周與魯有之。故韓宣子謂周禮在魯，潛室之言，大略得之。然所考尚有未盡者。前漢書藝文志有大次雜易八十卷，即所謂自成一種占書者也，殆如今易林之流。杜預明言當時有雜占筮辭，但春秋時之列國，非其初竟無周易筮法也，文獻不足而失之。故左傳載筮辭，其用周易者，則必曰『以周易筮』，不使與他筮混。莊公二十二年，周史有以周易見陳侯者，陳侯使筮敬仲，遇觀之否。昭公五年，叔孫穆子之生，莊叔以周易筮之，遇明夷之謙。哀公九年，陽虎爲趙鞅以周易筮救鄭，遇泰之需。若襄公九年，穆姜居西宮，筮得艮之隨；昭公十二年，南蒯之叛，筮得坤之比；則雖不言以周易筮，而其占皆引周易之文，是潛室所謂周易筮法，秖用於周、魯可證者也。乃昭公七年，孔成子立衛靈，再筮皆以周易。僖公二十五年，晉文公筮納王；襄公二十五年，崔杼筮納室；雖不以周易筮，而皆引周易之文，則不得謂列國皆不用也。特用之者少耳。閔公元年，畢萬筮仕於晉，遇屯之比；僖公十五年，秦穆公筮伐晉，遇蠱；晉伯姬之筮適秦，遇歸妹之睽；成公十二年，晉厲公筮伐楚，遇復；皆用雜占。是潛室謂列國筮法別爲一種占書，可證者也。乃閔公二年，成季之生，筮大有之乾，亦引雜占，則魯亦未嘗不兼用他書也。特用周易者多耳。蓋當周之初，典禮流行，易象一經，必無不頒之列國者。至是而或殘失，不能不參以雜占，惟魯以周公之舊，太史之藏如故，此宣子所以美之也。

經史問答卷二

尚書問目答董秉純 十八條

問：四岳，據孔安國傳即是羲和。然據韋昭注國語，則四岳是共工之從孫，炎帝之後。杜預注左傳，亦曰太岳，神農之後四岳。故厚齋以爲非羲和，而國語謂羲和是重、黎之後。不知是否？

答：羲和爲重、黎之後，以吕刑證之，似可信。而左傳重爲少昊四子之一，黎爲顓頊所出，則皆非太岳之宗矣。是孔注未可從者一也。以二十二人之數合之，則十二牧加以九官，而太岳特以一人總四方之任，適得二十二人，又不應如羲和之分而爲四矣。是孔注未可從者二也。且四岳又名太岳，則豈有四人而一名者。是孔注未可從者三也。但考夏書仲康之胤征，則似是時并爲一官，不知是重之後失其職而黎兼掌之，抑是黎并于重，世遠難考。司馬遷所以溷稱出于重、黎而不能辨也。謂四岳即羲和，亦不始于孔氏，伏生大傳中已言之。

問：『滎波既豬』，鄭、賈以『波』爲『播』，古文作『嶓』。或引爾雅，水自洛出曰『波』。或引職方，豫州之浸波溠，則不必改字矣。然畢竟職方、爾雅，將安所從。

答：職方之『波』是也。波水出霍陽，入汝水，詳見水經。禹貢無治汝之文，而孟子有之。若明乎『波』爲霍陽之水，是即禹之治汝也。漢人所謂治一經，必合五經而訓詁之者，此也。

問：淮南子言共工嘗治洪水，亦見於竹書。然則堯典『滔天』二字，蓋指治水而言，適與『驩兜方鳩僝功』之語相合。

答：是在故人龔明水嘗言之，但非也。淮南等所紀事，多與遺經不合，大半難信。竹書尤不足據。何亭林先生喜引竹書，最是其失。但淮南所云共工治水，則原有之，而以之箋『滔天』二字，則又不可。何以知共工嘗治水也？國語太子晉曰『共工壅防百川，墮高堙庳，以害天下』。崇伯稱遂共工之過』，則是『方鳩僝功』，原指治水，淮南之言非無據。賈逵、韋昭以共工爲炎帝時之共工，是甚不然。蓋本文明言鯀襲共工之障水以致殛，則是先後任事者，而下又言四岳，即共工從孫，能佐禹以幹蠱，是共工即四凶之一無疑。蓋共工治水不效，鯀繼之，又不效也。但帝所云『象恭滔天』，則似不以治水言，蓋以史記考之，則作『似恭漫天』，古文每多通用，慆與滔通，慢與漫通，六書之例然也。故孔明曰『慆漫則不能研精』，而孔傳以爲傲狠，孔疏以爲侮上慢下。然則滔天者，慢天也，貌恭而心險，正與僞言僞行交肆其惡，故大禹以巧言令色當之，而史記亦言其淫僻，不可以下文洪水『滔天』二字，并指爲共工治水之罪狀也。班孟堅幽通賦『巨滔天以滅夏』，曹大家注：滔，漫也。夫新莽亦豈有治水之事，以是知古人之訓故別有屬也。是在明人文氏琅琊漫抄中嘗及之，而明水之説亦未當。

問：納于大麓，孔叢子謂如録尚書之録，似未可信。

答：三代安得有録尚書省之官，是乃東漢人語。孔叢所以爲後人所疑，指其依託者，此也。且即如所云，便是百揆之任，何以複出。而既是東漢以後之録相，則於風雷何豫。徐仲山曰：『大麓乃司空之掌，當時方治水，故舜或親視之。』其説近是。

問：商容之言行，孔疏引帝王世紀一條，是其言。厚齋困學紀聞引韓詩外傳一條，是其行。然世紀似可信，外傳似不可信。

答：善哉，去取之審也。據韓嬰謂商容欲馮于馬徒以伐紂而不能，自以爲愚；不争而隱，自以爲無勇。故武王欲以爲三公而辭之。夫商容仕于殷朝而欲伐紂，是何舉動，豈止于愚。又謂不争而隱是無勇，蓋七國荒唐之徒所爲説，故早已見於燕惠王貽樂閒書中，要之不足信。商容不仕于周，自是伯夷一流，韓嬰之言，適以污之，厚齋先生亦不審耳。孔疏但引世紀，正是有斟酌也。

問：韋昭、酈道元以五觀即太康之五子。後人又以斟灌即五觀。若云太康之五子，則賢弟也。考五觀則畔臣，故漢人名其地曰畔觀，何不類也？若云即斟灌，則又相之忠臣也，何所適從？

答：以有扈氏與觀並稱，見于春秋内傳。以朱、均、管、蔡與觀並稱，見于外傳。而東郡之縣名畔觀則其不良亦復何說。唯是以五觀遂指爲太康之五弟，而因指洛汭之地爲觀，則古人亦已疑之。厚齋王氏曰：『五子述大禹之戒，仁義之言藹如也，豈若世所云乎？』但厚齋亦但以尚書詰之，而即韋、酈之說，其自相悖者，未盡抉也。夫東郡之畔觀，非洛汭也，觀既爲侯國，則五觀者，五國乎？抑一國乎？五國則不應聚于一方，一國則不可以容五子。況五觀據國以逆王命，又何須於洛汭之栖栖也。是按之地與事而不合者也。蓋五觀特國名，猶之三朡。今以太康之弟適有五，而以配之，則誣矣。然内傳尚無此語，外傳始以爲夏啟之姦子。夫以追隨太康之弟，而反曰姦，曰畔，則必其從羿而後可矣。蓋嘗讀續漢書郡國志，曰『衛故觀國，姚姓』，乃恍然曰：『畔觀非夏之宗室也，而況以爲太康之同母乎？』是足以輔厚齋之說者也。

至若以斟灌即畔觀，則以皇甫士安曰：『夏相徙帝邱，依同姓之諸侯斟灌、斟尋。』夫斟灌在帝邱，則是即東郡之畔觀，觀與灌音相同，故可牽合。而臣瓚又疏晰之曰『斟尋在河南，太康居斟尋，即尚書所云徯于洛汭也。相居斟灌即東郡之灌也』。引汲冢古文以證之。但考應劭又云：『斟尋在平壽。』京相璠曰：『斟灌即在斟尋西北，相去九十里。』杜預亦云：『二斟俱在北海。』夫臣瓚謂斟尋在洛汭，按洛汭有名曰鄩中，即周大夫鄩氏所居，適與洛汭合，而其去東郡之觀亦近，固似可據，然觀乃姚姓之國，則非夏宗室之斟灌矣。而靡奔有鬲，收合二斟之餘燼。鬲在平原，正與北海近，則二斟自在平壽，非河南與東郡也。吴斗南調停之，以爲二斟初在河南，爲羿所逼，棄國而奔平壽，是乃騎鄭之詞，不足信也。蓋五子自是五子，二斟自是二斟，無從牽合。而畔觀則異姓。三分而勿施糾纏焉，則惑解矣。

曰：然則相之居帝邱，將誰依也？曰：是殆畔觀既平之後，而相遷焉，而二斟以東國之賦爲之捍衛，如晉文侯之輔周，未嘗不可。若必以爲依畔觀，則觀既畔矣，而爲啓之姦子，乃不數十年而又率德改行，爲相之忠臣，何前後之不符也。是皆展轉附會，而不能合者也。

問：胤征之篇，坡公以爲羲和忠于夏，貳于羿者，故非仲康之討之也。陳直卿最稱之，其信然乎？

答：未必然也。夏本紀最殘失，但以尚書及左傳考之：太康失夏都，居洛汭，是時羿但據夏都，尚未侵及三川也。故五子須於洛汭，仲康，當即五子之一。太康崩，仲康立，是時之夏，蓋如東遷之周，僅保洛汭，未必得還安邑。先儒以爲仲康爲羿所立，亦未必然。仲康雖不能除羿，然猶能自立，故命胤侯掌六師征羲和，以稍剪其黨羽，則固勝于周之平、桓諸王矣。仲康崩，帝相更孱，羿始吞并及三川，而相因遷於帝邱，則羿篡夏之局遂成矣。讀五子之歌，而知仲康之能自立也。其卒未能除羿者，天未厭亂，惡貫或有待也。坡公之論雖奇，須知夏史豈有尚録羿書者乎？

問：漢書王莽傳謂周公之子七人，而先生以爲八人，未知所出。

答：左傳：凡、蔣、邢、茅、胙、祭，支子凡六，則合禽父而七，固自有據。不知尚有世襲周公之爵者。厲王時，周定公以共和有大功，而左傳亦累有周公爲太宰，非八人乎。蓋禽父以元子受魯公，而次子世爲周公，其餘如凡，如祭，如胙，如茅，皆封畿内，邢、蔣則封于外。按水經注，則凡亦外諸侯也。

問：厚齋先生引坊記注，君陳乃禽父之弟也，而惜其他無所考。潛邱又引詩譜，以爲次子世守采地者。如先生言，得非即周公乎？

答：亦未可遽定也。坡公以爲君陳，蓋如君奭、君牙之儔，難確證其爲周公之子。然要之叔旦之後非七人，則已明矣。

問：水心先生謂『惟辟作福』三句，箕子之言亦可疑。意者殷之末造，紂雖諸事自專，而臣下必有竊其威福者，故作此語。不然，箕子不應爲此言也。愚意箕子之説所以戒枋臣，水心之説所以戒昏主，足以相輔而不相悖，是否？

答：賢者之説甚善。然三代而後，人君日驕，則水心詰箕子，是乃極有關係之言。畢竟二典説得圓融，曰：『天命有德，五服五章；天討有罪，五刑五用。人君奉天而已，刑賞原非己所得主。』然則惟辟而曰『作福』，便不本天命；曰『作威』，便不本天討。何嘗不凶于而身，害于而國也。箕子于此一層，未拈出也。且惟辟而曰『作福』，即有竊惟辟之福以作福者；曰『作威』，即有竊惟辟之威以作威者。而且其始也竊而行之，其究也肆無忌憚而作之，皆由于惟辟之不知奉天，而以威福爲己作也。然箕子于上文曰『無有作好，遵王之道。無有作惡，遵王之路』。所謂王道、王路，即是天命、天討，其義亦自互相備。豈知後世人君，專奉此三語爲聖書，而帝王兢業之心絶矣。『惟辟玉食』句，尤有疵。先儒謂荆公豐亨豫大之説，誤本於周禮『惟王不會』一語。不知洪範此語，亦自與此互有瓜葛也。

問：吕覽南宫括曰：『成王定成周，其辭曰：「惟予一人，營居于成周。有善，易得而見也；有不善，易得而誅也。」』説苑南宫邊子曰：『成王卜成周。其命龜曰：「使予有罪，四方伐之，無難得也。」』淮南子武王欲築宫于五行之山，周公曰：『五行險固，使吾暴亂，則伐我難矣。』君子以爲能持滿。劉敬傳：『周公營成周，以爲此天下中，有德易王，無德易亡。』或以爲武王，或成王，顧不見於營洛之篇，何也？

答：是乃後世附會之言。周公營東都，不過以爲朝會之地，未嘗令後王遷居之也。果爾，則王公設險守國之言，不應見之易矣。蓋設險守國，前王所以爲子孫計也。在德不在險，後王所以自省也。其言各有當，聖王固無私其後世長有天下之心，然亦豈有聽其易亡之理。若五行之山，乃太行也，其地雖險，而過於阨塞，自不可以爲都會，非謂其難亡也。三代以至今，太行之國孰不亡，而謂伐之難者？

問：召公年一百八十，見於論衡，信否？

答：此是傳聞之語。召公或謂是文王之庶子，或謂但是同姓，俱不可考。然要之其年，則當與武周相肩隨。當成王之初，召公亦不下九十。歷成至康，不過四十餘年，而康王即位之後，召公不見，則已薨矣。周初諸老，固多大年，然周公九十九歲，太公百二十餘歲，畢公亦壽考，要之無及昭王之世者。若百八十，則及見膠舟之變矣，非召公之幸也。

問：左傳引洪範爲商書，何也？

答：是蓋殷之遺民所稱，而後人因之者。蓋曰「惟十有三祀」，則雖以爲商書可也。微子、微仲，終其二世不稱宋公，亦猶洪範之稱商書也。商之異姓臣子，如膠鬲，如商容，亦皆冥鴻蜚遯，不獨西山之老，可謂盛矣。

問：史記武王伐紂，卜龜兆不吉，羣公皆懼，獨太公强之。按尚書孔疏亦引六韜：龜焦，筮又不吉。太公曰：『枯骨朽筮，不踰人矣。』厚齋謂六韜非太公所作，不足信。按尚書『朕夢協朕卜』，則六韜之妄明也。

答：引泰誓以詰六韜，甚佳。左傳昭七年，衛史朝已及之矣。然愚更有説于此：武王救民水火之中，所信者天，并不必卜，不必夢也。託夢、卜以堅衆心，則所自信者反薄矣。故呂覽載夷齊之言，謂武王揚夢以説衆。而顧亭林疑泰誓之爲僞者，此也。

〔問〕（此條問語及『問』、『答』字原缺，今謹補『問』『答』字。）

〔答〕湯之放桀，而有慙德，自是高于武王。梨洲黄氏曰：『有湯之慙，然後君臣之分著，而人知故國之不可以遽翦。有虺之誥，然後揖遜征誅之道一，而人知獨夫之不可以横行。』其言最精。武王遜湯正在此，周公之作多士曰：『非我小國，敢弋殷命』，則亦似爲武王補此一節口過。斯周公之功所以大。

問：漢、魏十四家『六宗』之説，錯出不一，若何折衷？

答：類上帝，首及皇天后土也。則禋『六宗』，當爲天神，而後望山川，以及地示，然後遍于羣祀。

今或仍及天地，或并及山川，又或指人鬼而言，非雜複，則凌亂矣。『六宗』則當實舉其目，而或名雖六而實不副，或自以其意合爲六，或反多于六者之外，是信口解經也。故犯此數者之説，則其謬誤，不必詳詰而已見。是以伏生之天、地、四時，其説甚古。然于類帝有複。歐陽和伯變其説，以爲在天、地、四方之間，助陰陽，成變化。而李郃以爲六合之間，劉邵以爲太極沖和之氣，爲六氣宗。孟康以爲天地間遊神。則皆歐陽之説，無可宗而强宗之，揚雄所謂神遊六宗者也。孔安國引祭法，以爲四時、寒暑、日月、星、水旱，則寒暑即時也。幽、雩乃有事而祈禱，非大祭也。説者以爲本之孔子。劉昭曰：『使其果出孔子，將後儒亦無復紛然者矣。』劉歆、孔光、王肅，以爲水、火、雷、風、山、澤，是乾坤之六子，則兼山川而祭之。賈逵之天宗：以日爲陽宗，月爲陰宗，北辰爲星宗；地宗：以河爲水宗，岱爲山宗，海爲澤宗，同此失也。康成以周官小宗伯四郊注中之星、辰、司中、司命、風師、雨師當之，則自司中而下，皆星也，六宗祇二宗。虞喜以地有五，總五爲一以成六。劉昭取之，則六宗祇一宗。司馬彪以日月星辰之屬爲天宗，社稷五祀之屬爲地宗，四方五帝之屬爲四方宗，是并羣神皆豫矣，而覈之則六宗祇三宗。若張髦以爲三昭三穆，張廸以爲六代帝王，則無論是時曾備七廟之制與否，其六代果爲何帝何王，而要之不應以人鬼列于山川之上。若宋儒羅泌以爲天宗、地宗、岱宗、河宗、幽宗、雩宗，則無論經文之上下皆凌犯，而亦輕重不以其倫。明陶安以爲類上帝乃祭天，禋宗乃祭地，六者，地之中數也，則又本虞喜之説，而少變之。方以智以爲五方實有六神，曰重，爲句芒；曰黎，爲祝融；曰該，爲蓐收；曰脩、曰熙，爲玄冥；曰勾龍，爲后土。不知五人帝者，五天帝之配，豈容别列爲宗。近如惠學士士奇以古尚書伊訓及周禮之方明爲六宗，以其上玄下黄，前青後黑，左赤右白，實備六合之氣。則亦上下四旁之説，而況是時尚未必有方明之祀。杭編修世駿謂是天地四嶽之神，亦少變伏、歐之説者。然天地已見于類帝，而四嶽則望山之所首及也。沈徵君彤以爲六府，亦非天神之屬，皆不免於上下文有牴牾。故愚嘗謂盧植以六宗爲月令祈年之天宗，其義甚長，而特是天宗之目不著，則孔、鄭兩家之説，皆得附之，而無以見其爲六。然則天宗之六者，何也？曰：即左傳之六物也。六物者，曰歲，謂太歲也；曰時，謂四時；曰日，曰月，曰星，則二十八宿也；曰辰，則十二次也。是六者，皆天神也。天神之屬，無有過於此六者。有時舉四時而析之，與歲、日、月、星、辰並列，則謂之九紀。逸周書周公曰：『在我文考，順道九紀，一辰、二宿、三日、四月、五春、六夏、七秋、八冬、九歲。』又曰九星，周書日、月、星、辰、四時、歲，是謂九星。王深寧曰九星，即九紀也。有時舉歲、日、月、星、辰而不及時，則謂之五位。國語武王伐殷，歲在鶉火，月在天駟，日在析木之津，辰在斗柄，星在天黿，蓋舉五位而知其時之爲冬也。有時舉日、月、星、辰而不及歲時，則曰四類。深寧解周禮之四類，以此四者當之。蓋舉四者，而歲時從可知也。有時舉日、月、星，而不及三者，則曰三光，又曰三辰。蓋以日、月該歲時，以星該辰也，是皆隨意錯舉者。若祭則必定爲六，故曰六宗。尚書之禋，禋此六者。月令之祈年，亦祈此六者也。或曰康成之説，謂郊之祭，大報天而主日，祭以月。日月不宜尚在六宗，何與？曰：是亦不然。日月配天，不宜列六宗，嶽瀆配地，何以列望祀也。是又不足誚也。

問：今文尚書傳，以『七政』爲『七始』。古文尚書傳，以『七政』爲『七緯』。歷代言尚書者，多主『七緯』。而葉夢得尤詆伏生之言。近世李穆堂詹事攻古文之僞，乃力主『七始』之説。然不知古文孔傳無舜典，今文孔傳、舜典一篇，乃王肅本。而康成解書，已主『七緯』，鄭、王皆伏氏之學，則于孔傳無豫也。是否？

答：『七律』出于國語，以配『七始』，又謂之『七元』，見劉昭注漢志，其説最古。隋志亦曰『七衡』，但春、夏、秋、冬，不應與天、地、人並列爲七。蓋四時皆天運，而人事成之，言天、地、人，則四者在其中矣。況璣衡亦祇可用于天耳，其于地，則土圭水臬，別有其器。而于人，則竟無所用之。不若『七緯』之于璣、衡爲切也。即『七律』亦不應配『七始』也，記不云乎：『宫爲君，商爲臣，角爲民，徵爲事，羽爲物。』二變者，五音之餘耳。今以天、地、人配宫、商、角，而徵、羽合二變，以隸四時，則參錯不齊，非自然之法象矣。是雖出于周、秦諸儒之説，而實則不足爲據者也。若謂五星之名，始見于甘石，唐虞時所未有，則不足以難鄭氏。五星之以五行爲名，始于甘石，要之熒惑、歲填、太白諸象，昭回于天者，非甘石始有也。經文未嘗有五星之目，而撫于五辰，則即尚書語也。以日月五辰言『七政』，何不可之與有？故愚以爲『七政』當以鄭氏之説爲長。若漢以後人言『七律』，亦有不用『七始』而配『七緯』者。五代會要王仁裕曰：黄鍾爲土，太簇爲金，姑洗爲木，林鍾爲火，南吕爲水，應鍾爲月，蕤賓爲日，謂之『七宗』，則并『七律』而亦以『七緯』配矣。然五正音反配五辰，而二變反配二曜，則豈有二曜而反爲五辰之餘者，斯其説亦未合。要之『七政』之爲『七緯』，非『七始』，確然無疑。而『七律』，則在國語，衹以自子至午之『七同』當之，不必以『七始』相牽合也。若史記以北斗七星爲『七政』，馬融用之。然其説亦謂北斗七星，第一主日，法天；二主月，法地；三命火，主熒惑；四煞土，主填；五伐水，主辰；六危木，主歲；七罰金，主太白。則亦本『七緯』而言，並非以璣衡二星爲附會，是又可以見『七始』之説，自伏生以後，未有用之者也。若漢志引益稷篇『六律、五聲、八音，在治忽』，而以末三字作『七始』，則更失之。蓋使專以『七始』言『七政』，則是六律、五聲、八音之所從生，不應反序其下。若以『七始』即『七律』，則二變聲作于牧野，而歌南薰之時無有也。

問：古之言三江者極多，以沈存中之該博，亦云莫知孰爲三江者。故前輩以爲按今所行大江以求三江，猶按漢所行大河以求九河，必不可得。此最合聖人闕如之旨。然羣説之紛綸，要不可不考也。

答：三江之説，其以中江、北江、南江言之者，漢孔氏傳，據經文謂有中有北，則南可知，是爲三江。其道則自彭蠡分爲三，而入震澤；自震澤復分爲三，入海。按江、漢之水，會于漢陽，合流凡數百里，至湖口與豫章江會，會數千里而入海，即所謂彭蠡也。然則江至彭蠡并三爲一，未嘗分一爲三，況震澤在今之常、湖、蘇三府地，自隋煬帝鑿江南河，始與江通，當大禹時，江湖何自而會？且大江又合流入海，未聞三分，故前輩謂安國未嘗南遊，全不諳吴、楚地理，是書傳之説非也。班孟堅地理志，指松江爲南江，指永陽江、荆谿諸水爲中江，指大江爲北江。司馬彪郡國志因之。此與書傳所言，本自不同，乃孔穎達引以證傳，而司馬貞入之索隱。王荆公亦取其説，但其所謂中江出丹陽蕪湖縣，西南至會稽陽羨縣東入海者。按陽羨，今之宜興，與丹陽雖相接，而兩境中高，又皆有堆阜間之，其水分東西流，江之在陽羨者，固可通海，而蕪湖之水皆西北流，合寧國、廣德、宣、歙諸水，北向以入大江，安得南流以上陽羨也。夫諸水本皆支流，不足以當大江，經文明有中江，而乃背之，甚屬無謂。乃或言地理志之中江，在洪水時原有之，禹塞之以奠震澤。則何不云三江既塞，是地志之説尤非也。水經謂江至石城分爲二，其一即經文所謂北江者也。南江則自牛渚上桐水，過安吉縣，爲長瀆，歷湖口，東則松江出焉，江水奇分，謂之三江口，東至會稽餘姚縣東入海，其于中江闕焉。不知桐水，今之廣德；長瀆，今之太湖；其中高，水不相通，亦猶丹陽之與陽羨。而南江既爲吴松，安得更從餘姚入海。故胡朏明疑『東則松江出焉』十五字乃注之誤混于經者。蓋地志以松江爲南江，水經以分江水爲南江，酈元欲援水經以合地志，故曲傳之。總之，與禹貢不合，是水經之説又非也。鄭康成書注，左合漢爲北江，會彭蠡爲南江，岷山居其中，則爲中江。康成未嘗見書傳，然其説頗與之合，特不言入震澤耳。唐魏王泰括地志，謂禹貢三江，俱會彭蠡，合爲一江入澥。夫合爲一江，則仍不可以言三江。故眉山以味別之説輔之。古之言水味者，本諸唐許敬宗，但大禹非陸羽一種人物，則蔡九峯之所難，不可謂其非也。是書注之説亦非也。盛宏之荆州記，江出岷山，至楚都，遂廣十里，名爲南江。至尋陽，分爲九道，東會于彭澤，經蕪湖，名爲中江。東北至南徐州，名爲北江，入海。此本漢地理志舊注：岷山爲大江，至九江爲中江，至徐陵爲北江，蓋一原而三目，今載在初學記中，而徐氏注説文宗之。但此則仍一江，非三江也。其與孔、鄭别者，不過一以南江爲大江之委，一以爲原，暮四朝三，不甚遠也。則荆州記之説亦非也。賈公彦周禮疏襲孔、鄭之説而又變之，謂江至尋陽，南合爲一，東行至揚，復分三道入海。但彭蠡在尋陽之南，幾見江、漢之分，至尋陽始合，而大江之合，至彭蠡又分者。則周禮疏之説亦非也。初學記又引郭景純山海經：三江者，大江、中江、北江，汶山郡有岷江，大江所出；崍山，中江所出；崌山，北江所出。此在山經，原未嘗以之言禹貢之三江，而楊用修因謂諸家求三江于下流，曷不向上流尋討。蓋三江發原于蜀，而注震澤。禹貢紀其原以及其委。用修多學，乃不考大江、震澤之本不相通，且亦思三江盡在夔峽以西，安得越梁而荆而紀之揚，況山海經安足解尚書也。試讀海内東經又有『大江出汶山，北江出曼山，中江出高山』之語，是又一三江也，是固不足信之尤者也。其以松江、東江、婁江言之者，張守節謂在蘇州東南三十里，名三江口：一江西南上七十里至大湖，名曰松江，古笠澤江；一江東南上七十里至白蜆湖，名曰上江，亦曰東江；一江東北下三百餘里，名曰下江，亦曰婁江。是本庾杲之吴都賦注，而庾又本顧夷吴地記。吴越春秋所謂范蠡乘舟出三江之口，與水經所云『奇分』者也。陸德明已引之，守節始專主其説，而薛季龍、朱樂圃、蔡九峯皆以爲然。但據諸書，皆云三江口，而不以爲三江。況東婁爲吴松支港，近在一葦，故孔仲達即已非之，謂不與職方同。今考吴都賦注，則東江、婁江並入海，據史記正義，則僅婁江入海，然則三江仍屬一江，而東、婁二江，至今無考，則吴地記之説亦非也。虞氏志林謂松江到彭蠡，分爲三道。其所謂三道者，大抵即指松江、東江、婁江而言，則更紕繆之甚者。彭蠡爲中江、北江、南江之會，其水既入大江，即從毗陵入海。而松江之水，乃從吴縣入海，安得至彭蠡也。則志林之説尤非也。黄東發力主庾、張，而又疑之，謂予嘗泛舟至吴松，絶不見所謂東、婁二江者。考之吴志，有白蜆江、笠澤江，意者即古所謂三江者耶？不知白蜆江即東江，笠澤江即松江，東發既失記張氏原注，而又懸揣之。是日抄之説亦非也。金仁山曰：『太湖之下三江，其説有二：一謂吴松江七十里，中爲松江，東南爲婁江，北爲東江。一謂太湖之下原有三江，吴松乃其一耳。』則亦疑松江、婁江、東江之未足以當三江，而别設一疑軍以岐之。究之别有江者，果何江也。是又欲爲之辭而不得者也。若韋曜則又謂吴松江、浙江、浦陽江爲三江，其意以大江之望，已舉彭蠡，于是南及松江，又南則及浙江，又南則及浦江。然浦江導源烏傷，東逕諸暨，又東逕始寧，又東逕曹江，然後返永興之東，與浙江合，則特錢唐之支流耳，安能成鼎足哉？或且祖吴越春秋，以浙江、浦江、剡江爲三江，則浦江原不過浙江之附庸，而剡江并不能與浦江並，大江以東，支流數百，使隨舉而錯指之，可乎？惟水經沔水下篇注引郭景純曰：『三江者，岷江、松江、浙江也。』初學記誤引以爲韋曜之言，蓋自揚州斜轉，東南揚子江，又東南吴松江，又東南錢唐江，三處入海，而皆雄長一方，包環淮海之境，爲揚州三大望，南距荆楚，東盡於越，中舉勾吴，此外無相與上下者，恰合職方大川之旨，即國語范蠡曰：『與我争三江五湖之利者，非吴也耶？』子胥曰：『吴之與越，三江環之。』夫環吴、越之境，爲兩國所必争，非岷江、松江、浙江而何？善乎，蔡傳旁通曰『三江不必涉中江、北江之文，而止求其利病之在揚州之域，則水勢之大者，莫若揚子大江、松江、浙江。經文記彭蠡之下，何爲直捨大江，而遠録湖水之支流』，則中江、北江之與三江，本不相合明矣。況岷江入，則彭蠡諸水皆從矣。鄭、孔諸家所謂中江、北江、南江者，已足該之。松江入，則具區諸水皆從矣，庾、張諸家所謂松江、東江、婁江者，已足該之。浙江入，則浦陽諸水皆從矣，韋、趙諸家所謂浙江、浦江、剡江者，已足該之。蓋既舉三大望，而諸小江盡具焉，是諸説皆可廢也。嘗考宋淳熙間，知崑山縣邊實作縣志，言大海自西滙分南北，由斜轉而西，朱陳沙謂之揚子江口，由徘徊頭而北，黄魚垛謂之吴淞江口；由浮子門而上，謂之錢唐江口，三江既入，禹迹無改，是其説最得之。乃有疑大江祇一瀆耳，不應既以表荆，復以表揚。不知江漢朝宗之文，尚兼漢水言之，至揚始有專尊，況自南康至海門，直下千五百里，不得專屬之荆也。試以禹貢書法言之，淮海惟揚，海岱惟青，海岱及淮惟徐，倘謂著之一方，即不得公之他所，則是夏史官亦失書法也。又有疑禹合諸侯于會稽，在攝位以後，若治水時，浙江未聞疏導，不得豫三江之列。不知禹貢該括衆流，不應獨遺浙江，而會稽又揚州山鎮所在，必無四載不至之理。其不言於導水者，或以施功之少，故略之耳。若顧寧人疑古所謂中江、北江、南江，即景純所謂三江。北江，今之揚子江也；中江，今之吴淞江也，東迤北會爲匯，蓋指固城、石臼等湖；不言南江，而以三江見之，南江，今之錢唐江也。則愚又未敢以爲然。據先儒，固城等湖是闔廬伐楚開以運糧者。況經文中江，明指大江，似無容附會也。若胡朏明既主康成之説，又以秦、漢之際别有三江，以分江水，東歷烏程，至餘姚，合浙江入海者爲南江；以蕪湖水東至陽羡，由大湖入海者爲中江；合岷山爲北江。其説雖無關禹貢，而亦屬不考。分江水發安慶，至貴池，即有山谿間之，何由東行合浙？蕪湖之水，其北入江者，既不别標一名，其東由太湖入海者，安得復言江也？朏明將正漢志、水經之失，而不知自出其揣度之詞矣。景純之説，黄文叔頗不以爲然。其後季氏圖始引之，東匯澤陳氏暢之，歸熙甫因爲定論。愚竊以景純之説爲不易云。

問：昔陸文安公在荆門，以皇極講義代醮事，發明自求多福之理，軍民感動。朱子摘其講義中『大中』之説，力詆之，以爲荆門之教，是乃斂六極也。愚以爲陸子於從宜從俗之中，而寓修道修教之旨，不必以訓詁之屑屑，從而長短其間。且朱子謂近人言『大中』者，多爲含宏寬大之言，其弊將爲漢元唐代。此其説，謂有爲言之則可，若因後世之弊，而遂謂『大中』之不可以解經，無乃過乎？

答：是固然矣。然後儒之排朱子者，必欲以『皇極』爲『大中』，以爲漢、唐以來舊解盡同者，則愚又未敢以爲信也。據謂皇之爲大，六經皆然，未有訓『君』字者，惟大雅：『皇王烝哉』，顧命：『皇后憑玉几』，吕刑：『皇帝清問下民』，皆與『君』字相近，而實皆訓大，即王字亦訓大，如王父稱大父也。愚不敢遠引，即以漢儒尚書之學證之，洪範五行傳，『皇之不極，是謂不建』，繼之曰：『皇，君也。極，中也。』康成據大傳皇作王，曰：『王，君也。不名體而言王者，五事象五行，則王極象天也。極，中也。王象天以情性覆成五事，爲中和之政也。』傳又曰：『時則有射妖』，康成曰：『射，王極之度也。射人將發矢，必先於此儀之，發則中於彼矣。君將出政，亦先于朝廷度之，出則應於民心矣。』傳又曰：『時則有下人伐上之痾。』康成曰：『夏侯勝說，伐宜爲代，君行不由常，王極氣失之病也。天於不中之人，恒耆其毒，以賢代之。』漢書有曰：『皇極，王氣之極。』然則漢人之以皇訓君，伏生言之，大夏侯、劉向言之，鄭氏亦言之。其以爲大者，衹孔氏耳。孔氏之說，不先於伏氏，是固不必以六經之皇無訓君者，而遂强洪範而就之也。若夫六書之旨，則爾雅釋詁曰：『皇，君也。』是亦小學之書之最古者也。或謂皇極一疇，所以稱人主者，並曰汝，而獨『皇建其有極』、『惟皇作極』、『皇則受之』、『時人斯其惟皇之極』，四語稱君，以爲不類，則古人文例，恐又不當以此論之也。朱子謂如孔注則『惟大作中』、『大則受之』，皆不成語。或以爲是乃古人詰屈之辭，夫辭之詰屈無傷，然『惟大作中』，則大與中有兩層，其言支離而難通矣。是故極之訓中可也，而皇則必以君解之。且愚嘗讀後漢書而更有悟焉，馬融對策引書說曰：『「大中」之道，在天爲北辰，在地爲大君。』蔡邕對詔問曰：『皇之不極，惟建「大中」之道，則其救也。』然則即如孔傳，亦豈能離君而言之哉。愚生平於解經，未嘗敢專主一家之說，以啟口舌之爭，但求其是而已。故謂陸子以『大中』言皇極，而遂有妨於治道，此説之必不可通者。若『皇極』之解，則固當宗朱子。鄭筠谷宫贊嘗不滿朱子『皇極』之説，謂予曰：『是殆爲建中靖國言之也。』予疑汴京之事已遠，朱子所指，未必在此。偶讀周正字南仲對策曰：『陛下聰明，爲小人蔽蒙者有三：一曰道學，二曰朋黨，三曰皇極。夫仁義禮樂是爲道，明辨講習是爲學。人有不知學，學有不聞道，皆棄材也。古人同天下而爲善，故得謂之道學，名之至美者也。小夫譖人，不能爲善，而惡其異己，于是反而攻之，而曰此天下之惡名也。陛下入其説，而抱材負學之士，以道學棄之矣。惡名既立，争爲畏避，遷就迎合，掃跡滅影，不勝衆矣。小夫譖人猶不已，又取其不應和而駡譏者，亦例嫌之，曰：我則彼毀，爾奚默焉？是與道學相爲黨爾。陛下又入其説，而中立不倚之士，以朋黨不用矣。舉國中之士，不陷於道學，則困於朋黨矣。唯其不能可否，而自爲智，無所執守，而自爲賢。然後竊箕子公平正直之説，爲庸人自便之地，而建「皇極」之論起矣。夫箕子所謂有爲有猷有守，是有材有道有操執之人也，汝則念之，斯須不可忘也。不協於極而亦受之，謂其雖有偏，而終有用，亦當收拾而成就之也。今所謂道學朋黨者，正「皇極」所用之人也。奈何棄天下之有材有道有操執者，取其庸人外若無過中實姦罔者而用之，而謂之建「皇極」哉。其故無他，闒冗適尊異，凡庸當奮興，天下大禍始于道學，終于「皇極」矣。』乃知朱子所指，直是當時鄭丙一流議論。然以此譏陸子，得非所謂室於怒，市於色者耶？

經史問答卷三

詩問目答張炳 二十一條

問：正樂、正詩，或分爲二，或合爲一。先生謂正詩乃正樂中事，蓋正樂之條目多，有正其僭者，如宫懸不應用於諸侯，曲懸不應請於大夫，舞佾、歌雍皆是也。有正其有司之失傳者，如大武之聲淫及商是也。有正其節奏之紊者，如翕純皦繹之條理是也。有正其聲而黜之者，如鄭、衛、齊、宋四聲，以及北鄙殺伐之響是也。有正其容者，如大武之致左憲右是也。有正其器者，如歌韶必以首山之竹，龍門之桐是也。有正其名者，如大武之樂，據泠州鳩語，别有四名，疑其不可爲據是也。而最大者在雅頌之失所，此最爲詳盡曲當。唯是雅頌之所，先生歷舉左傳、大戴投壺，并石林葉氏、竹村馬氏，以及毛傳異同，幸科分而條晰之。

答：今人所共知者，如左傳甯武子之湛露、彤弓，其一條也。叔孫穆子之肆夏、文王，其一條也。

是皆雅之失所者也。大戴禮投壺篇：『凡雅二十六篇。八篇可歌，鹿鳴、貍首、鵲巢、采蘋、采蘩、伐檀、白駒、騶虞也。又八篇廢不可歌。其七篇商、齊，可歌也。三篇閒歌。』按投壺之文最古，故列於經，而其說不可曉。二雅之材一百五，而以爲二十六，不可曉者一也。白駒是變雅，今列之正雅，不可曉者二也。八篇之中，鹿鳴、白駒，一正一變。貍首據康成以爲曾孫侯氏之詩，則亦在雅。而鵲巢四詩是南樂，亦列之雅，不可曉者三也。伐檀則直是變風，亦列之雅，不可曉者四也。就中分別言之，南之溷於雅，猶之可也。變雅之溷於正雅，不可也。變風之溷於變雅，猶之可也。遂溷入於正雅，不可也。至若商、齊七篇，不知是何等詩，據樂記，商者五帝之遺聲，則康成以爲商頌者謬。齊者，三代之遺聲，是皆在雅頌以前，何以投壺亦竟指爲雅詩，不可解者五也。是非雅之失所者乎？固不僅如左傳所云也。考之漢、晉之世，尚仍投壺之說用之廟堂，是孔子雖曾正之，而世莫知改，可嘆也。若石林葉氏之言，尤前人所未發者。吳札觀樂，以大雅爲文王之德，以小雅爲周德之衰，猶有先王之遺風，則是所奏之小雅皆變雅，蓋并板、蕩等詩，凡變雅皆誤合之以爲小雅；所奏之大雅，皆正雅，并鹿鳴、伐木等詩，凡正雅皆誤合之以爲大雅。是失次之尤者也。此蓋本於劉炫，以正杜預之謬，而以解雅之失所，最精。袁清容曰：『小雅而曰周德之衰，是歌六月至於何草不黃矣。鹿鳴至於菁莪，皆美詩，何言乎周德之衰乎？大雅誠文王之德矣，然民勞至於召旻，刺亂也，何文王之德乎？故可以合樂者，小雅至菁莪而止，大雅至卷阿而止。』按清容似未見石林之說，而適與之合。然諸書所言，皆是雅之失所。若頌之失所，則石林亦頗鶻突。愚以毛傳考之，絲衣，繹賓尸也，而高子以爲祭靈星之尸，則必是時有用之靈星者。楚莊述大武之三章曰賚，六章曰桓，卒章曰武。而今所傳，則桓先於賚，武又先於桓，故杜預曰『是楚樂歌之次第』，是皆頌之失所也。而尤善者，竹村馬氏之言，謂穆叔不拜肆夏，以爲是天子所以享元侯。夫肆夏，頌也，而何以溷入於雅，天子取以享元侯乎？是必舊時沿習如此。故穆叔雖知禮，不知其非。穆叔尚然，況其餘乎？蓋魯以禘樂享賓，則凡頌皆以充雅，而用之燕禮，至孔子始正之。夾漈曰：『南溷於雅，猶之可也；頌溷於雅，不可也。』

問：然則商、齊之詩，何詩也？

答：竹村嘗言，康衢，風之祖也。喜起、南風，雅之祖也。五子之歌，變聲之祖也。是皆商、齊之遺也。以是推之，即放齋所云『太始天元之策，包羲罔罟之章，葛天之八闋，康衢之民謠，古詩所始者也，皆商聲也。』蓋商聲有正而無變，齊聲則有正變二者。大傳所云『大訓大化，九原六府』，皆禹樂章，而九辯見於山經，統之則九功九德之九歌也。呂覽所云『晨露』，是湯樂章，皆雅之祖也。五子之歌以下，變聲日多，如麥秀，如采薇，如微子之閔殷，如祈詔，皆變聲也，則皆齊聲也。其中或多依託，故夫子不録。

問：然則程文簡公泰之謂詩，除雅頌南豳之外，皆不入樂。顧亭林力宗之，而先生不以爲然，何也？

答：古未有詩而不入樂者，是乃泰之謬語也。特宗廟朝廷祭祀燕享不用，而其屬於樂府，則奏之以觀民風，是亦樂也。是以吴札請觀於周樂，而列國之風並奏焉，不謂之樂而何？古者四夷之樂，尚陳於天子之廷，況列國之風乎？亭林於是乎失言。況變風亦概而言之，衛風之淇澳，鄭風之緇衣，齊風之雞鳴，秦風之『同袍同澤』，其中未嘗無正聲，是又不可不知也。清容曰：『亦有非祭祀告神之詩，而謂之頌者，敬之、小毖、振鷺、閔予小子諸篇是也。』按此非頌而附於頌者，以其不類雅之音節也。試取諸詩讀之可見。

問：野處洪文敏公曰：『衛宣公父子事，毛詩、左氏皆有之。但宣公以隱公四年十二月立，至桓公十二年十一月卒，凡十九年。姑以嗣位之始，即行烝亂，而急子即以次年生，勢須十五年然後娶；既娶而要之，生壽及朔，一能救兄，一能奪嫡，皆非十歲以下兒所能辦也。然則是十九年中，如何消破？』野處之言如此，何以解之？

答：是在春秋孔疏中已及之。蓋宣公乃莊公之庶子，而夷姜則莊公之諸姬也。莊公卒，長子桓公在位十六年，方有州吁之難，而宣公立，則烝亂之行，當在前十六年之中，有子可以及冠，『魚網離鴻』，即宣公嗣位初年事也，其年足以相副矣。雖然，愚尚有以補孔疏之遺者。桓公在位，則先君之嬪御自尚在宮中，宣公方爲公子，而謂出入宮中，烝及夷姜，公然生子，則宮政不應如此之淫蕩也。桓公當早被鶉奔之刺矣。故此事畢竟可疑，史記以夷姜爲宣公之夫人，而毛西河力主之，亦因此疑竇而求解之。然凡史記與左氏異者，大抵左氏是而史記非。且此等大事，左氏不應無據而妄爲此言，惜乎孔疏未及也。是亦但可闕之以爲疑案者也。

問：唐風楊水諸詩，序與史記合，華谷嚴氏以爲不然。考之左氏，則似華谷之言爲是。朱子仍依序說，蓋華谷後朱子而生，未得見其詩緝也。先生以爲然否？

答：曲沃自桓叔至武公，祖孫三世，竭七十年之力而得晉，皆由晉之遺臣故老，不肯易心故耳。是真陶唐之遺民，而文侯乃心王室之餘澤也。詩序、史記之言俱謬，今以其曲折次之。平王三十二年，晉大臣潘父弑昭侯，迎桓叔。桓叔將入，晉人攻之。桓叔敗歸，晉人誅潘父，立孝侯，由是終桓叔之世不得逞，此一舉也。四十七年，莊伯弑孝侯，晉人不受命，逐之，而立鄂侯，是再舉也。桓王元年，莊伯伐晉，而鄂侯敗之，乘勝追之，焚其禾，此事不見於左傳，而史記有之。曲沃懼而請成，是三舉也。二年，莊伯合鄭、邢之師，請王旅以臨晉，鄂侯奔隨，而晉人立哀侯以拒之，是四舉也。三年，晉之九宗五正，復逆鄂侯入晉，使與哀侯分國而治，其不忘故君如此。十二年，陘庭召釁，哀侯被俘，晉人立小子侯以拒之，是五舉也。十六年，曲沃又誘小子侯殺之，而周救之，晉人以王命立哀侯之弟，是六舉也。於是又拒守二十七年，力竭而亡，而猶需賂取王命以脅之，始得從，然則以爲將叛而歸者，豈其然乎？當是時，曲沃豈無禮至之徒，而要之九宗五正，不可以潘父及陘庭之叛者，概而誣之，是則華谷之言，確然不易者也。故近日平湖陸氏曰：『「素衣朱襮，從子于沃」，蓋發潘父輩之陰謀以告其君，使得爲防也。「彼其之子」，則外之也。』

問：朱竹垞曰『劉向所述皆魯詩』，未知果否？其亦有所據否？

答：劉向是楚元王交之後，元王曾與申公同受業於浮邱伯之門，故以向守家學，必是魯詩。然愚以爲未可信。劉氏父子皆治春秋，而歆已難向之説矣，安在向必守交之説也。向之學極博，其説詩，考之儒林傳，不言所師，在三家中，未敢定其爲何詩也。竹垞之説，本之深寧，然以黍離爲衛急、壽二子所作，見於新序，而先儒以爲是齊詩，則不墨守申公之説矣。

問：『往近王舅，南土是保』，朱子曰：『近，辭也。』其義頗不可曉。李厚菴曰：『往保南土，王舅是近』，亦是强爲之詞。嚴華谷訓作已。皆難通，幸明示之。

答：華谷之釋，即朱子之釋也。蓋毛傳本訓作已，康成曰：『近，辭也，聲如「彼記之子」之「記」。』孔疏：『嘆而送之，往去已，此王舅也，近、已其聲相近。』陸氏釋文：『近讀作記。』是華谷與朱子本同也。按詩『彼其之子』之『其』，一作『記』，亦有用本字者，園有桃詩也；有轉作忌字者，大叔于田詩也；有轉作近字者，是詩是也。往近，猶云往矣也。朱子用其解而遺其音，以致後人不曉，而厚菴則不知而漫釋之。

問：蒹葭之詩，序曰：『刺襄公也。』朱子曰：『不知其何所指。』厚齋則曰：『感霜露也。』近日李天生以爲秦人思宗周，『在水一方』，指洛京也。竹垞稱之，謂前人所未發。而先生曰：『亦曾有道過者。』敢問所出？

答：天生秦人，以是歸美秦俗之厚。在天生固屬自得之言，而魏仲雪早嘗及之。其曰『秦人不復見周室威儀，而隱然有美人之感也』。然則以序參之，曰『刺襄公』者，亦是。蓋試讀秦風，急公勇戰之意，固其招八州而朝同列之兆。而寺人、媚子，亦屬景監、趙高之徵，先王之有勇知方者，不若是也。詩人以是益睠懷於故國也。朱謀㙉曰『是故老之遁跡者，刺襄公不能招致之』，亦互相發也。厚齋之言更蹈空。

問：南軒於渭陽之詩，何責康公之深也？

答：宋儒每多迂刻之論，而宣公最少，若此條則犯之矣。令狐之役，晉負秦，秦不負晉也。康公之送雍曰：『文公之入也無衛，是以有吕、郤之難』，乃多與之徒卒，依然渭陽之餘情也。晉人乞君，秦人答之，有何覬覦，而以爲怨，欲害乎良心，則似不讀左傳矣。如宣公言，將晉人召雍而康公留之不遣乎？以是爲論世，則不可謂非一言之不知也已。

問：左傳楚子之言以賚爲大武之三章，以桓爲大武之六章，以武爲大武之卒章。杜元凱曰『不合於今頌次第』。蓋楚樂歌之次第，孔仲達曰：『今頌次第，桓八，賚九。』按毛傳，八九之次未聞。

答：仲達蓋取三十一篇合數，其所告於武王者而次第之，皆以爲大武之樂。昊天有成命第一，毛傳不以爲兼祭成王之詩。時邁第二，執競第三，毛詩不以爲兼祭成王、康王之詩。有瞽第四，載見第五，武第六，酌第七，桓第八，賚第九也。然以序考之，則似止以於皇武王一篇爲武，并賚與桓皆不以爲武也。況酌即是勺，别是舞名，見於内則，則不在大武之内，而昊天、執競二詩，確是康王以後之詩，則是三、六之次固非，八、九之次亦非也。且武在第六，何也？是所當闕者也。

問：溱水有三，而見於經者，惟鄭之溱。先生以爲衹二溱，鄭之水當作潧，是據説文。不知他尚有所證否？

答：溱水在説文，以出桂陽之臨武者當之。而水經注汝水篇亦有出平輿之溱，所謂二溱者也。鄭之水，說文本作潧，水經亦作潧，說文引詩亦作潧，水經引國語亦作潧，以是知古文皆不作溱也。故陸氏釋文亦疑焉。今以其音爲溱，而遂溷之，盡改詩及春秋內外傳并孟子之潧皆作溱，誤也。故水經注雖多譌謬，然不可廢者，此類是也。潧水一名鄶水，故檜國也。程克齋因此以爲一名澮水，則又非也。澮水在河東，見水經注汾水篇，而灌水在淮南，亦一名澮。以潧爲澮，豈可乎？克齋精於釋地，不知何以失之。

問：亭林先生謂『薄伐玁狁』之太原，非尚書之太原。按朱、呂、嚴三家，皆以爲即今陽曲，而亭林力非之，是否？

答：亭林是也。周之畿內自有太原，故宣王料民於太原。若以晉之太原當之，則踰河而東，以料民於藩國，有是理乎？爾雅：『廣平曰原』，公羊傳：『上平曰原』，尚書大傳曰：『大而高平者，謂之太原。』蓋太原字義，原不必有定在。春秋說題辭：『高平曰太原』，斯平涼一帶，所以亦有太原之名。先儒所以謂太原爲陽曲者，孔穎達曰：『杜氏謂千畝在西河之介休，則王師與姜戎在晉地而戰。』按左傳：『晉文侯弟，以千畝之戰生』，則千畝似晉地也。而九域志：『古京陵在汾州，宣王北伐玁狁時所立』，則亦以太原爲晉陽也。予謂周之畿內，蓋亦別有若千畝者，非即西河之介休。其時晉人，或以勤王至畿內，戰于千畝，而成師生，亦未可定。蓋千畝乃籍田，亦應在畿內，不應渡河而東，卜地于介休。

是皆當闕如者也。

問：漆、沮二水，禹貢與詩並有之，然其説不一。漢志：『右扶風有漆縣，漆水在西，東入渭。』闞駰十三州志亦同。是漆水也。水經：『沮水出北地郡直路縣，東入洛。』是沮水也。王厚齋曰：據此，則沮自沮，漆自漆，而孔氏引水經『沮水俗謂之漆水，又謂之漆沮水』。此則名稱相亂。諸家以爲扶風之漆，與北地之沮當爲二。扶風是漆水，北地是沮水之一名漆沮水者。蓋扶風之漆，至岐入渭，在豐水之上流。而尚書渭水，會豐會涇之後，乃過漆沮，則漆沮乃在豐水之下流。是書之漆沮，非詩之漆也。詩之漆、沮是二水，而書之漆沮是一水，即詩之沮也。然水經之沮入洛，而尚書之漆沮入渭。孔安國謂漆沮一名洛水，則漆沮即洛也，又何入之有？當闕之以俟知者。以厚齋之精於釋地，顧終不能定此惑。不知先生之説詩、説書、説水經，何以和會而折衷之？

答：漆是漆，沮是沮，洛是洛，三水各有源流，無可疑，不得混而爲一。然漆入沮，故世有呼沮水爲漆沮水者；漆、沮皆入洛，故世有呼漆沮水即爲洛水者。段昌武、嚴粲之説，所由疑也。段氏竟謂漆沮有二：一在上流，一在下流，非也。程泰之曰：『沮水，按宋氏長安志，自邠州東北來，至華原縣南，合漆水，入富平縣石川河。石川河者，沮水之正派也。漆水，按宋氏長安志，自華原縣東北同官縣界來，南流入富平縣石川河，是漆、沮會合之地，而洛水出自北地歸德縣臨戎夷中，至馮翊懷德縣入渭。懷德者，今同州之衙縣也。然則漆在沮東，至華原而西合於沮。沮在漆西，受漆而南，遂東合於洛。洛又在漆、沮之東，至同州而始合。』泰之所言，視厚齋爲了當。前人疑入渭入洛之異者，不知入洛則由洛以入渭矣。杜岐公曰：『謂漆、沮爲洛者，以三水合流也。』此最足隱括。若張守節曰『漆、沮二水，源在雍州之西。其名洛水者，源在雍州之東』。此實段氏、嚴氏之疑所由出。不知洛水本在漆、沮二水之東，其後由東而西，遂合爲一，又何害乎？唯是洛水之名，始見於周禮職方氏，泰之以爲秦、漢時始有此水，則不審。

問：道元於漆水篇引禹本紀之文云『導渭水，東北至涇，又東逕漆沮，入于洛。』其言與禹貢悖。

答：禹本紀乃太史公所不采。然是亦必非禹本紀之文，以禹時尚無北地之洛水也。即以職方而後之水道言之，洛入渭，不聞渭入洛，禹本紀安得爲此言？道元好采異聞以示博，而不審真妄，嘗有此失。

問：據道元，則濁谷水亦謂之漆水，而又引柒渠水之入岐者以存疑。然則漆水自不止一水也。

答：漆水或有同名者，固未可定。然尚書及詩所指漆，則皆是一水，不必援他小水以亂之。

問：厚齋不特謂漆、沮二水有二，并謂洛水有二，其説亦本之括地志，不知是否？

答：是非括地志之謬也，乃張守節之謬也。括地志曰『洛水出慶州，至華陰入渭，即漆沮水』，而張守節辨之曰：『非古公所度漆沮。』厚齋因本之，引易祓曰：漢志馮翊之懷德，荆山在其縣西，正洛水之源也，是即禹貢之漆沮。又一洛水，出慶州洛源縣，有白旋山，洛水所出，因以名縣。東南流至同州澄城縣，其去懷德亦近，則大謬矣。洛（州）〔水〕出於慶州之白旋山，至懷德之荆山而入渭，今以荆山别爲一洛之源，豈非囈語。厚齋謂雅詩瞻彼洛矣之洛，是雍州之洛是矣，而忽有此失，不可解也。

問：先生謂鄭之溱水，古文作潧，秦之沮水，古文作瀘，皆本説文。按今水經溱作潧，而沮不作瀘。

答：舊本亦自作瀘，今誤耳。小司馬索隱引水經：『瀘水出北平直路縣。』是唐本之不悖於説文者也。説文曰：『北地瀘水，虘聲；漢中沮水，且聲。』其了了如此。蓋沮水有三：一是沔漢之沮；一是沮漳之沮，亦作雎；一是灉沮之沮。而地志元氏縣下沮水是泜水之誤文，不知尚書、毛詩、史、漢、水經，何以一變，而關中之瀘，皆盡誤而爲沮。

問：『豈曰無衣，與子同袍』，序曰：『刺康公用兵也。』詩無刺意，其説固非。朱子引蘇氏曰：『秦本周地，故其民猶思周之盛時而稱先王』，此蓋以小戎諸詩之意申之，其説似勝於序。而先生曰『穆公之詩』，何所見與？

答：讀詩，則所謂王者是指時王，非先王也。蘇氏之言未覈。況其曰『與子』，是明有同事者，蓋當襄王在氾，穆公師於河上，將以納王。其曰『與子』，指晉人言之也。故曰『同袍』、『同仇』、『同澤』、『同裳』，穆公是舉最佳，不知何以竟爲晉人所辭，而中道歸去。晉人固譎，欲專勤王之勛，而穆公拙矣，然其心則固可取也。予嘗謂穆公生平之事，惟此舉足傳。

問：唐風杕杜章：『豈無他人，不如我同父』，其與魏風彼汾章：『彼其之子，殊異乎公行』，疑皆是諷晉之無公族也。先儒曾有言之者否？

答：東萊吕氏嘗言之，蓋晉人亡國之禍，遠在二百餘年之後，而實兆於此。晉自桓叔不逞，弑宗國之君者五，而後有晉，其心惟恐宗室之中，有效尤而出者，故獻公今日殺富子，明日殺游氏之二子，尋盡殺羣公子，以士蔿爲密勿之功臣，而不知轉盼間，驪姬殺申生矣，逐重耳、夷吾矣，詛無畜羣公子矣。乃又轉盼間，三公子之徒，殺奚齊矣，殺卓子矣；夷吾立，幾殺重耳矣；重耳殺圉矣。以重耳之賢，不能革此淫詛，四散其諸子，轉盼間争國：欒死矣，雍逐矣，黑臀繼靈，周繼厲，俱自外至，於是以六卿之子弟充公族，是彼汾之詩，所爲刺也。而要皆獻公啟之。啟獻公者，桓叔也。春秋之國，如楚，如衛，如宋，如鄭，皆得宗卿之力。魯之三家雖不道，然終未嘗篡國。晉用六卿而先亡，齊用田氏而先亡，『豈無他人』之謂也。或疑唐、魏之詩，無及獻公以後者，則甚不然。變風終於陳靈，何以唐、魏二國獨無乎？

問：顧亭林謂唐叔所封，以至翼侯之亡，疑皆在翼，不在晉陽，然則燮父何以改國號曰晉乎？唐城畢竟安在？

答：既改唐曰晉，則其在晉陽可知。然亭林之言，亦自有故，難以口舌辨也。括地志所述唐城有二：一在并州晉陽縣北二里，是太原之唐城；一在絳州翼城縣西二十里，是平陽之唐城。相去七百餘里，而史記晉世家謂唐叔封於河汾之東，則當在平陽。張守節亦主此説。若太原，則在河汾之西矣，故亭林疑唐叔本封在翼者，以此故也。但燮父之改唐曰晉，以晉水，則自在太原。而詩譜明曰『穆侯始遷於翼』，則史記所謂河汾之東者，未可信矣。而平陽亦有唐城者，蓋必既還之後，不忘其故而築之，如後此之所謂故絳、新絳，二絳異地而同名耳。至於晉自唐叔以後，靖侯以前，年數且不可考，何況其他？則其中必累遷而至翼，亦必無一徙而相去七百餘里也。亭林於括地志之唐城，引其一，遺其一，則稍未覈也。

問：竹村馬氏曰：『三百五篇，惟周頌三十一篇，商頌五篇，爲祭祀之詩。小雅鹿鳴以下，彤弓以上諸篇，爲宴享之詩。此皆其經文明白，而復有序説可證者也。至於周南以下十五國風，小雅自六月而下，大雅自文王而下，以至魯頌之四篇，則序者以爲美刺之詞，蓋但能言其文義之所主，而不能明其聲樂之所用矣。左傳所載列國諸侯大夫聘享賦詩，大率多斷章取義，以寓己意。如秦穆公將納晉文公，宴之而賦六月；季武子譽韓宣子嘉樹，宴之而賦甘棠。蓋借二詩以明贊諷之意。又如荀林父送先蔑，而爲賦板之卒章；叔孫豹食慶封，而爲賦相鼠。蓋借二詩以明箴規之意。它若是者不一而足，皆是因事寓意，非曰此宴必合賦此詩也。獨儀禮所載鄉飲酒禮、燕禮、射禮，工歌、閒歌、合樂之節，及穆叔所言天子享元侯，與兩君相見之禮，則專有其詩。然考其歌詩合樂之意，蓋有不可曉者。夫關雎、鵲巢，閨門之事，后妃、夫人之詩也，何預於鄉宴，而鄉飲酒、燕禮歌之。采蘋、采蘩，夫人、大夫妻能主祭之詩也，何預於射，而射禮用之。肆夏、繁遏、渠，宗廟配天之詩也，何預於宴飲，而天子享元侯用之。文王、大明、緜，文王興周之詩也，何預於交鄰，而兩君相見歌之。以是觀之，其歌詩之用，與詩人作詩之本意，蓋有判然而不相合者，不知其何說？晉荀偃曰「歌詩必類」，今如儀禮及穆叔所言，則類者少，不類者多，若必就其文詞之相類，則鄉飲酒禮所歌，必伐木、行葦之屬；射禮所歌，騶虞而下，必車攻、吉日之屬；天子享元侯所歌必蓼蕭、湛露、彤弓之屬，方爲合宜。』竹村之疑，前人所未及也，何以晰之？

答：以古禮言，則必每樂各有所歌之詩。但今不可得而盡考。以春秋之世之禮言，則容有斷章而取義者，原未必盡合於古，此雖於經傳無明文，而可以意推而得之者也。但鄉飲酒禮所歌，亦正不必伐木、行葦之屬，射禮所歌，亦正不必車攻、吉日之屬，則以其義之所該者大。陳晉之曰：『鄉、射升歌鹿鳴諸詩，所以寓君臣之教；笙奏南陔諸詩，所以寓父子之教；閒歌魚麗，笙由庚，歌南有嘉魚；笙崇丘，歌南山有臺，笙由儀，所以寓上下之教；合樂三終，歌二南諸詩，所以寓夫婦之教。』然則因一事而兼羣義，有不盡泥其事者矣。其與春秋時賦詩之禮，又自有不同者，不必如竹村所疑也。但雖不必泥其事，而未嘗不專有其詩，以司樂者各有所屬故也。若賦詩言志，如荀偃所云不類，蓋指攜貳之詞耳。

經史問答卷四

三傳問目答蔣學鏞 二十七條

問：荀息之傅奚齊也，阿君命以成危事，故左傳以『白圭之玷』惜之。而春秋之書法，居然與孔父、仇牧同科。顧亭林曰：『以王法言之，易樹子也；以荀息言之，則君命也。彼「枯菀」之歌出，而里克以畏死改節矣，則荀息不可謂非義也。』然則叔仲、惠伯，更非荀息之比，而亭林反詆之。何哉？

答：惠伯豈是荀息之比，蓋其所傅者，應立之世子，既主喪矣，襄仲突出而弑之。是死也，雖與日月争光可也。今求聖人所以不書之故而不得，乃妄詆之，則亭林之謬也。亭林之前，亦有揚人馬駢曾爲此説，皆不知大義者也。荀息在晉，其料伐虞之事，固知者，然即其知而言之，亦非能導其君以正者，不過狥其吞并之私，而行其狙詐已耳。及其老而耄，以身殉亂，聖人所以書之，以爲猶愈于里克、丕鄭之徒也，非竟許之也。若惠伯則真忠也。假如亭林之言，必使魯之臣，皆如季孫行父、叔孫得臣俛首唯阿，往來奔走，以成襄仲之事，而後謂之識時務與？賢如行父，尚且不免，而惠伯能爲中流之一壺，後人乃從而貶之，則天地且將崩裂矣。當付托之重，亦有不死以成事者，季友是也。是必諒其時勢與其才力足以集之而後可也，不然，不如死之愈也。亦有竟得成事而適以亂濟亂者，里克是也，又不如死之愈也。然則惠伯何歉乎？曰惠伯以宗臣居師保，倘責其疏忽，不能豫測襄仲之逆，而弭奸除賊，則或惠伯之所服也。雖然，季友先去叔牙，竟不能去慶父，則事固有難以求備者，聖人論人，不如此之苛也。且夫惠伯之死，其帑奔蔡，已而復之，豈非宣公亦憐其忠，襄仲亦自慚其逆，行父之徒，終有媿於公論，而卒全其祀乎？然則當時之亂賊且許之，而後世人妄詆之，吾之所不解也。曰：然則聖人之不書何也？曰：其文則史，是固舊所不書也，聖人無從而增之。而況既諱國惡，不書子赤之弑，則惠伯無從而附見。曾謂惠伯反不如荀息者，真邪說也。

問：萇弘合諸侯以城成周，衛彪傒曰：『萇弘其不没乎？』國語有之，『天之所廢，不可支也』。左氏此言，蓋推周人殺萇弘之張本，果爾，則萇弘固周之忠臣也。何以貶之？

答：左氏喜言前知，故於萇弘之死，求其先兆而不得，則以此當之。其説在外傳爲尤詳，然可謂誣妄之至。假如其言，則是人臣當國事將去，必袖手旁觀，方有合於明哲保身之旨，而知其不可而爲之者，皆有天殃，宇宙更無可支拄之理。成敗論人之悖，一至於此，唐柳子厚、吕化光、牛思黯已非之矣。

雖然，吾於萇弘之事，亦有疑焉。左氏言周之劉氏晉之范氏，世爲婚姻，故朝歌之難，周人與范氏。事定，趙鞅以爲討，周人乃殺萇弘以說。夫范、中行之搆難，不過欲并趙氏。范、中行之據朝歌，趙氏之據晉陽，其叛則同。及范、中行既不克而伐公宮，攻都邑，連齊、衛，結戎、蠻，以傾故國，則其猖狂已甚。萇弘，周室之忠臣也，將扶國命於既衰，射貍首以詛諸侯之不廷者，則欲使天子得有其諸侯，即當使諸侯得有其大夫。今不能助晉討賊，而反從而城之，是則萇弘之失也。稽之往事，孫林父之叛衛也，而晉人戍之，是晉霸中衰之時。欒盈之叛晉也，而齊人救之，是齊靈極亂之時。魚石之叛宋也，而楚人救之，是楚霸中衰之時。是皆倒行逆施之事，是以穆叔雍榆之役，春秋善之，與國尚然，況天下之共主乎？況敬王之入晉也，崎嶇伊、洛之間，其幸而得濟，晉之力也，而忽左袒於其叛臣，是則萇弘之失也。雖然，細覈之，則亦未必信然也。夫當時之助范氏者，齊也，衛也，鄭也，而周無聞焉。周之力，亦非能以兵爲助者也，不過劉、范婚姻，或有通問往來而已。趙鞅悍矣，然終不能得志於齊、衛諸國，而區區守府之周，則敢從而討之。是鞅之悖，更不可問也。故萇弘之死，吾終疑其有屈，蓋劉、范以婚姻有連染，而弘不過劉氏之屬也。晉人之討乃在劉，而劉竟以弘當之，其罪未必在弘也。弘之忠勤，其在劉，必爲同事者所忌，而因借是以陷之。故其血三年而化碧，而左氏無識，并其城成周而亦貶之，則其碧（十）〔千〕年不可滅矣。韓非謂叔向譖萇弘，出於不考。是時叔向之死久矣，而其以譖而死，則事之所或有也。

問：楚莊入陳，諸家皆以討賊與之，獨東發先生貶之。其大要謂夏徵舒之弑，在宣十一年；辰陵之盟，弑已及年，何以不討？向來讀春秋者，未嘗計及于辰陵之役，直至東發始及之。楚莊既欲討陳，何以先與之盟？誠不可解也。

答：東發抉出辰陵之盟，可謂善讀經者。然於既盟而又伐之隱情，尚未之得也。夫是時楚方與晉争陳、争鄭，以争宋，總是求霸，亦何討賊之有。果討賊乎？辰陵之盟，陳成公正在會，留之而與共討夏氏可矣。更進於此，并責成公以不能除不共戴天之仇，廢之，而以兵入陳，除夏氏置君焉，則王者之師矣。何以親執牛耳，與之誓神成禮而退。夫霸者之制，嗣君雖有罪，得列於會則不討，雖非王制，然亦春秋之例也。是楚莊之無意伐陳可知也。然則何以不久而伐之？曰：陳成公仍叛楚而即晉，意當時當國者必夏氏，則主從晉者亦夏氏，故楚莊必取夏氏而甘心焉，而納孔寧、儀行父以撓其權。不然，二人者逢君之惡而陷靈公于死，其罪大矣。夏氏宜討，而二人之奔楚久矣，辰陵之盟，何以不納，至是而始遣之也。然則以爲討賊，真瞶瞶者矣。曰：既縣之，而又封之何也？曰：是亦别有故焉，而左氏以爲申叔時之諫，亦附會之談也。家語并附會於孔子之稱之，皆非也。蓋是時陳成公尚在晉，楚果縣之，晉人未必竟束手也，則争端起矣。故不若因而封之，則陳自此必不敢更叛楚矣，是則所以封之者，終以晉之故也。吾於是嘆聖經之嚴也：大書辰陵之盟，而其義見矣。然而左氏則昧矣。

問：據史記則夏氏弑君自立，成公以太子奔晉，楚人迎而立之也，而不見於左傳，何也？

答：是史記之誣也。夏氏未嘗自立，成公已豫辰陵之盟，何嘗以太子出奔乎？使謂夏氏自立，則辰陵之盟，孔子豈肯書爲陳侯，可不辨而明也。

問：經書陳靈公之葬，説者以爲前此竟未嘗葬而楚葬之，則楚亦可稱矣。

答：陳公已即位，靈公安有不葬之理，是蓋楚假討賊之名，爲之改葬，而遍告於諸侯者，既告則書之，亦非褒也。

問：『越境乃免』之説，春秋人託之於孔子者，先儒多已非之。先生以爲陳文子之去他邦，蘧伯玉之出近關，皆爲此説所惑，後世人臣不可援以爲例。夫宣孟之罪，世所知也，文子則亦在可疑之列者也，獨伯玉似不可同年而語。故近有閩人郭植再三爲之申雪，願先生詳論之。

答：伯玉乃孔子所嚴事，愚豈敢妄議之。然近關再出，終不無可疑也。伯玉位在庶寮，其力固不足以誅孫甯，即其地亦非能通密勿，有聞即可入告者，故凡責伯玉以不討賊，不死節，皆屬不知世務之言。伯玉所處，不能討賊，亦不必定死節也。唯是伐國不問仁人，則聞孫甯之謀而去，固義所宜。而既去而即返，則義稍未安。蓋父母之邦，雖不忍棄，而與亂臣賊子比肩旅進，則君子寧棄父母之邦而不居矣。即令返，亦何可以再仕。吾傷伯玉之賢，生遭亂世，所遇大故不一而足，視其君之出入生殺如奕棊，而乃以近關之出爲定算。禍作而去，禍止而返，仍浮沉於鵾鵯檮杌之羣，以是爲潔身，則似於義固有歉也。故郭氏之言，但知附會伯玉，而不知爲後世人臣峻去就之防者也。唯是伯玉之年齒則固有可疑者。獻公之出，當襄公之十四年，又八年孔子始生，而其時伯玉已與聞孫甯之事，則必其人名德已重，然後孫甯思引以共事，蓋最少亦當三十矣。乃又歷一十八年，爲襄公之三十一年，又歷昭公之三十二年，定公之一十五年，至哀公之元年，孔子再至衛，主於其家，則上距孫甯逐君之歲，已六十有六年，伯玉當在九齡以外，而史魚猶以尸諫而引之，南子尚聞其車聲而識之，則猶未致仕也。伯玉即如此長年，必不如此固位，是大可疑也。故吾竊意近關再出，不知何人之事，而誤屬之伯玉，以是時伯玉必未從政也。左氏書中以九十餘歲老人，尚見于策者，一爲吴季子，一爲齊鮑文子，皆可疑，而伯玉尤甚。

問：宋之盟，楚先歃，而經仍先晉。左氏以爲晉有信也。孔子脩春秋，其文則史，豈有自取諸侯之次第而竟改之者，是謬説也。然則楚未嘗先歃與？楚先歃，而經何以先晉與？

答：善哉問也。若以有信遂先之，則前者清丘之盟，唯宋有信，何不加宋於晉上也。蓋當時在會之坐次，本晉爲先，而楚次之，經文所書，會之序也。及盟，而楚人争先，則楚駕於晉矣，而經文不複出，但曰：『豹及諸侯之大夫盟于宋』，則楚之先無從見矣。試觀既盟，宋公兼享晉、楚之大夫，而趙孟爲客，則晉仍先楚，以堂堂首歃之子木，至是不能争也，則諸侯本先晉之明驗也。若謂孔子所欲先即先之，則安有斯理。是開宋儒迂誕之説者，左氏也。

問：然則使楚竟駕晉於會，春秋將遂先楚乎？

答：是又未必然也。春秋固不敢擅改載書之次第，然畢竟須重王爵。晉自文公以來，天子命之爲霸，非楚人所敢望也，是以黄池之會，吴竟駕晉矣，然春秋書曰：『公會晉定公及吴夫差于黄池』，則内外進退之旨，了然可見。使宋之會亦若此，則書法亦若此矣。聖人經文之妙如此，然後知春秋雖不予晉，而如郝氏、毛氏，妄謂春秋最惡晉而許楚者，妄也。

問：孔子之卒，杜氏謂四月十八日乙丑，非己丑，五月十二日乃己丑。然史記、孔叢皆作己丑，與左氏合，則恐是杜氏長曆之訛也。吴程以大衍曆推之，乃四月十一日，不知誰是？

答：前二年五月庚申朔，是左氏所紀，下距是年四月，中間當有一閏，以庚申朔遞推之，六月朔爲庚寅，七月、八月朔爲己未、己丑，九月、十月朔爲戊午、戊子，十一月、十二月朔爲丁巳、丁亥，次年正月、二月朔爲丙辰、丙戌，三月、四月朔爲乙卯、乙酉，五月、六月朔爲甲寅、甲申，七月、八月朔爲癸丑、癸未，九月、十月朔爲壬子、壬午，十一月、十二月朔爲辛亥、辛巳，而閏月及次年正月朔爲庚戌庚辰，二月、三月朔爲己酉、己卯，四月朔爲戊申，是四月十八日，乃乙丑也。若四月十一日，乃戊午也，杜氏似不謬。宋潛谿謂是年四月壬申朔，則謬矣。

問：叔孫莊叔敗狄於鹹，獲長狄僑如、虺也、豹也，而皆以名其子。今考莊叔之子，一僑如，一豹，而無虺，何也？

答：永樂大典中尚載有春秋世系、世譜諸書，世間所無。愚嘗考之，蓋叔仲昭伯乃虺也。據杜氏，則昭伯名帶。左傳帶之名見於策，或者本名虺，而後改爲帶。歷考左氏、史記、世本，其有二名者亦多。叔仲氏出惠伯，惠伯即莊叔之庶兄也，死於子惡之難，其帑奔蔡，已而復之。虺即惠伯之子，莊叔以其猶子而名之，未可知也。世系以虺爲惠伯之子，世譜則以爲孫，如左傳所云，當是子也。

問：屠岸賈事之誣，孔穎達於左傳疏已辨之，容齋、東萊、深寧又辨之，可以無庸置詞，獨西河謂史記年表所書，原盡與左氏合。而世家則必采異聞，是必年表成於談，而世家成於遷，故有互異。今考之年表，並無所謂合於左傳者，豈西河曾見舊本，而今所見多脱落乎？

答：年表之易有脱落，固也。愚考之晉世家，景公三年下宫之禍，徐廣曰：『按年表，朔將下軍救鄭及誅滅，皆在是年。』則舊本年表固有之，而今本脱落。但正與世家合，不與左氏合。西河好作僞，每自捏造以欺人，如此蓋不可勝數也。

問：春秋之時皆世卿，故以庶姓而起者甚少。管子之後不見於齊，孫叔僅得寢丘之封，孔子則不終於位，蓋世卿之勢重也。然世卿亦未嘗無益於國，何道而持其平？

答：春秋之時，兵枋皆在世卿，故高子之鼓，國子之鼓，與君分將，而管仲亦終不得豫也。邲之戰，孫叔亦不得主兵事，斯庶姓所以終不能抗也。陽處父爲太傅，其力足以易置中軍，而賈季殺之甚易，亦以無兵也。孔子隳都，亦終是三家主兵，則世卿之勢自難動。然而世卿終是有益於國，故卒不能廢。要之果有賢主，則世卿自無從竊柄，而庶姓亦無難於參用。苟無賢主，則皆不足恃。特以其極言之，晉亡於三家，齊亡於田氏；而魯、衛之任用宗室，不過爲其所專擅，未聞有他，則世卿差勝矣。

問：秦誓皆以爲敗殽歸後所作。史記則以爲王官之役，封尸歸後所作。誰是？

答：似當以史記爲是。蓋穆公敗殽悔過，則不復興彭衙之役矣，何至於三出。及王官之役，亦無大捷，不過晉人以其憤兵，不復與校，而穆公藉此自文，以爲稍挺，及其封尸發喪，不覺有媿於中而爲此誓。然次年又伐戎，則終未嘗踐此誓也。

問：晉文公初入國，受王命，設桑主。韋昭曰：『禮：既葬而虞。虞而作主，虞主用桑。天子於是爵命世子即位受服，文公不欲繼惠、懷，自以子繼父位，故行踰年之禮。』是否？

答：是乃大非禮。文公以惠公之欲殺之也，又以懷公之脅其從亡之臣也，舅犯又以狐突之死，根之深，故如明代革除之禮，而趙衰、司空季子、賈佗之徒，亦非能真識典禮者，所以有此。夫惠公之立非草竊，蓋亦天子所嘗命之者，而惠公亦頗有伐戎救周之勛，雖其後敗韓，聲望頓喪，然王命不可滅也。命惠公者亦襄王，命文公者亦襄王，革除惠公是即革除王命矣，而可乎？然則當如何。曰：文公自不肯繼惠公，然正不必設桑主也。是所謂欲行典禮，而適以成不學無術之謬者。内史興猶從而極譽之，所謂以成敗論人者。先儒嘗稱司空季子之論姓，以爲知古，予謂如季子者，適以掌故成其佞。蓋其論姓，乃以勸納辰嬴也。辰嬴無論曾配懷公，即其未配，乃穆公之女，便是文公之甥，而可納乎？又何咎乎楚成王也。

問：富辰言密須之亡由伯姞，韋昭疑文王滅密，不由女。愚以爲或别有一事，是否？

答：是也。蓋指恭王所滅之密，其事即見外傳。恭王游涇上，密康公從，有三女從之，伯姞殆即三女中之一也。富辰所指鄢、鄶、聃、息、鄧、盧，皆周時所亡之國，則非文王所伐之密。

問：申生之死，謚爲共君。韋昭曰：『謚法：既過能改曰「恭」。公以此謚，竊恐獻公未必肯加申生以謚，故昭以中謚當之。』檀弓孔疏，則謚法敬順事上曰『恭』，是佳謚矣，誰加之？

答：當是惠公改葬時加之，非獻公也。獻公坐申生以不孝，豈復加謚，亦豈以其一死而謂之改過。是韋之謬，孔説是也。

問：友之詩，見於外傳，亦武王克商所作，疑亦大武諸章之一，而今周頌無之，豈孔子所删耶？

答：友之爲名頗與賚、桓、武諸章相似。然周初頌樂，如樊、遏、渠諸名目，皆别用一字。成王之樂又曰酌，不可曉也。據外傳言，則友是飫歌，乃樂之少章曲者，則不在大武諸篇之内矣。今周頌無之，亦難强爲之詞也。

問：晉文公之入國，十一族掌近官。胥即司空季子也；籍即籍父之先也；狐則咎犯兄弟；箕即箕鄭也；欒、郤、先、韓，即後之世卿也；羊舌則職也；董即因也；而柏無所考，敬質之。

答：『柏』與『伯』通，蓋伯宗之先也。

問：韋昭注外傳：晉賈它，狐偃之子，太師賈季也。公族，姬姓，食邑於賈，字季。按内傳，則賈它似又是一人。

答：韋氏誤也。晉故有賈氏，七輿大夫之中，右行賈華是也。蓋故是晉之公族，賈它在從亡諸臣之列。公孫固曰：『晉公子父事狐偃，師事趙衰，長事賈它，則與咎犯等夷，非父子矣。狐氏雖亦姬姓，然戎種，非公族也。至咎犯之子，始稱賈季，而其氏仍以狐，是猶之士會稱隨會也。襄公之世，趙盾將中軍，賈季佐之，而陽處父爲太傅，賈它爲太師，二賈同列，計其時，它爲老臣，而季新出，安得合而爲一也。』

問：杜氏注左傳，謂陸渾之戎即姜戎，姜戎即陰戎，又即九州之戎，不知是否？

答：以左傳諦考之，姜戎即陰戎，陰戎即九州之戎，而似非陸渾之戎。蓋以戎子駒支之言參之，昭九年詹桓伯之言，則姜戎即陰戎無可疑矣。而九州之戎在晉陰地，見于哀四年，則九州之戎即陰戎無可疑矣。杜氏曰『陰地自上洛以東至陸渾』。則似乎即陸渾之戎，而實非也。姜戎世爲晉役，不他屬，而陸渾則頗兼屬乎楚，故昭十七年，爲晉所滅，至哀四年，陸渾之滅已久，而九州之戎仍見於傳，則其非陸渾可知。蓋陸渾左近之戎，而非一種，觀左氏所云揚、拒、泉、皋、伊、洛之戎，在陸渾未遷之先，則其地本多戎、蠻。大抵姜戎最近晉，陸渾之戎則近楚。唯近晉，故殽之役，晉得於倉卒中徵師。唯近楚，故荀吳之滅之取道於周，託言有事於洛與三塗。唯近晉，故蠻氏之亡，蠻子奔晉。唯近楚，故陸渾之戎之亡，陸渾子奔楚。雖地本相接，而各有所屬，揚、拒、泉、皋、伊、洛之戎最先，次之則陸渾之戎，秦、晉所共遷，姜戎則晉所獨遷。晉霸之盛，諸戎皆嘗受命。成六年，晉人侵宋，有伊、洛之戎，有陸渾，有蠻氏，三部俱與於役。其後陸渾始屬楚。

春秋外傳：『宣王敗績於姜氏之戎』，即姜戎也。戰於千畝，則是時之姜戎深入，近鎬京矣。而內傳昭九年，言姜戎本居瓜州，又言秦人逐之居瓜州。大抵周之盛時，姜戎本安置瓜州，宣王之時則已內遷，及秦人有岐西，又逐之還其故土，而晉惠公招致之，使居晉之南境也。

晉之南境爲姜戎，晉之東境爲草中之戎與鄽戎；晉之北境爲無終諸戎，而姜戎自南境接於西境，故得要秦師也。以狄而言，晉之北境爲白狄，其東境爲赤狄，而鄽戎亦稱鄽土之狄。大略晉四面皆戎、狄，而亦用之以爲强，故襄公用姜戎，悼公用無終之戎，成公剪赤狄，景公同白狄以伐秦，平公用陰戎，獻公剪鄽土之狄。而惟白狄最久，至春秋之末爲鮮虞，至七國爲中山。

問：葵丘有三，其一在齊，即管至父所（戊）〔戍〕地。其一在陳留之外黃，即桓公所盟。其一在晉，見于水經注。然宰孔論桓公之盟，以爲西略，則似非陳留之外黃也。

答：杜預以爲外黃，亦有以爲汾陰之葵丘者，而杜非之，以爲若是汾陰，則晉乃地主，夏會秋盟，豈有不豫之理。杜言亦近是。然愚則竊以爲宰孔明言西略，而以爲陳留，是仍東略也，則宜在汾陰。蓋當時之不服桓公者楚，而晉實次之，周惠王之言可驗也。故桓公特爲會于晉地以致之，亦霸者之用心也。至於晉侯已經赴會，以宰孔之言而還，而是歲獻公亦卒，桓公爲之討亂置君，則宰孔以爲不復西略者，其言虛矣。左氏成敗論人，而不顧其言之無徵，一至於此。然則葵丘爲汾陰之葵丘，方合。

葵丘之會，叛者九國，是公羊之妄語。是役也，在會者尚無九國之多，誰爲叛者？故徐彥以厲等九國當之，是妄語。公羊之言，蓋亦因晉侯之中道而返而附會之。

問：春秋之世，陳、宋二王後，故有太宰。吳、楚僭王，故有太宰。魯亦有太宰，而鄭亦具六卿。然竊有疑焉，趙武以家宰稱子皮，是執政也，而蕭魚之役石臭以太宰爲伯有之介，則又卑矣。是何也？

答：是時侯國雖置太宰，然執政終以司徒，如宋之六卿，其聽政者司城也，鄭亦然。故子孔以司徒當國，況是時鄭之六卿，皆七穆也。石臭非但不在七穆，且疑是庶姓，則其卑宜矣。趙武以家宰稱子皮者，是泛舉上卿之官以稱之，不足泥也。蓋司徒以下三卿是王官，故雖有太宰而終處其下，即楚之令尹、司馬，亦在太宰之上。故春秋侯國之太宰，非執政也。

問：鄭之三卿亦可疑。子駟當國，子國爲司馬，子耳爲司空，子孔爲司徒，則司徒在二卿之下矣，是何也？

答：非也。是因子駟、子國、子耳同死而牽連序之，非其官之序也。試觀戲之盟則其序，首子駟，次子國，次子孔，而次子耳矣。蓋子孔是公子，子耳是公孫故也，是又以其行輩序之。及子駟死，則子孔以司徒當國矣。

問：宋儒以子程子爲稱，本於公羊傳，亭林不以爲非，而西河力詆之。孰是？

答：是在明莊烈帝已嘗詰之，謂以子程子爲尊稱，何以不稱子孔子，何以不稱子孟子？不始自毛氏也。然毛氏所難亦未悉。考之宋人，如張橫浦自稱子張子，王厚齋自稱子王子，則固不盡以爲尊稱矣。唐人劉夢得亦自稱子劉子，又先乎此。是即公羊傳中自稱子公羊子之例也。更遠考之，荀卿稱宋鈃爲子宋子，王孫駱稱范蠡爲子范子，是皆平輩相推重之詞，不以師弟也。顧氏據公羊所言，特其一節耳。

問：許田之許，厚齋引劉氏以爲魯境内地，以『居嘗與許』證之，嘗亦魯近地也，是否？

答：此則厚齋之誤之了然者。當時鄭與魯易地，各從其便。泰山之祊近魯，而許田近鄭，故互割以相屬。若許田亦近魯，則鄭何畏於魯，而以之相媚乎？魯頌之言，特祝禱之詞，不以遠近校也。此求異於前人而失之者。

問：左傳宣十一年楚封陳，鄉取一人以歸，謂之夏州。徐廣曰：『楚考烈王元年，秦取夏州。』裴駰曰：『左傳不言夏州所在。』酈元于水經竟系宛丘，則是仍在陳都，非以歸楚者也，其謬明矣。厚齋引車胤所撰桓温集序，曰：『夏口城上數里有洲，名夏州。』正義曰：『大江中洲也，夏水口，在荆州江陵縣東南二十五里。』厚齋之證似佳。

答：未可信也。夏汭再見左傳，即夏口也。夏汭蓋以夏水得名，而夏州則以夏南得名。各有緣起，不可牽合者一也。考烈時，楚已弱，由江陵而東遷矣。江陵已入秦，夏州猶待兵取，必另是一地，不可牽合者二也。杜元凱官荆州，其所闕如，必其所不可考者，不可曲爲牽合三也。故曰酈元自謬，厚齋亦非。

問：泠州鳩對大武之樂，其第四終曰嬴内。韋昭無注。世本有饒内，是舜所居，一作姚墟。帝王世紀作嬀墟。杜岐公曰『即周語之嬴内，音嬀墟也』。是否？

答：此説可疑。謂饒内即姚汭可也，音相近，形相通也。謂姚墟即嬀墟可也，姚、嬀本一姓也。若謂姚即音嬴，于古無見。且嬴内即果是嬀汭，據尚書，或以爲二水名，或以爲一水名，俱未可定，如何即以爲大武樂中一終之名？岐公非妄言者，況王厚齋又述之，必别有據，惜其語焉而不詳，今亦無從得博物者而正之，以雍州無嬴水之名也。

經史問答卷五

三禮問目答全藻 七條

問：方侍郎望谿云：『古人言三公者多矣，未有言四輔者；言師、保者多矣，未有言疑、承者。王莽置四輔以配三公，又爲其子置師、疑、傅、承，阿輔保拂之官，拂即弼。而劉歆竄入文王世子，以見其爲二帝三王之舊制。胡他書更無及此者？』然否？

答：以三代之前，並無四輔之官，其説是也。若以爲劉歆所竄入，則未然。蓋侍郎不讀雜書，頗類程子，即如史、漢，侍郎但愛觀其文章，而於考據，則弗及也。四輔之名，見於尚書之洛誥，而益稷篇之四鄰，史記作四輔。尚書大傳：『古者天子必有四鄰：前曰疑，後曰承，左曰輔，右曰弼。天子有問而無對，責之疑；可志而不志，責之承；可正而不正，責之輔；可揚而不揚，責之弼。』是言四輔之官之始也。賈太傅新書引明堂位曰：『篤仁而好學，多聞而道順，天子疑則問，應而不窮者謂之道，道天子以道者也，常立於前，是周公也。潔廉而切直，匡過而諫邪者，謂之弼。弼者，拂天子之過者也，常立於右，是召公也。誠立而惇斷，輔善而相義者，謂之輔。輔者，輔天子之意者也，常立於左，是太公也。博聞而强記，捷給而善對者，謂之承。承者，承天子之遺忘者也，常立於後，是史佚也。』按其文，稍與大傳不符，而大略則同。漢書谷永公車之對曰：『四輔既備，成王靡有過事。』杜業傳謂王音曰：『周、召分陝，並爲弼、疑。』是皆本賈傅之言也。孔叢子曰：『疑、承、輔、弼，謂之四近。』是豈皆劉歆之所竄與？故不可以王莽所常用者，而竟以之罪歆也。然而秦、漢以上，則固無此官也。若謂周、召、望、佚常爲之，則何以不見於尚書之周官。草廬因不得已而爲之辭，以爲三公是周制，四輔是唐、虞以來之制，則又何以不見於二典？乃援四鄰之文，即指爲四輔，以爲古制，誰其信之。又援周官師、保之名，合之疑、承而芟去輔、弼，以爲周制，又誰其信之。故侍郎以爲絕無此官者是也。特不可以爲劉歆竄入也。愚嘗謂爲此説者，蓋在周、秦之間，文獻譌失，好事者所造作，故伏勝、賈誼皆記之。再考甘石星經有云：『天極星旁三星爲三公，後句四星爲四輔。』斯則出於伏、賈之前者。然則其爲七國時人之説，固無疑也。至於漢、唐經師又原不盡同星經之説，是以洛誥四輔，孔安國以爲四維之輔，而正義以爲周公事無不統，以一人爲四輔。唯安國孝經注：『天子争臣七人』，以三公、四輔當之。而邢氏正義已非之。然則文王世子之不足信，古人已早言之，特侍郎竟以他書更無及此，則反失之矣。

問：禮記大傳曰：『四世而緦，服之窮也。五世袒免，殺同姓也。六世，親屬竭矣。其庶姓别於上而戚單於下。』康成曰：『始祖爲正姓，高祖爲庶姓。』釋之者曰：『正姓如姬、姜，庶姓如三桓七穆。』是否？

答：異哉，康成之言也。周禮秋官司儀曰：『土揖庶姓，時揖異姓，天揖同姓。』康成曰：『同姓，兄弟之國。異姓，婚姻甥舅之國。庶姓，無親而勳賢者。』故王昭禹曰：『異姓親於庶姓，同姓又親於異姓，而三揖之禮，由此等焉。』然考左傳隱公十一年，滕、薛來朝，争長。滕曰：『我周之卜正也，薛，庶姓也。』魯自周公以至武公，皆娶於薛，不可謂非婚姻甥舅之國，而滕猶以庶姓目之。蓋成周異姓之封，如嬀，如姒，如子，則三恪；如姜，則元臣；皆族類之貴者。薛雖太皞之裔，而先代所封，又加以弱小，故降居庶姓之列。然則異姓因有貴姓而始有庶姓，亦不僅以親疏言也。若同姓，則安得有所謂庶姓？甚矣，康成之謬也，何以解大傳。蓋嘗考之，故之所謂姓氏原有别，三桓、七穆，是氏也，非姓也。受氏之禮，多以王父字爲氏，而亦或有以父字賜氏者，國、僑之類是也。或有及身賜氏者，仲、遂之類是也。不必高祖始有也，而要之皆不可以言姓。太史公承秦、項喪亂之餘，姓學已紊，故混書曰姓某氏，儒者譏之。若如康成所云，則氏固可以言姓，太史公又何譏乎！況姓一定而不易，氏遞出而不窮，以三桓言之，仲孫氏之後，又分而爲南宫氏、子服氏。叔孫氏之後，又分而爲叔仲氏。季孫氏之後，又分而爲公鉏氏、公甫氏。諸侯不敢祖天子，大夫不敢祖諸侯，則仲慶父、叔牙、季友，實三桓之始祖也。始祖爲正姓，將無以三公子所受之氏爲正姓耶？則正姓即庶姓矣。倘仍以姬爲姓耶？則正姓并不出於始祖也。若敬叔諸家所受之氏，是又庶姓之小支也。姓固如是之不一而足耶？此康成之言之必不可通者也。至于大傳所云別姓，竊疑非即下文繫姓之姓。姓者，生也，庶姓，即衆生，蓋謂支屬別於上，婚姻窮於下，故疑若可以通嫁娶而無害。至下文繫姓弗別，始指所受之姓而言。康成合而一之，遂謂繫姓之外，又別有所別之姓，而所繫者出始祖，所別者出高祖，舛矣。歸安沈編脩榮仁，亦以予言爲然。

問：文昌第四星曰『司命』，周禮亦有『司命』之祭。而祭法列之七祀。然則今之祀文昌者，未爲無據。先生力言其謬，何也？

答：星宿之名，多出於甘石以後，而緯書又從而溷之，皆不足信。是以康成亦自支離分別：謂大宗伯之『司命』，則文昌第四星之神也；祭法『司命』，是督察三命之小神也，其神各別。唯是三命之説見於孝經緯援神契，固誣罔，而文昌之名亦不古。然且無問其是否同異，要之大夫而下，無祭天神者，故愚不敢脩敬也。今世文昌之祭何所始，蓋始於元之袁清容，乃吾鄉前輩也，事見袁尚賓符臺集。而五百年以來，遂盛行，於是鬻言四起，謂其爲梓潼人，而又有十七世輪迴之説：在周爲張仲，在漢爲張良，在六國爲姚萇，又最後而其姓名爲張亞子，又或曰即張仙也。則以文昌之神，督察三命之神，而忽而入於仙佛之説，是狂且所言也。乃愚者惑於『司命』之目，曰是乃科舉功名之所升降者，爭起而禮之，而其祠乃闌入於學宫。然國家學校祀典，終未之及也，則亦可以知其爲淫祀矣。故愚自少至長，未嘗禮也。

問：方侍郎望谿謂春秋之世，罷政極多，獨淫祀則罕聞。而先生以爲十二諸侯之淫祀，具見於内、外二傳，願得一一數之，以正侍郎之疏。

答：侍郎不長於稽古，故有此言。嘗考周之衰也，三禮放失，故天神、地示、人鬼之義不明，而妄惑於鬼神之説，此淫祀之所由起。又其甚者，干名犯分，謂之逆祀，其説不可以更僕罄也。但鬼神之説，始於墨子，故漢志數墨子之宗旨凡數條，而右鬼其一也。左氏蓋亦惑於墨子，内傳載之，不一而足。外傳不知果出左氏與否，而鬼神之説，則相爲表裏：如杜伯射宣王事，紀之自墨子，而外傳首載之。夫宣王以非罪殺杜伯，固過矣，然杜伯遂爲厲以射宣王，則是君臣之義但在於人而不在於鬼。爲此説者，欲以明杜伯之枉，而不知適以成其罪。内傳因祖其説，以晉人非罪殺趙同兄弟，而其祖父爲厲，則皆誣謬之甚者。乃或謂以戒人君之妄殺，故公子彭生、渾良夫等事，不厭其怪，則曲説也。以祭祀而言，神降於莘，虢人祭之以求土，非淫祀乎？内傳所紀稍簡，外傳則詳述内史過之言，謂昭王娶房后，爽德，協於丹朱而生穆王。夫丹朱生於房，乃以魅鬼淫其千年以後之女孫而生穆王，則是穆王已非姬氏之種，其誕不必深詰。國之興也，則以契爲玄鳥所生，稷爲巨人跡所生；其季也，則以穆王爲丹朱所生。爲此言者，當有天刑。而謂周之内史敢以此告於嗣王，以誣其先世，有是理乎？又謂其勸王使太宰帥貍姓之傅氏以祭之，非淫祀乎？外傳但知號公之祀爲淫祀，而不知内史之所陳，乃淫之大者。他如子産以博物稱，而其勸晉人之禳黄能，亦是淫祀。前此子産謂晉人當修實沈、臺駘之祀可也，若夏郊，則豈晉侯之所得祭，而忽勸祭之，左氏之無識也。於衛甯武子之諫祀夏相以爲杞、鄫何事。然則崇伯失祭，其於晉人何與？甯武子而非也則可，不然子産之説荒矣。故韋昭亦疑其非，謂晉爲周祭之。夫子産原謂晉實繼周，信斯言也，是乃淫祀之兼以逆祀者乎？若臧孫祭爰居，則尚屬過之小者，而柳下已動色力争，使其聞丹朱、崇伯之祭，不知錯愕更何似也。故左氏所載，唯楚昭王不祭河，是卓然有見者。此外則甯武子之諫祭相，二百四十年之中，不惑於淫祀者，一二人而已。乃有不惑於淫祀，而反爲左氏所誚者，則子玉也。城濮之役，河神以孟諸之麋，索子玉之瓊弁玉纓，此是妖夢。謂子玉當恐懼脩身以敬共兵事則可，謂其當媚河神以徼福則不可。夫子玉安得有事於河，若謂師行所過，原有祭其山川之禮，則安得示夢以索幣？故子玉之不與，猶滅明之不以璧與蛟也。而謂其慢神以取敗，是皆淫祀之説誤之也。故子産立伯有、子孔之後，皆以鬼神立説，而亦未甚當。伯有乃子良之孫，其先有大功，則立後固宜。子孔召純門之師，乃是國賊，何可立後。若但以取精用宏爲説，崔、慶、欒、郤、孫、甯諸亂臣，孰非取精用宏者，何以不能爲厲也。故予嘗謂漢人讖緯巫鬼之説，實皆始於春秋之世。當時雖子産不免，於是墨子之徒揚其波，而至今莫之能正，悲夫！

問：古傳謂周公祭天，太公爲尸；周公祭泰山，召公爲尸。天神地示之祭，如何立尸？其説難曉。

答：此是漢人傳聞之語，原未可信。但天神地示必有配，則尸即以配者之子孫爲之。外傳晉平公祭夏郊，董伯爲尸。韋昭曰：『董伯，蓋姒姓也。』然則周公攝祭天於郊，當以后稷之後爲尸；攝祭天於明堂，當以文王之後爲尸。其謂太公爲尸者，妄也。泰山不知誰爲配，周公未嘗至魯國，固無祭泰山之事。若禽父以後祭泰山，便當以周公爲配。齊人祭泰山，便當以太公爲配。而各以其後人爲尸，推之九鎮四瀆皆然。此雖其禮不見於經，而可以義推而得之者。若漢人祭江以伍胥配，則非先王之禮。先王之禮，唯諸侯於封内山川，或以始封之君配，而天子祭之，則必取其有功於是山川者。然則三代而後求合於禮，如蜀人祭江，當以李冰配；楚人祭漢當以孫叔敖配；孫叔敖引雲夢之藪入漢。梁人祭漳，當以西門豹、史起配；曹、濮之間祭河，當以王延世、王景等配；此其有功者也。是乃合於祭法。伍胥非有功於江者也，若謂其素車白馬而主潮汐，遂以配江，是其説荒忽難信。即果有之，亦當别祭之，不可即以配江。世苟有講明典禮之君子，必以吾言爲然。至於春官神示諸祭，各有配，即各有尸，不知其詳何若。然大抵有功者即爲配，主其事者即爲尸。故墓祭則冢人爲尸。其餘亦皆可以推而知之。

問：夔子不祀祝融與鬻熊，而楚滅之。先儒謂祝、鬻二祭，原祗應楚國大宗行之，夔不應祀也。楚人特借其名以遂其并小之私。其説似有據，然則凡、蔣、邢、茅、遂，皆不祭周公乎？

答：是説也，愚初亦主之，近而稍疑其不盡然也。諸侯不敢祖天子者，同姓之諸侯也。若異姓之諸侯，則二王之後，直用天子之禮樂以祭，固得祖天子矣。即三皇、五帝之後，特不用天子之禮樂，而未嘗不祖天子。蓋三皇、五帝，雖當代之天子必有祭，而其子孫不可以恝然而已。是亦情也。情之所在，即禮也。故所謂諸侯不敢祖天子者，不敢列之五廟以爲太祖，而別立廟以祀之。太祖則固以始封之君爲之，是其義固並行而不悖也。曰：然則禮何以無徵也？曰：有。左傳不嘗云乎：『任、宿、須、句，風姓也，實修太皞之祀。』夫太皞，天子也。而任、宿諸國以附庸之小侯，各主其祀。然則祝、鬻二祭，但謂楚當主之，而夔無庸者，非矣。而吾於是推而通之同姓之諸侯，未嘗不然。夫同姓之諸侯，其五廟之太祖，固以始封之君，而未嘗不別有天子之廟。故魯有周廟，祖文王；鄭亦有周廟，祖厲王，非僭也。顧亭林曰：『諸侯若竟不敢祖天子，則始封之君將何祭？天下未有無祖考之人，而況於有土者也。』毛西河亦主此説。愚謂周禮散亡，此必有大宗伯之明文，許令諸侯各立所出先王之廟，而特不以之入五廟，蓋周禮之別廟，以義考之，自屬多有。假如周公之會於東都，則別有祊在鄭國。而況天子巡狩，屬車所過，身後自皆有廟，則各令同姓諸侯司之，不然，反不如周公矣。漢人郡國皆得立高皇廟，其遺意也。曰：如是，則不已近於禘乎？曰：是又非也。天子於始祖之所自出，固未嘗有廟也。五年一祭，則祭於始祖之廟，而以始祖配之，以其遠，固無廟也。若諸侯之於先王，則反有廟，以其近也。然而祭則未嘗敢以始封之君配之，是乃所謂諸侯不敢祖天子者也。故毛西河謂諸侯當有出王之廟則是，若因此而謂魯可禘，則又非也。顧亭林亦有此語。是固二千年來之疑案，而今始得和齊斟酌而定其説者。曰：是則然矣。然先儒謂楚當祭，夔不當祭，本於禮宗子祭、支子不祭之説也。今以左傳任、宿諸國均主皞祀之文考之，則於禮經不合。曰：禮所云，是爲大夫言之也。諸侯之與大夫，地不同，則禮有異。夫古之大夫共仕於一國之中，則宗子祭，支子不祭，是宗法也。大夫以世而分族，故桓族有季、孟、叔三家，則季氏以嫡爲大宗，孟、叔以庶皆合祭於季氏，以季氏之祭，合孟、叔二氏之祖在焉，故可不祭也。諸侯則各居一國，其勢不能相就，如周公八子，其爲外諸侯，則魯也，邢也，蔣也，内諸侯，則宰周公也，凡也，祭也，胙也，茅也，如謂以大夫之禮繩之，則惟魯得祭，而外諸侯如邢、蔣，内諸侯如自宰周公而下，皆不得祭周公，於禮可乎？故魯固以周公爲始封之君，宰周公亦以周公爲始封之君，各爲太祖之廟。蓋周公身爲太宰，而子孫世守其采邑，其有廟無疑也。凡邢而下，不敢以周公爲太祖入五廟，而亦未嘗不别立周公之廟，是以義推之而必然者也。其不敢以周公入五廟者，以支子也；其必别立周公之廟者，溯所自出也。是固不可以大夫之宗法裁之也。即以大夫之宗法言之，試以曾子問觀之，亦多有變通之禮，而奈何竟以施之諸侯也。然則夔子不祀，亦自有罪，特楚人滅之，未必不借此以兼弱耳。

問：亭林先生謂七七之奠，本於易『七日來復』，是以喪期五五，齋期七七，皆易數也。其説近於附會，然否？

答：亭林儒者，非先王之法言不言，至此條則失之。然此乃其未定之説，在初刻日知録八卷。及晚年重定，則芟之矣，蓋自知其失也。七七之説，見於北史，再見於北齊書孫靈暉傳。萬季野曰：『究不知始於何王之世。』三見於李文公所作楊垂去佛齋説，及皇甫持正所作韓公神道碑銘，則儒者斥之之言也。亭林何所見，援臯復之禮，以爲緣起。夫臯復之禮，始死升屋而號，豈有行之四十九日之久者乎？亭林於是乎失言。

鸖浦鄭氏，居喪無七七之齋，可謂知末俗之誤者矣。然其每浹旬一奠，亦非也。考之禮，大夫則朔望二奠。若非大夫，則但行朔奠一次，謂之殷奠。然則五品以下者，奠三次。五品以上者，朔望日各一次，凡十次。是禮也。

經史問答卷六

論語問目答范鵬 二十五條

問：一貫宗旨，聖學之樞紐也。諸儒舊説，牽率甚多。先生一舉而空之，願聞其詳。

答：一貫之説，不須注疏，但讀中庸，便是注疏。一者，誠也。天地一誠而已矣，其爲物不貳，則其生物不測。維天之命，於穆不已，天地之一以貫之者也。誠者，非自成己而已也，所以成物也。成己，仁也。成物，知也。性之德也，合外内之道也。故時措之宜也，聖人之一以貫之者也。忠恕違道不遠，施諸己而不願，亦勿施於人，學者之一以貫之者也。其謂聖人不輕以此告弟子，故唯曾子得聞之，次之則子貢。而畢竟曾子深信，子貢尚不能無疑。蓋曾子從行入，子貢從知入。子貢而下，遂無一得豫者，則頗不然。子貢之遜於曾子，固矣。然哀公，下劣之主也，子之告之，則曰：『天下之達道五，達德三，所以行之者一也。』又曰：『凡爲天下國家有九經，所以行之者一也。』一以行之，即一以貫之也。哀公尚得聞此奧旨，曾謂七十子不如哀公乎？其謂子貢自知人，不如曾子自行人，則以多學而識之問，原主乎知。然此亦未可以概子貢之生平而遽貶之，觀其問一言而可以終身行，則非但從事於知者矣。聖人告之以恕，則忠在其中矣，亦豈但子貢哉。仲弓問仁，子之告之，不出乎此。『出門如見大賓，使民如承大祭』，敬也，即忠也；不欲勿施，恕也。曾謂七十子更無聞此者乎？故萬物一太極，一物一太極，一本萬殊，一實萬分，諸儒之說，支附葉連，其文繁而其理轉晦，而不知在中庸已大揭其義也。蓋聖人於是，未嘗不盡人教之，而能知而蹈之者則希。惟曾子則大醇，而授之子思，卒闡其旨，以成中庸，是三世授受之淵源也。誰謂聖人秘其說者，是故仲孫何忌問於顏子，一言而有益於知，顏子答曰：『莫如豫。』一言而有益於仁，顏子曰：『莫如恕。』然則不特孔子以告哀公也，曾謂七十子不如仲孫乎？

問：臧文仲居蔡之說，古注與朱注異，近人多是古注，然朱注豈無所見，究當安從？

答：據漢人之說，則居蔡是僭諸侯之禮；山節藻棁是僭天子宗廟之禮以飾其居。如此，則已是二不知，不應概以作虛器罪之，曰一不知也。但臧孫居蔡，非私置也，蓋世爲魯國守蔡之大夫。家語不云乎，文仲一年而爲一兆，武仲一年而爲二兆，孺子一年而爲三兆。是世官也，然則臧孫居蔡，何僭之有？昔武王以封父之繁弱封伯禽。繁弱者，弓也，而或以爲即蔡之别名，其說見於陸農師之注明堂位。則是蔡一名僂句，又一名繁弱，其所由來者遠矣。故武仲奔防，納蔡求後，以其爲國寶也，則以大夫不藏龜之罪加臧孫，恐其笑人不讀左傳與家語也。乃若山節藻梲，實係天子之廟飾，管仲僭用以飾其居，雜記諸篇載之不一而足，而臧孫未必然者，蓋臺門反坫，朱紘鏤簋，出自夷吾之奢汰，不足爲怪。而臧孫則儉人也，天下豈有以天子之廟飾自居，而使妾織蒲於其中者，蓋亦不相稱之甚矣，吾故知其必無此也。然則山節藻梲將何施？曰施之於居蔡也，所謂媚神以邀福也。是固横渠先生之説，而朱子采之者，今世之自以爲熟於漢學，沾沾焉騰其喙者弗思耳矣。錢塘王人令志伊，經師之良也，雅以愚説爲然。

問：禮器『甘受和，白受采』，是一説。考工『繪畫之師〔校〕『師』當作『事』。後素功』，又是一説。古注於論語『繪事後素』，引考工，不引禮器。其解考工，亦引論語。至楊文靖公解論語，始引禮器。而朱子合而引之，即以考工之説，爲禮器之説，近人多非之。未知作何折衷？

答：論語之説，正與禮器相合。蓋論語之素，乃素地，非素功也，謂有其質而後可文也。何以知之？即孔子借以解詩而知之。夫巧笑美目，是素地也，有此而後可加粉黛簪珥衣裳之飾，是猶之繪事也，所謂絢也，故曰繪事後於素也。而因之以悟禮，則忠信其素地也，節文度數之飾，是猶之繪事也，所謂絢也，豈不了了。若考工所云，則素功，非素地也，謂繪事五采，而素功乃其中之一，蓋施粉之采也，粉易於污，故必俟諸采既施而加之，是之謂後，然則與論語絶不相蒙。夫巧笑美目，豈亦粉黛諸飾中之一乎？抑亦巧笑美目出於人工乎？且巧笑美目，反出於粉黛諸飾之後乎？此其説必不可通者也。而欲參其説於禮，則忠信亦節文中之一乎？忠信亦出於人爲乎？且忠信反出節文之後乎？五尺童子，啞然笑矣。龜山知其非也，故别引禮器以釋之，此乃真注疏也。朱子既是龜山之説，而仍兼引考工之文，則誤矣。然朱子誤解考工，卻不誤解論語，芟此一句，便可釋然。若如古注，則誤解論語矣。朱子之誤，亦有所本，蓋出於鄭宗顔之解考工。宗顔又本之荆公，蓋不知論語與禮器之爲一説，考工之又别爲一説也。若至毛西河喜攻朱子，嘵嘵强詞，是則不足深詰也。

問：商正建丑，三統曆之明文也。史記曆書索隱則曰『商建子』，是異聞也，古人更無言及此者。然其實一大疑案，願決之。

答：索隱曰：『古曆者，謂黄帝調曆以前，有上元、太初等，皆以建寅爲正，謂之孟春。及顓頊、夏禹，亦以建寅爲正。惟黄帝、殷、周、魯，並建子爲正，而秦人建亥，漢初因之，至元封七年，始仍用周正。』索隱此言，本之晉書董巴曆議。巴曰：『湯作殷曆，弗復以正月朔旦立春爲節，更用十一月朔旦冬至爲元首，下至周、魯及漢皆從其節。』按巴所言乃曆初，非歲首也，而索隱則誤解巴語，以爲殷亦建子。蓋古人於歲首，則有建子、建丑、建寅之别，謂之『三統』，而曆初，則非子即寅，故或即用歲首爲曆初，如黄帝及周之用子，顓頊及夏之用寅是也。或曆初不同於歲首，如殷是也。唐書一行日度議曰：『顓帝曆，上元正月，辰初，合朔，皆直艮維之首。殷曆更以十一月冬至爲上元。』此治曆也。三統並用，此明時也。是則曆初、歲首，分而言之，了然可曉者。曹魏明帝時，欲改地正。楊偉議曰：『漢太初曆以寅月爲歲首，以子月爲曆初。今改正朔，宜以丑月爲歲首，子月爲曆初。』是又董巴之言所自出也。蓋『三統』之中可用丑者，以其爲分辰之所紐，所謂斗振天而進，則律始於黄鐘；日違天而退，則度始於星紀。斯丑之所以成統也。若定曆，則必以奇數爲始，以一陽則用子，以四時之首則用寅，而丑則無所憑以爲部也。是亦義之易曉者也。索隱乃以曆初即爲歲首，則失矣。漢初承秦用顓頊曆，則用寅；或曰用殷曆，則是用子。今索隱曰『秦建亥而漢因之』，則又謬矣。秦以亥爲歲首，不能以亥爲曆初也。

問：顔淵少孔子三十歲，及三十二歲卒，則是孔子之六十二歲，而哀公之六年也。是年孔子戹於陳、蔡之間，顔淵尚有問答。或者即以是年死，然孔子尚在陳，或曰已反於衛，要之不在魯可知矣。然則謂顔淵道死，則孔子殮之，其父何由請車爲槨。如謂先歸於魯而死，則顔路何由越國而請之子，且門人厚葬，又何由請之子。孔子以哀公十一年返魯，顔路何由越國而饋祥肉。皆可疑也。而更有異者，伯魚以孔子十九歲生，其卒也年五十，則是孔子之六十八歲，返魯之歲，而哀公之十一年也。顔淵死於五年之前，而曰『鯉也死』，何與？王肅謂史記所紀弟子之年，世遠難信，是已。而又以『鯉也死』，爲虚設之詞，得無謬乎？是不可解也。先生旁搜遠覽，必有以釋後人之疑。

答：孔門弟子之年，史記、家語，互有不同，則王肅以爲世遠難信者是也。如梁鱣在史記少孔子二十九歲，家語則曰三十九歲；季羔在史記少三十歲，家語則曰四十歲；言游在史記少四十五歲，家語則曰三十五歲；樊須在史記少三十六歲，家語則曰四十六歲；子賤在史記少三十九歲，家語則曰四十九歲，今本家語無『九』字。大抵『二』、『三』、『四』之間多誤，蓋古人『四』字，亦用重畫，故與『二』、『三』易混。家語後出，或疑其非古本，多依史記，然終亦難定其孰是也。故愚疑顏子少孔子四十歲，則於『鯉也死』之言合。孔子七十三歲而卒，或云七十四，或云七十二，然則顏淵之死，亦與兩楹之夢不遠。至王肅以爲虛設之詞，則其謬了然易見也。

問：向意顏淵之死，後於伯魚，而先於子路。故子貢曰：『昔者夫子於顏淵，如喪子而無服，喪子路亦然。』今如先生之言，則似又後於子路也。顏淵死，孔子及食其祥肉，則似非即夫子卒之年。

答：子路卒於孔子七十一歲，若以顏子少孔子四十歲計之，誠後一年。公羊傳於獲麟之年，牽連書喪予、祝予之慟，亦先顏而後仲。此不過偶然參錯，然要之二子之死，相去不遠。至孔子以四月己丑卒，即謂七十二，亦何必不及見顏淵之祥祭也，況安知其非七十三也。

問：甯武子爲莊子嗣，莊子之卒在成公時，則武子未嘗仕於文公之世，而朱子爲邦有道屬文公。

閻伯詩、陸稼書引左傳，謂其時列國父子，並時在朝者甚多：如欒武子將中軍，而黶如魯乞師，鍼爲車右；范文子佐中軍，而匄爲公族大夫；韓獻子將下軍，而無忌爲公族大夫；季武子爲司徒，而公鉏爲左宰。則必武子當文公之世，已爲大夫。乃毛西河又詆之，必欲以朱子爲非。幸決之。

答：朱子謂武子之仕，當文公、成公之間，原非謂武子之爲卿在文公時。春秋世卿之子，當其父在而有見者，不止于百詩所引也。城濮之役，先軫將中軍，而且居有功；陳文子當崔杼時，其子無宇已使楚；孟獻子當國，速已帥師禦齊；魏獻子滅羊舌氏，用其子戊；宋華氏南里之亂，正以父子兄弟同朝不睦，孟懿子晚年，洩將右師。凡如此者，不可以更僕數也。唯是武子之事文公，其於左氏無所見，則或謂有道，亦祇就成公之世，無事之時，優游朝宁，未嘗不可。要之此等無關大義，西河志在攻朱子，必從而爲之辭，以騰頰舌，此又可以不必詰也。

問：史記世家，謂孔子自大司空爲大司寇，攝行相事。考之周制，司寇乃司空之兼官，而司徒即相也。故符子曰：『孔子爲司徒。』但魯司空爲孟孫，司徒爲季孫，孔子何由而代之。故或云孔子不過爲小司寇耳，不過爲夾谷之相耳，原未嘗爲卿，原未嘗攝相事。史公據傳聞而誤紀之。有諸？

答：史公紀事之失固多，獨此一節，未可遽非。言孔子但當以小司寇仕魯者，始於崔靈恩。至以夾谷之相，當是攝相，則係近人毛奇齡之言。然皆未詳於春秋之事也。春秋諸侯之國，並不止三卿，宋之六卿，尚可曰二王之後也；晉之六卿，尚可曰三軍各有副也；至於鄭之細，亦備六卿；雖魯亦然。是故羽父請殺桓公，將以求太宰，雖以後不見於傳，然要之非三卿可定矣。且季氏世爲上卿，而武子之嗣爲上卿，在孟獻子既卒之後。武子之請作三軍，叔孫穆子曰『政將及子』，以其時獻子已老也。然則季文子卒，獻子實爲上卿。獻子卒，而武子始代之也。武子既卒，平子嗣卿，而叔孫昭子以三命爲政。昭二年，平子惡其居己上，是昭子實爲上卿。昭子卒而平子始代之也。然則三桓序次，亦非一定而不移者。且魯公族之與三桓共爲卿者，前有臧氏，東門氏，凡五卿。自仲嬰齊卒，而東門氏失卿。武仲出奔，而臧氏失卿。然而又有叔氏爲卿，則四卿。唯是力能分公室者，則祇三桓，是其中之差別耳。蓋卿不止於三，而軍止於三，三桓掌而有之，故力分公室。如謂魯以三卿止，而三桓之外無卿，則誤矣。若春秋之相，亦復何嘗之有。齊有天子之守國、高，而管仲以仲父當國。晉之枋國者乃中軍，而陽處父以太傅易諸帥。宋則以左右二師長六官，楚則令尹之外有莫敖，是亦幾幾乎如後世三省二府之制，不以一人限之者。故即以魯言，歷相四君者季文子，而僖公時則臧文仲，文公時則東門襄仲，宣公時則臧宣叔，成公時則孟獻子，皆與文子同掌國政。然則他國之別立官制者固不必言，而魯亦非專以司徒一人行相事也。至於夾谷之相，則正孔子爲卿之證。春秋時，所重者莫如相。凡得相其君而行者，非卿不出，是以十二公之中，自僖而下，其相君者皆三家。文公三年如晉，則叔孫莊叔相；十三年如晉，則季文子相；成公四年如晉，亦季文子相；九年會於蒲，亦季文子相；十年朝王，則孟獻子相；襄公四年朝晉，亦孟獻子相；十年會伐鄭，則季武子相；二十八年如楚，則叔孫穆子相；昭公七年如楚，則孟僖子相；哀十七年會於蒙，則孟武伯相；皆卿也。魯之卿，非公室不得任，而是時以陽虎諸人之亂，孔子遂由庶姓當國。夾谷之會，三家方拱手以聽，孔子儼然得充其選。當時齊方欲使魯以甲車三百乘從其征行，若魯以微者爲相，其有不招責言者乎？是破格而用之者也。且使孔子不得當國，而乃隳三都，張公室，是乃小臣而妄豫大事，有乖於『不在其位、不謀其政』之訓，又必非聖人之所出也。蓋必拘牽成説而不博考夫遺文，則大司空與相，固當爲三家之所據，而司寇又當爲臧氏之世掌者，孔子將無一官可居，不亦昧與？

問：侯國三卿，司徒爲上，司馬次之，司空爲下。朱子以解季、孟之間。然則齊景公將以叔孫氏待孔子也，又何必曰『季、孟之間』？先生謂春秋列卿次序，亦有不拘成格者，請明示之。

答：是本孔注之説。但考春秋之世，三卿次第亦無常，故如季文子爲上卿，而孟獻子受三命，則同爲上卿。及文子卒，武子列於獻子之下，叔孫昭子受三命，則亦以上卿先於季平子，是以命數論也。如王命同，則司徒爲上，而司空班在第三，是以官論也。其當國執政，則又不盡然。如齊有命卿國、高，管仲乃下卿而相，是以賢也。叔孫昭子雖三命，而終不能抑季氏，是以權也。故齊景所云『季、孟之間』，非以三卿之序言。三桓之大宗在季氏，而友有再定閔、僖之功，行父又歷相宣、成，故最强。孟氏於三桓本庶長，而慶父、叔牙皆負罪，故孟、叔二氏，其禮之遜於季者不一而足。及敖之與兹，則兹無過，而敖以荒淫幾斬其世，若非穀與難二賢子，孟氏幾不可支。故是時孟氏遜於叔氏。及獻子以大賢振起，遂與文子共當國，而僑如爲亂，叔氏之勢始替。自是以後，孟氏之權，亞於季而駕於叔。蓋其始本以重德，及其後，遂成世卿甲乙一定之序。故劉康公曰：『叔孫之位，不若季、孟。』而僑如亦自曰：『魯之有季、孟，猶晉之有欒、范。』試觀四分公室，舍中軍，則季氏將左師，孟氏將右師，而叔孫氏自爲軍，是三桓之勢，季一孟二，不可墨守下卿之説而輕之也。是則『季、孟之閒』之説也。

問：然則淳于髡謂孟子居三卿之中，蔡氏即以司徒三卿解之，是耶，否耶？七國時，似無此三卿也。

答：豈特七國時無三卿，十二諸侯時亦多改易，如宋以二王後有六卿，而别置左師、右師等官參之。晉則六軍置帥與佐，即以爲卿。楚則令尹、莫敖、司馬，而太宰反屬散寮。鄭、衛亦不用周制。以齊言之，國、高之官無明文，及崔、慶則以右相、左相當國。何況孟子之世，七國官制尤草草。國策中，唯魏曾有司徒之官一見，亦不足信。大抵三卿者，指上卿、亞卿、下卿而言，但未嘗有司徒等名。樂毅初入燕，乃亞卿，是其證也。或曰一卿是相，一卿是將，其一爲客卿，而上下本無定員，亦通。若蔡氏之言非也。

問：孔子不答問陳，明日遂行，在陳絕糧，而史記系之哀公六年。計自去衛之後即如陳，已而如蔡，已而如葉，已而自葉反蔡，復在陳，始有是厄，則與論語不合。信史記，固不如信論語也。然以陳、蔡追隨之弟子考之，游、夏之年皆尚未踰十五，則以爲遂在去衛之年，亦難從矣。先生何以定之？

答：是在前輩宿儒皆不能定也。推排諸子之年，似當在哀公六年。或者本別爲一章，而其章首有脱文，失去子字，亦未可必，所當闕之。

問：陳、蔡以兵圍子，朱子疑以陳、蔡方服於楚，豈有昭王欲用之，而陳、蔡敢出此者，故定以爲哀公二年去衛之時。仁山則以爲蔡已兩屬於吴、陳，亦非竟臣楚者。或有之，或曰絶糧在先，以兵圍之又一事也。其言誰是？

答：朱子是而仁山非也。當時楚正與陳睦，而蔡則已全屬吴，遷於州來，與陳遠，是所謂如蔡者，非新遷之蔡，乃故蔡，孔子欲如楚，故入其地也。蔡已非國，安得有大夫乎？且陳事楚，蔡事吴，則仇國矣，安得二國之大夫合謀乎？且哀公六年，吴志在滅陳，故楚大興師以救之，卜戰不吉，卜退不吉，楚昭至誓死以救之。陳之仗楚何如，感楚何如，而敢圍其所用之人乎？即如所云陳、蔡大夫圍之，使子貢如楚以兵迎，始得免。是時楚昭在陳，何必使子貢如楚。而楚果迎孔子，信宿可至，孔子何以終不得一見楚昭。而其所迎之兵，中道而聞子西之沮，又竟棄孔子而去，則皆情理之必無者。古史謂孔子曾見楚昭，亦無據。且楚昭旋卒於陳，則孔子又嘗入楚乎？故朱子之疑之是也。唯是朱子以爲在哀公二年，則於游、夏之年皆不合，故其事似當在六年。孔安國注以爲陳人被兵絕糧，則於情爲近。乃知陳、蔡大夫兵圍之説，蓋史記之妄也。然安國被兵絕糧之説則是，而以爲自宋適陳即遭此厄，則先於哀公二年，是又誤矣。蓋哀元年，吳亦伐陳，故安國因之而誤也。總之當厄應在六年，史記之時之可信者也。絕糧則以陳之被兵，孔注之事之可信者也。參伍求之，而其所不可信者置之可矣。若謂絕糧是一次，以兵圍又一次，則尤屬謬語不足詰。

問：齊桓、晉文正譎之案，已經夫子論定矣。而先生謂桓、文事，亦宜有各爲剖析者，乞示之。

答：聖人去春秋時近，所見聞必詳，不僅如今日所據止區區三傳也。若但以區區三傳，則齊桓極有可貶，不當以聖人之言，遂謂高于晉文，此亦論世者所不可不知也。王子頹之亂，衛人助逆，王室大擾，桓公已圖霸，前後一十二年，讓鄭厲公之討賊納王，坐視而不之問。又八年，天子特賜桓公命，請以伐衛，桓公乃不得已以兵伐之。衛人敢於抗師，而桓公不校，竟受賂而還。曾是一匡天下之方伯而出此，以視晉文之甫經得國，即討太叔，豈不有光於齊十倍。故嘗謂齊桓攘楚之功，自純門救鄭始；親魯之功，自落姑始。而于是存三亡國；首止定世子；甯母之拒鄭子華；葵丘之會謝賜胙則守禮，讀載書則束牲，浸浸乎賢方伯矣。聖人之許之，或自其中葉以後，否則別有所據，要之其初年未可恕也。若晉文之才，高於齊桓，特以暮年返國，心迫桑榆，又適當楚勢鴟張，中原崩潰之日，齊桓一死，而其子已疊遭楚侮，非急有以攘之不可，故多方設機械以創之。以爲譎，誠所難辭，而又不久而薨，不若齊桓之長年，其志未申，若使多享遐算，其從容糾合，示大信於諸侯，亦必有可觀者。至于請隧、召王，固是兩大過，然正見霸者本色。要之晉文之功在討賊，齊桓之功在九合不以兵車，皆其最大節目。至於正譎之間，則不過彼善於此。

問：『固天縱之』，吾丈句讀甚新，但果何出？幸詳示其所自。

答：此本漢應仲遠風俗通。亡友史雪汀最賞其説。蓋多能本不足言聖，亦有聖而不多能者。大宰不足以知聖，故有此言。子貢則本末並到，故曰『固天縱之』，兼該一切，將聖而又多能也，則將字又字俱圓融，此突過前人者。

問：竹垞據漢隸，分門人、弟子而爲二。近日李穆堂侍郎本之，而吾丈不以爲然，願聞其説。

答：東漢泰山都尉孔伷碑陰，既有弟子，復有門生。歐陽兖公以爲受業於弟子者，爲門生也。考後漢書賈逵傳：『顯宗拜逵所選弟子及門生爲千乘王國郎。』鄭玄傳：諸門生相與譔所答弟子問，作鄭志。則門生之於弟子，確然不同。但據楊士勛穀梁疏曰：『門生，同門後生』，則是一堂之中不過年數輩行，略有區別。所稱弟子云者，如後世三舍之有齋長，而非如兖公所云也。至經傳所云門人，則禮記鄭注以爲即弟子，而竹垞誤引兖公之語，欲以爲門生之受業于弟子者。愚質之檀弓、家語以及史記、漢書，更無一合。即以論、孟言之，已多傅會。鼓瑟之不敬，疾病之爲臣，安見其爲子路弟子也。厚葬之請，安見其爲顔子弟子也。一貫之問，安見其爲曾子弟子也。治任之入揖，安見其爲子貢弟子也。以上數條，注疏中亦間有如此者，不足信。祇問交之門人，可言子夏弟子，但果爾，則門人正弟子也。何也？是章非對孔子而言也。家語七十弟子中有懸亶，祀典疑爲鄔單之訛而闕之，今乃據唐廣韻注，以爲是門人也，置之私淑之列，不亦妄乎？蓋惟兖公之説，本難盡信，故劉孝標世説注：『服虔欲治春秋，聞崔烈方集門生講傳，乃匿姓名，爲烈門人賃作食。』臧榮緒晉史：『王褒門人爲縣所役，褒謂令曰：「爲門生來送別。」』是門人可與門生互稱之證也。門人即弟子，則門生亦非私淑，可以了然。而穀梁疏之言信矣。竹垞一時之失，未可宗也。

問：坫制，在賈公彦儀禮疏中，不甚了了。邢叔明爾雅疏差爲得之，而終未能剖晰詳審，願質之函丈。

答：坫本有三：爾雅垝謂之坫，古文作襘，是乃以堂隅言，郭景純所謂端也。至許叔重以爲屏牆，則又是一坫。其累土以庋物者，又是一坫。而累土庋物之坫又有三：有兩楹之間之坫，即明堂位所云『反坫出尊』，及論語之『反坫』也；蓋兩君之好，用之庋爵者。鄉飲酒禮，尊在房户間；燕禮，尊在東楹之西。至兩君爲好，則必於兩楹之間，而特置坫以反之。有堂下之坫，乃明堂所云『崇坫』也，蓋用之庋圭者。何以知庋圭之坫在堂下？覲禮，侯氏入門奠圭，則在堂下矣。惟在堂下，故稍崇之。有房中之坫，即内則閣食之制也。士於坫，康成謂士卑，不得作閣，但於房中爲坫，以庋食也。然則同一累土之坫，而庋爵、庋圭，尊者用之；庋食，則卑者用之。方密之曰：『凡累土庋物者，皆得曰坫。』是也。堂隅之坫亦有二：士虞禮，苴茅之制僎於西坫。士冠禮，執冠者待於西坫南。蓋近於奥者，故謂之西坫。既夕記設棜於東堂下，南順，齊于坫。是近於窔者，則東坫也。至屏牆之坫，亦曰『反坫』，而其義又不同，郊特牲所云『臺門旅樹反坫』是也。是乃以外向爲反。黄東發曰：『如今世院司，臺門内立牆之例』，是正所謂屏牆也。蓋反坫與出尊相連是反爵，反坫與臺門旅樹相連，是屏牆之反向於外者。郊特牲所云，乃大夫宫室之僭。論語所云，乃燕會之僭。而東發疑論語之反坫，與上塞門相連，恐皆是宫室之事，不當以坫之反爲爵之反，則又不然。蓋反坫出尊，正與兩君之好相合，禮各有當，不必以郊特牲之反坫，强并於論語之反坫也。賈氏不知坫有三者之分，又不知累土之坫，亦有三者，而漫以爲累土之坫爲專在廟中，則既謬矣。又誤以豐爲坫，不知豐用木，坫用土；豐形如豆，故字從豆，坫以土，故字從土，不可合而爲一也。至周書『既立五宫，咸有四阿反坫』，注以四阿爲外向之室，則反坫者，亦屏牆也。

再考廣韻，則葬埋之禮不備而攢塗權厝，亦謂之坫。是又在諸經之外者，蓋亦取於累土之意。

問：令尹子文、陳文子事，皆不見左傳，故先生以爲傳聞之詞。但子文之仕與已，畢竟當有可考。又謂子文自可以言忠，而文子并不可以言清。此其中必有至理，非僅考據而已，願聞其説。

答：三仕三已，當時又多以爲孫叔敖事，一見於史記孫叔敖傳，再見於鄒陽傳，而子文事亦見國語。故知其爲傳聞之難信者。然孫叔實一爲令尹而已，而子文亦未嘗三爲令尹。子文於莊公三十年爲令尹，至僖公二十三年讓於子玉，凡在位二十八年。子玉死，蔿吕臣繼之，子上又繼之，大孫伯又繼之，成嘉又繼之。是後，楚之令尹不見於左傳。文公十二年子越之亂，追紀曰：『令尹子文卒，鬭般爲令尹。』則意者成嘉之後，子文嘗再起爲令尹。而仁山先生以爲子上之後者，誤也。子上死，即有商臣之變，使子文是時在位，豈尚可以言忠。然則子文爲令尹者再，其初以讓人，其後卒於位，原無所謂罷黜也。乃必欲求合於三仕之説，因謂子玉、蔿吕臣、子上之間，子文或曾以太宰執政而代其缺。不知楚之執政，令尹而下唯司馬，又有莫敖，其下則左尹、右尹，左、右司馬，而太宰尚亞之，非執政。子文並未罷黜，不至降爲太宰，仁山何所據而定之？且春秋之世，國老致政，仍得與聞大事，如知罃之稟韓厥，子産之奉子皮，葉公之退居於葉亦然。然則子文不爲令尹，其班資更在令尹之上，故圍宋之役，子文先治兵，而後子玉再治兵，其證也。仁山在宋儒中，考古最精，而於此事則失之。要之子文治楚，其功最大，楚之功臣，莫能先之。惟誤用子玉，是一失着。及再起時，左傳雖不載其事，然時值晉霸之衰，楚勢甚盛，蓋亦多出其力，特不知大義，故不可以爲仁。而於楚則自是宗臣也。至若陳文子之本末，則大不可問。崔杼弑君，文子實早知之，見於左傳。是時崔、慶雖强，然文子亦甚爲莊公所用，父子皆被任使。而文子陰陽其間，與聞弑逆之謀，絶無一言，坐待禍作。無論其出奔之事，不知果否，即有之，而不久遽返，仍比肩崔、慶之間，覬其亡而竊政，可謂清者乎？其後此父子相商，得慶氏之木百車，而戒以慎守，何清之有？是又絶不可與蘧伯玉之出近關者同語也。蓋陳之大也，成於桓子，而肇基者文子。熟看左氏，蹤跡自見。誅其心，直不可謂之清，而聖人第就子張所問而論之，不及其他，忠厚論人之法也。若論世者，又不可以爲其所欺也。

問：中牟之地，見於左傳，見於論語，見於史記、漢志、水經，而卒無定在，乞示之。

答：中牟有二：其一爲晉之中牟，三卿未分晉時已屬趙；其一爲鄭之中牟，三卿既分晉後，鄭附於韓，當屬韓，臣瓚以爲屬魏者，非也。左傳所云中牟，晉之中牟也，即史記趙氏所都也。漢志所云中牟，則鄭之中牟也。而班氏誤以趙都當之，故臣瓚詰其非，以爲趙都當在漯水之上，杜預亦以滎陽之中牟回遠，非趙都。其説本了然，道元强護班志，謂魏徙大梁，趙之南界，至於浮水，無妨兼有鄭之中牟。不知終七國之世，趙地不至滎陽，而獻子定都時，魏人未徙大梁，則其説之妄，不待深究。且鄭之中牟，並不與浮水接，其謬甚矣。惟是臣瓚以爲趙之中牟，當在漯水之上，則孔穎達亦闕之，以爲不知何所。案據小司馬，但言當在河北，而終不能明指其地。張守節則以湯陰之牟山當之。按左傳趙鞅伐衛，遂圍中牟，是正佛肸據邑以叛之時，則晉之中牟與衛接，其地當在夷儀、五鹿左右。顧祖禹曰：『湯陰縣西五十里有中牟城，所謂河北之中牟也。』按湯陰縣有中牟山，三卿所居皆重地，韓氏之平陽，魏氏之安邑是也。趙氏之所重在晉陽，而都在中牟，則其險亦可知。不知何以自是而後，中牟之名，絕不見于史傳。鄭之中牟，至漢始得名。其前乎此，絕不聞有中牟之名，班志不審而誤綴之，酈注亦强主之。僕校水經渠水篇，始略爲疏證而得之。

趙氏分國，其險固自在晉陽，而富盛則數邯鄲。至於控扼河北，則中牟亦一都會，蓋有漳水之固，與鄴相連。河北之險莫如鄴，次之即中牟，是要地也。須知古人定都之所，必非草草也。

管子：『五鹿、中牟、鄴，皆桓公所築以衛諸夏。』嘗考此三邑者，皆狄人所以窺中夏之路。是時狄患方殷，故桓公築此三邑以爲扞城。晉、衛二國，皆以此禦狄也。

三卿分晉，魏得鄴，全有漳水之險，故其後趙以中牟予魏，易其浮水之地，取其地界相連也。國策：『樓緩以中牟反入梁』，史記：『趙悼襄王元年，魏欲通平邑中牟之道不成』，則又嘗歸趙。及末年，魏人以鄴予趙，中牟之復歸于趙，不待言矣。

問：謝文節公疊山謂：『武王之立禄父，仍使之爲殷王，盡有商畿内之地，與周並立，而命三叔以監之，其位號如故也。斯興滅繼絶之心，故伯夷雖采薇西山，見周之能悔過遷善，雖死無怨。而孔子曰「求仁而得仁又何怨」。武庚既死，始降王而爲公，以封微子。故書序曰「成王既黜殷命」。』疊山自言此説得之韓澗泉之論語解，其説甚新，未知如何？

答：是説也，穆堂閣學最賞之，以爲足徵千古之謬。然愚未敢以爲然。澗泉之書今不傳，若疊山之取之，則固有爲言之，不必深校其事之果然與否也。民無二王，使武王果不欲絶殷命，何不立微子，而已仍以西伯事之乎？向亦嘗以是言正之閣學，以爲此等皆新説，不可解經也。

問：鄭東谷謂孔子教孟孫以『無違』，謂無違信子之命而學禮也。斯近世毛西河之説所自出，疑亦可從。

答：朱子之説，自屬是時凡爲大夫者之明戒，其義該備。東谷之説亦可從，但校狹耳。

問：鄭東谷曰：『塞門反坫』，必桓公以管仲有大功，而賜以邦君之禮。舉國之人，皆以爲仲所當得，而仲亦晏然受之，所以特名其器之小。不然，仲方以禮信正桓公，豈自爲是乎？

答：東谷之言甚工，然亦未必。伯者君臣，大抵守禮於外，犯禮於内。桓公受胙，不以王止其拜而必下拜，禮也；庭燎之事，則居然行之矣。管仲辭王上卿之燕，禮也；塞門等事則居然行之矣。果守禮，則雖君强賜之，亦不受也。

問：『水火吾見蹈而死，未見蹈仁而死。』東谷以爲畏仁甚於畏水火，如何？

答：集注之説，自『民非水火不生活』來；東谷之説，自『避水火』來。東谷似直捷，然集注不欲薄待斯民，則勝矣。蓋古注馬融之説，集注所本；王弼之説，東谷所本。

問：『微子去之』，東谷以爲去而之其國也。是否？

答：微子先抱祭器歸周之説自妄，東谷説是也。其後武王克殷，微子來見，復其位，亦即復其所封微國之位。及武庚誅，始移而封之宋。徐闇公不知復位之即爲復其微國，故疑以爲微子若與武庚同在故都，安得武庚反時，絶無異同之迹，而因以爲未嘗有來歸復位之事，則又非也。微在東平之壽張，春秋時屬魯，所謂郿也。水經載有微子之冢，微子兄弟，終身不稱宋公，而微子反葬於其先王所封之地，其忠盛矣。

問：冉子爲子華之母請粟，或以爲伯牛，蓋以尸子數孔門『六侍』，曰『節小物，伯牛侍』，此其證也。

然否？

答：是屈翁山之言也。所引尸子雖佳，然檀弓伯高之喪，孔氏使者未至，冉求束帛乘馬而將之，亦足以爲是事之證，則無以定其爲伯牛也。論語稱『子』者，自曾、閔、有三子外，惟冉求，則以稱『子』之例校之，終未必是伯牛也。

問：王厚齋云：『史記仲尼弟子：顏高，字子驕。定八年傳：「公侵齊，門於陽州，士皆坐列，曰：顏高之弓六鈞。皆取而傳觀之。陽州人出，顏高奪人弱弓，籍丘子鉏擊之，與一人俱斃。」豈即斯人與？家語作顏刻。孔子世家：「過匡，顏刻爲僕。古者文武同方，冉有用矛，樊遲爲右，有若與微虎之宵攻，則顏高以挽强名，無足怪也。」』先生昨數七十二弟子卒於夫子之前者，何以不及顏高，是必有說。

答：厚齋先生考古最覈，獨是條稍不審。按孔門之顏高，少孔子五十歲，見於家語。然則生於定公之八年。陽州之役，蓋別是一顏高也。獨是史記、家語之年，亦多不可信者，亞聖與伯魚之死，其年至今莫能定，況其餘乎？若以少孔子五十歲計之，過匡之歲，定公之十四年也，顏高亦止七歲耳。凡此皆無從審正矣。惟是不問其生之年，但以其死，定八年斃陽州，而何以十四年尚能御孔子以過匡，是則厚齋之疏也已。

經史問答卷七

大學中庸孟子問目答盧鎬 三十二條 附爾雅八條

問：『其次致曲』，謂善端發見之偏者。先儒謂至誠所發，亦只是曲，但無待於致耳。其説然否？

答：此朱子之説也，而寔未合。至誠未嘗無所致，但所致者非曲。蓋至誠得天最厚，未發則渾然天命之中，中豈可以謂之曲？已發則油然率性之和，和豈可以謂之曲？故至誠雖未嘗廢人事，而致中也，非致曲也；致和也，非致曲也。其次，未能合乎中和之全量，則必用功於所發以溯其所存。故其中之所存既有偏，而其和之所發亦有偏，則謂之曲。若至誠之所發，可以謂之端，不可以謂之曲。朱子遂以曲字當端字，是未定之説也。觀其章句曰『善端發見之偏』，則亦不竟以端目之矣。故愚謂致曲者，即其次之所以致和也。蓋致中之功，難以遽施，則必先致和，然必先致曲而後能致和，致和而漸進於致中，斯其次復性之功，所謂自明而誠者也。

問：七十二家格物之説，令末學窮老絶氣不能盡舉其異同。至於以『物』即『物有本末』之『物』，此説最明了，蓋物有本末，先其本，則不逐其末；後其末，則亦不遺其末；可謂盡善之説。而陸清獻公非之，何也？

答：以其爲王心齋之説也。心齋非朱學，故言朱學者詆之。心齋是説，乃其自得之言，蓋心齋不甚考古也。而不知元儒黎立武早言之。黎之學，私淑於謝艮齋，謝與朱子同時，而其學出於郭兼山，則是亦程門之緒言也。朱子或問，雖未嘗直指爲物有本末之物，然其曰以其至切而近者言之，則心之爲物，實主於身；次而及於身之所具，則有口鼻、耳目、四肢之用；又次而及於身之所接，則有君臣、父子、夫婦、長幼、朋友之常。外而至於人，遠而至於物，極其大，則天地古今之變；盡於小，則一塵一息。是即所謂身以内之物曰心、曰意、曰知，身以外之物曰家、曰國、曰天下也。蓋語物而返身，至於心、意、知，即身而推，至於家、國、天下，更何一物之遺者。而況先格其本，後格其末，則自無馳心荒遠，與夫一切玩物喪志之病。程子所謂不必盡窮天下之物者，其義已交相發，而但以一物不知爲恥者，適成其爲陶宏景之説也。故心齋論學，未必皆醇，而其言格物，則最不可易。蕺山先生亦主之。清獻之不以爲然，特門户之見耳。總之格物之學，論語皆詳之。即以讀詩言之：『詩三百，一言以蔽之，曰思無邪』，格物之學在身心者；『誦詩三百，授之以政』，格物之學及於家國天下者；事父、事君，格物之大者；多識於鳥獸草木，格物之小者。夫程子謂一草一木，亦所當格，後儒議之，而陽明以格竹子七日致病矣，然不知多識亦聖人之教也。蓋聖人又嘗曰『多聞闕疑，多見闕殆』矣。又曰『不知爲不知』矣。程子亦嘗有曰『不必盡窮天下之物』矣。參而觀之，則草木鳥獸之留心，正非屑屑於無物之不知而如陽明所云也。是則格物之説，可互觀而不礙也。

問：禮云『昭穆以序長幼』，則是序昭穆時，已序齒矣。蓋昭與昭齒，未有不序及羣昭之長幼而濶列之者；穆與穆齒，未有不序及羣穆之長幼而濶列之者。然則又何以更待燕毛也。蔡文成謂序昭穆時，必亦序爵。其説雖於禮無所徵，然容有之。蓋序昭穆而又序爵，則又不能盡序齒者，故直至燕毛而後得序之。然否？

答：善哉問也。序昭穆，則即序齒。而其中義例尚多，故不能純乎序齒。文成於三禮之學未深，故語焉而不詳。蓋序昭穆，非漫取昭穆而序之，必先序宗法。假如伯禽以周公之後稱大宗，蔡、衛以下俱屬焉。諸國之子孫，雖有長於魯者，弗敢先也，其何以序齒？又必序族屬之遠近。假如太王之昭再傳，其與文王之昭，兄弟也。文王之昭再傳，其與成王之昭，兄弟也。然而各有一族，則各爲一列，近者先，遠者後，祭統所謂『親疏之殺』是也，其何以序齒？兼以王人雖微，列於諸侯之上，則畿内之公卿大夫士，序於五服公侯伯子男之上，是宰周公雖係周公之支屬，而反序於魯君之上，其何以序齒？是皆文成所未及也。然則序昭穆之中，其條目極多，故必別有序齒之法，向來無人理會及此。

問：西河謂燕毛亦兼異姓，殊爲異聞。然否？

答：是妄言也。蓋誤讀祭統而爲此說。祭統：『尸飲五而後君以瑶爵獻卿，〔校〕祭統原文作『以玉爵獻卿』。尸飲七而後君以玉爵獻大夫，〔校〕祭統原文作『以瑶爵獻大夫』。尸飲九而後君以散爵獻士及羣有司，皆以齒。』是乃九獻時賜爵之禮。注疏家謂本主序爵，爵同則序齒，是固兼有異姓，然所及止於内諸侯，而外諸侯不與焉。由是加爵既畢，則行旅酬，外諸侯亦豫矣。然而皆兼有異姓，則總之非燕私之禮也。直至既徹，而後異姓之賓退，則歸之俎，同姓則燕。其說明見楚茨之詩。

問：朱子謂序齒之中，擇一人爲上座，不與衆齒。然否？

答：朱子之學極博，其說必有所出。今考之不得，是必齒最長而德與爵又最尊者，前惟召公、畢公，後惟衛之武公，足以當之。不然，恐亦不過依齒爲序而已。

問：『天下國家可均』，謝石林觀察之説甚佳。然則朱子竟以『平治』二字詁之，得無過與？

答：『均』字，亦只得詁爲『平治』。要之『平治』自有分際。管仲之分四鄉，頒軍令，是用强國。子産之正封洫，定廬井，是用弱國。俱説不到時雍於變地位，故但曰『可均』。朱子亦未嘗説到『平治』極處。

問：『身有所忿懥』諸語，吴季子、薛敬軒之説，先生皆以爲未盡，願詳示一通，以入講録。

答：是章乃誠意以後觀心之功，而諸儒言之皆淺，謂有所忿懥，則必有不當怒而怒者；有所恐懼，則必有不必畏而畏者。薛敬軒亦云然。夫不遷怒，亦是難事，然進而上之，則雖所當怒，而疾之已甚；雖所當畏，而過有戒心；便是不得其正。必須補此一層，於義始完。吴季子之説更粗，其謂好樂不得其正，如好貨、好色、樂驕、樂樂、佚游；憂患不得其正，如憂貧、患得、患失。此豈是誠意以後節目。蓋本屬可好、可樂之事，而嗜之過事，則溺；本屬當憂當懼之事，而慮之太深，則困。如此，方是官街上錯路也。

問：大學『楚書』，本無專指，故康成注，引春秋外傳楚語王孫圉事，復引新序昭奚恤事，以並證之。朱子但指楚語，必有意；而方朴山以爲非。未知誰是？

答：朱子之去取是也。新序、説苑，並出劉向之手，然最譌謬，大抵道聽塗説，移東就西。其於時代、人地，俱所不考。嘗謂古今稱善校書者莫如向，然其實粗疏，不足依據。即如此條，明是蹈襲王孫圉之事，而稍改其面目，然又舛錯四出。夫昭奚恤乃春秋以後人，以國策、史記考之，大抵當楚宣王時。而是條所指葉公子高，令尹子西，則昭王時人，若司馬子反，則共王時人，至大宗子敖，則其人從無所見。乃昭奚恤皆與之同班列，其妄甚矣。況昭氏出於昭王，今乃得與昭王之祖，共王之臣比肩，是則真妄人所造也。又參之章懷後漢李膺傳注所引，大宗作太宰，子敖作子方，而太宰子方，在春秋之世亦無其人。及觀李固傳所上疏曰『秦欲謀楚，王孫圉設壇西門，陳列名臣，秦使懼然爲之罷兵。』則又笑曰：『劉向以王孫圉之事移之昭奚恤，而此又以昭奚恤之事還之王孫圉，真所謂展轉傳譌者。試令攻朱子之徒，博考而平心以質之，將何説以處此？』新序、説苑之誤，不可勝詰，其顯然者，晉文公與欒武子同時，晉平公與舅犯同時，晉靈公與荀息同時，介之推與孔子同時，楚共王與申侯同時，楚屈建與石乞同時，而欒王鮒亦與葉公同時；又甚者以城濮之師屬之楚平王。乃攻朱子者，欲奉此以爲異聞，疏矣。

問：楚語：『惠王以梁與魯陽文子。』韋注：『文子，司馬子期之子。』而不見於内傳，不知即淮南所云魯陽文子否？所謂梁者，何地？

答：是時有三梁：曰少梁，曰大梁，皆非楚地；曰南梁，則惠王之所與也。内傳所謂『襲梁及霍』，即其地也。酈道元曰：『春秋周小邑也，於戰國爲南梁。』蓋周之南，楚之北也。其地尚有魯公陂、魯公水，又謂之陽人聚，秦遷東周君之地。然則本周地，是時已入楚。但淮南所稱魯陽文子與韓戰，麾戈挽日，是時安得有韓？諸子故多誕妄，不足信也。子期之子，見于內傳者二：曰寬，曰平。

問：『其爲氣也，配義與道，無是餒也。』朱子謂義無氣則餒，行有不慊於心則餒。朱子謂氣無義則餒，呂忠公大愚不然其説，而朱子力闢之。然考之程子，則無是餒也，便是氣無義以爲配則餒，故必有事於集義，是即忠公之説也，何以朱子不從也？如程、呂，則上下文本一氣，如朱子，則是兩扇。義無氣則餒，是別有養氣之功。氣無義則餒，是雖善養而仍須集義，得無失之支乎？願求明教。

答：程、呂之言是也。自有生之初而言，氣本義之所融結而成，渾然一物，並無事於言配也。有生之後，不能無害，則義漸與氣漓而爲二，故必有事於義，使之與氣相配，是以人合天之説也。配義，則直養而無害矣，苟無是義，便無是氣，安能免於餒？然配義之功在集義。集者，聚於心，以待其氣之生也。曰生，則知所謂配者，非合而有助之謂也，蓋氤氳而化之謂也。不能集而生之，而以襲而取之，則是外之也。襲則偶有合，仍有不合，而不慊於心，氣與義不相配，仍不免於餒矣。本自了然。不知朱子何以別爲一説，以爲必別有養氣之功，而後能配義，不然則義餒。又必有集義之功而後能養氣，不然則氣餒。是萬不可通者也。故三原王端毅公石渠意見非之，梨洲先生亦非之。

問：孔子之拜陽虎，孟子援『大夫有賜於士』之文釋之。朱子謂陽虎於魯爲大夫，孔子爲士，先儒疑焉。或謂陽虎當時枋政，雖陪臣而儼以大夫自居，聖人亦遜以應之。夫歌雍反坫，臺門旅樹，在當時之僭妄，固不足怪。況陽虎當逆節未萌時，已欲以璵璠葬季孫，不顧改玉之嫌，則其枋國，亦又何所忌憚。但陽虎即以此來，要之，聖人必無詘身避禍，如陳仲弓之於張讓者。非天子無所稽首，孟武伯且知之，豈孔子而反有愧焉。或以周禮除上大夫即正卿外，尚有小司徒、小司馬諸大夫，而左氏有邑大夫、家大夫、屬大夫，論語有臣大夫。西河毛氏之説，以曲解陽虎之可稱大夫。然小宰以下諸官，乃副貳而非家臣，又皆以公族居之，如臧孫氏、施氏、子服氏之流。若家大夫、邑大夫輩，則雖冒大夫之名，而實則士，故必冠之曰家曰邑，又安得援大夫之例以臨士，而士亦竟俛首以大夫之禮答之者？敢問所安？

答：前説本漳浦蔡氏，後説本蕭山毛氏，皆非也。嘗考小戴禮玉藻篇有云：『大夫親賜於士，士拜受，又拜於其室。』敵者不在，拜於其室，則是大夫有賜，無問在與不在，皆當往拜。若不得受而往拜者，是乃敵體之降禮。陽虎若以大夫之禮來，尚何事瞰亡，正惟以敵者之故，不得不出此苦心曲意。而乃謂其所行者爲大夫之故事，則不惟誣孔子，亦并冤陽虎也。或曰：然則孟子非與？曰：孟子七篇，所引尚書、論語及諸禮文，互異者十之八九。古人援引文字，不必屑屑章句，而孟子爲甚，乃至汝、漢、淮、泗之水道，亦誤舉之。則此節禮文，或隨舉而偶遺，所以有失。要之，孔子所行者是玉藻，非如孟子所云也。若孟子下文，謂『陽貨先，焉得不見』，亦未能發明孔子之意。蓋使陽貨以大夫之禮來，雖先不見也。孟子才高，於此等不無疏略耳。曾記明徐伯魯禮記集注中，微及此意而未盡，愚故爲之暢其説。

問：周公，弟也；管叔，兄也。邠卿謂周公以管叔爲弟，管叔以周公爲兄，而朱子更之。如邠卿，則似於孟子之文不順。但先生曰周公自是文王第四子，請言其詳。

答：太史公以周公爲行在第四，是管叔之弟。賈逵以爲行在第七，則并是蔡、霍二叔之弟。邠卿以爲行在第三，則是管叔之兄。賈逵所據，蓋左傳富辰所次文昭之序。但富辰之言，似是錯舉，非有先後。如謂實有先後，則畢公在十亂之中，毛叔亦奉牧野明水之役，而均少於康叔聃季，萬不可信。況如富辰之序，是蔡、郕、霍，皆周公兄。皋鼬之盟，魯、衛均在，但聞蔡争長於衛，何以不聞争長於魯？是又了然者也。然則賈逵之説，不問而知其非。若史公之與邠卿，諒必各有所據。然史公與孟子合，朱子所以從之，而荀子亦以管叔爲兄，則邠卿恐非矣。

問：漢書古今人表，以顔濁鄒爲顔涿聚，而孫疏以顔讐由爲顔濁鄒。其説誰是？

答：濁鄒，子路妻兄，見史記孔子世家。索隱疑其與孟子不合。其實無所爲不合也。孔叢子言讐由善事親，其後有非罪之執，子路裒金以贖之，或疑其私于所昵，而孔子白其不然，則於妻兄有證。是讐由即濁鄒，孫疏之言是也。孔子在衛，主伯玉，亦主讐由，則讐由之賢，亞於伯玉，因東道之誼而列於門墻，固其宜也。至涿聚，則齊人也。吕覽言其少爲梁父大盜，而卒受業於孔子，得爲名士，亦見莊子。

然則於衛之讐由無豫矣。涿聚死事於齊，見左傳犁丘之役。然則顔涿聚者，顔庚也，非濁鄒也。張守節附會以字音，更不足信。

問：黎洲黄氏謂夷羿篡逆之罪滔天，何暇屑屑校其師弟之罪，況有窮死於寒浞，非逢蒙也。蓋古司射之官多名羿，逢蒙所殺，别是一人，非夷羿。然否？

答：孟子不過就所傳聞論之，不必及其篡弑也。古司射之官多名羿，誠有此説。然謂有窮死於寒浞，以是知其非逢蒙，則又不然。王逸注楚辭曰：『羿田將歸，寒促使逢蒙射殺之。』非明證與？左傳曰『寒浞使家衆』，蓋亦指逢蒙也。況後世如王莽、司馬昭、劉裕之徒，豈必手自操刃者？此等皆所謂無關大義，不足深考者。黄氏之學極博，是言蓋本之吴斗南，然亦有好爲立異之失，不可不知也。

問：孟子弟子，宋政和中以程振之請，贈爵一十八人，皆本趙注、孫疏，乃滕更明有在門之文，即趙注亦曰『學於孟子』，而祀典遺之。朱子僅取一十三人，又去其五。願聞其説。

答：樂正子、萬章、公孫丑、孟仲子、陳臻、充虞、徐辟、陳代、彭更、公都子、咸丘蒙、屋廬子、桃應，趙注、孫疏、朱注所同也。季孫、子叔、高子，趙注、孫疏所同，而朱注不以爲然。浩生不害、盆成括，本不見於趙注，但見於孫疏，而朱注亦不以爲然。朱注之去取是也。季孫、子叔，本非是時人，以爲季孫聞孟子之辭萬鍾而異之，子叔亦從而疑之，趙注之謬，未有甚於此者也。故相傳明世中曾經罷祀，而今孟廟仍列之，殆沿而未正與？以高子爲弟子，蓋以『山徑茅塞』之語，似乎師戒其弟，故以爲學他術而不終。然小弁之言，孟子稱之爲叟，則非弟子矣。經典序録有高行子，乃子夏之弟子，厚齋王氏謂即高子，則亦恐非弟子矣。告子名不害，趙注以爲嘗學於孟子者，若浩生不害，則趙注本曰齊人，未嘗以爲告子。孫疏疑以爲告子，而浩生其字，不害其名。夫浩生不害，固非告子，即告子，亦恐非孟氏弟子，孫疏特漫言之，不知祀典何以竟合爲一，是則謬之尤者。至盆成括，則在孫疏，亦但言其欲學於孟子，非質言其爲及門也。元吴萊作孟氏弟子列傳一十九人，則似仍政和祀典之目，而增之以滕更。其增之可也，仍列此五人者，則泥古之過也。今孟廟且以子叔爲子叔疑，則是據朱注而增趙注，又謬中之謬也。

問：然則先生以告子爲公孫龍子之師者，何據？

答：是東萊先生之説，而厚齋引入漢書藝文志疏證者也。蓋以其白羽、白雪、白玉、白人、白馬之問答也，孟子殆以其矛刺其盾也。

問：告子名不害，見趙注，厚齋又曰告子名勝。誰是？

答：告子名不害，亦見國策注。而文選引墨子，則又曰告子勝。或有二名，否則其一爲字也。

問：事親從兄之道，孟子以括仁、義、知、禮、樂五德。朱子於禮，則曰『節之密』；於樂，則曰『樂之深』；似原未嘗以制作之禮樂言之。故蔡文成公謂足蹈手舞，不必泥在樂字説，只是手足輕健之意。先生以爲不然，何也？

答：蔡氏之説，蓋求合乎朱子，不知其不合於孟子。古來聖人言語中，極言孝弟之量者，始於孔子。其論大舜，推原其大德受命之由，本於大孝；其論武周，推極於郊社禘嘗之禮樂，以爲達孝。曾子申之，以上老老，民興孝；上長長，民興弟，爲平天下之大道。有子申之，以孝弟則犯亂不作，爲仁之本。其言之廣狹，各有所當，而義則一。而最發明之者爲孟子，曰：『人人親其親，長其長，而天下平』，曰『達之天下』，曰『堯、舜之道，孝弟而已』，而尤暢其説於是章，綜羅五德，至於制禮作樂之實，不外乎此。河間獻王采樂記，亦引孔子之言，以爲宗祀明堂，所以教孝；享三老五更於太學，冕而總干，執醬執爵，所以教弟；皆是章之疏證也。如此解節文，解手舞足蹈，方有實地。文成以爲舞蹈只是手足輕健之意，則是不過布衣野人之孝弟耳。孟子意中卻不然，豈必究其極而言之，而後見孝弟之無所不包。若夫雖有其德，苟無其位，則一身一家之中，手舞足蹈之樂亦自在，而究未可以言禮樂之全量，是愚説足以包文成之説也，文成之説未足以包愚説也。況朱子亦未嘗謂禮樂秖就虚説也。

問：先生之説，令人豁然，乃知孝弟之至，通於神明。然非聖人在天子之位者，其於禮樂之實，總未能盡。故事親如曾子，孟子亦祇曰『可也』。然否？

答：孝弟之量，原未易造其極，故古今以來，所稱孝弟，不過至『知而弗去』一層，其於禮樂二層皆未到。便到得『知而弗去』一層，已是大難。假如尹伯奇履霜之操，尹伯封『彼黍』之詩，天然兄弟，兄則事親，弟則從兄，皆是賢者。然吉甫非竟頑父也，不能化而順之，終是本領不到。其餘如申生、急子、壽子，司馬牛、匡章，皆值父兄之變，甚者以身爲殉，不然者棄家蕉萃以終其身，其志節可哀。而使聖人處之，其節文之處，自有中道。諸君恐尚多未盡善處，是其於禮之實，尚待擬議，況樂乎？彼其繁冤悲怨，足以感動天地，然不足以語樂而生，生而至於舞蹈也，是非大舜不能也。故孟子下章即及舜之事親而天下化，蓋以類及之也。其安常履順而極其盛，則武、周矣。周公於管、蔡之難，非不值其變也。然其成文、武之德者大，破斧、缺斯之恫，不足以玷其『麟趾』、『騶虞』之仁也。是則禮樂之極隆者也。然則曾子固尚未造乎此。

問：然則無位者之孝弟，至於曾、閔，尚未足盡禮樂之實耶？則三代以下，竟無足語此者矣。

答：曾、閔亦自是造得九分矣。曾子以晳爲之父，處其常，閔子乃處其變。然閔子竟能化其父母，大是不易，到此便是足蹈手舞地位。曾子之養志，便是惡可已，但校之聖人，或尚少差耳。

問：『遂有南陽』，按晉之南陽易曉，而齊之南陽，僅一見於公羊傳所云『高子將南陽之甲以城魯』，一見於國策所云『楚攻南陽』。閻百詩以爲泰山之陽，本是魯地，特久爲齊奪者，似得之。而先生以爲南陽即汶陽，其説果何所據？

答：此以漢地志及水經合之左傳，便自了然。蓋山南曰陽，是南陽所以得名也；水北曰陽，是汶陽所以得名也。春秋之世，齊、魯所争，莫如南陽。隱、桓之世，以許田易泰山之祊，是南陽尚屬魯。及莊公之末，則已似失之，故高子將南陽之甲以城魯。然僖公猶以汶陽之田賜季友，則尚未盡失，而魯頌之祝之以居嘗與許，嘗亦有南陽之境，蓋大半入齊矣。自成公以後，則盡失之。蓋汶水出泰山郡之萊蕪縣，西南過嬴縣，桓三年公會齊侯於嬴者也。又西南過牟縣，牟，故魯之附庸也。又東南流逕泰山，又東南流逕龜陰之田，即左氏定十年齊所歸也。又東南流逕明堂，又西南流逕徂來山，又南流逕陽關，即左氏襄十七年逆臧孫之地。又南逕博縣，即左氏哀十一年會吴伐博者也。又南逕龍鄉，即左氏成二年齊侯圍龍者也。又南逕梁父縣之菟裘城，左氏隱十一年所營也。又西南過剛縣，漢之剛，乃春秋之闡，其西南則汶陽之田。又西南則棘，左氏成三年所圍也。又西南爲遂，左氏莊十三年齊所滅也。又西南爲下讙，左氏桓三年齊侯送姜氏之地。又西南爲郈，則叔孫氏邑。又西南爲平陸，按左氏，鄆、讙、龜陰、陽關，皆齊、魯接境地。通而言之，皆汶陽之田，而皆在泰山之西南，汶水之北，則汶陽非即南陽乎？故慎子欲争南陽，亦志在復故土。孟子則責其不教民而用之耳。

問：『爲諸侯憂』，朱子以爲附庸之君，縣邑之長。古注以爲列國諸侯。梨洲黄氏主古注，若據本文，原不屬天子言，則與上節之『爲諸侯度』不同，似當以朱子爲是。

答：古注之説校勝。試觀僖公四年，桓公欲循海而歸，轅宣仲謂申侯曰：『師出於陳、鄭之間，供其資糧屝屨，國必甚病。』哀公時，吴爲黄池之會，過宋，欲殺其丈夫，囚其婦人。霸者之世，役小役弱，不可勝道，豈但徵百牢、索三百乘而已。朱子以附庸之君言之，則亦是列國諸侯之小者，其義可互備也。況春秋之晚，雖魯亦困於征輸，願降而與邾、滕爲伍，而杞至自貶爲子，則其與附庸之君，相去不遠。愚故謂古注亦不甚異於朱子也。

問：社稷變置之説，邠卿但云『毁社稷而更置之』，則非更其神也。故朱子謂『毁其壇壝而更置之』，則與國君之變置不同。孫疏曰：『更立社稷之有功於民者。』其説異于本注，梨洲黄氏主之，當何所從？

答：當以孫疏爲是。蓋古人之加罰于社稷有三等，年不順成，八蜡不通，乃暫停其祭，是罰之輕者；又甚，則遷其壇壝之地，罰稍重矣；又甚，則更其配食之神，罰最重。然亦未嘗輕舉此禮。蓋變置至神示，所關重大，故自湯而後，罕有行者。嘗謂國家之于水旱，原恃乎我之所以格天者，而未嘗以人聽於神。陰陽不和，五行失序，于是有恒雨恒暘之咎，原不應於社稷之神是咎。且亦安知社稷之神，不將大有所懲創于國君而震動之，使有以知命之不常，天之難諶。而吾乃茫然於其警戒之所在，反以其跋扈之氣，責報于天，文過于己，是取滅亡之道也。乃若聖王則有之。聖王之於天地，其德相參，其道相配，而其自反者，已極盡而無憾，故湯之易稷是也。夫天人一氣也，在我非尸位，則在神爲溺職，雖黜之非過矣。然其所黜者，乃配食之神，而非其正神也。其正神，則無從易也，蓋先王所以設爲配食之禮，非但爲報始已也，正以天神地示，飛揚飄蕩，昭格爲難，必藉人鬼之素有功于此者，通其志氣。是故大之則爲五方之有五帝，而其下莫不有之。社以勾龍，稷以柱與棄是也。故梨洲謂郊祀配天，固是尊其祖父，而亦因其祖父之功德之大，足以與天相通，藉以達其感乎昭格之忱，此實有至理精意焉。然則社稷不能止水旱，又何咎之辭，但是可爲賢主道，而不可爲慢神之主道也。魯穆公暴巫焚尪，縣子尚以爲不可，况其進于此者。故孫疏變置之説是也，而未可輕言之也。北夢瑣言載潭州馬希聲以旱閉南嶽廟事，可爲慢神之戒。

問：厚齋援唐人李陽冰之説以證朱注，則似變置反以報社稷者，似非孟子所謂變置也。其説如何？

答：厚齋所引陽冰之事，得其半，失其半。按陽冰令縉雲，大旱，告于城隍之神，五日不雨，焚其廟，此乃行古禮也。及期，雨合霑足，陽冰乃與耆老吏民，自西谷遷廟于山巔，以答神休。此蓋因前此焚廟之禱，嫌其得罪于神而更新之，不爲罰而爲報，是亦變通古禮而得之者。厚齋于其未雨以前之事不序，則不足以證更置之罰矣。陳後山曰：『句容有盜，遷社稷而盜止。』是則足以證朱注者。

問：漢人以禹易社之配，宋人以契易稷之配，豈亦因水旱而有更置耶？其說安在。

答：是則妄作也，以禹配社猶可，以契則謬矣。商先公之有功水土者有冥，然可以配社，不可以配稷。

問：左氏昭十有七〔校〕『七』字當作『六』。年，鄭大旱，使屠擊等有事于桑山，斬其木，不雨。子産曰：『有事于山，蓺山林也，而斬其木，其罪大矣。』奪之官邑。夫斬木，蓋亦變置之意也，而子産以爲非是。其説與孟子異，先生以爲若何？

答：斬木其實是古禮，即變置之意也。子産以爲非者，即愚所謂未可輕言之意。須知古人于此，自有斟酌，雲漢之詩曰『靡神不舉』，正與八蜡不通之説並行不悖，未有毅然以蔑絶明祀自任者。

問：陳仲子之生平，孟子極口詆之，國策中趙后亦詆之，厚齋王氏則又稱之。其説誰是？

答：厚齋先生之言是也。仲子若生春秋之世，便是長沮、桀溺、荷蕢、荷蓧、楚狂、晨門一流，然諸人遇孔子，則孔子欲化之。仲子遇孟子，則孟子力詆之，便是聖賢分際不同。須知仲子辭三公而灌園，豈是易事。孟子是用世者，乃伊尹之任一路上人，故七篇之中，不甚及隱士逸民，較之孔子之惓惓沮溺一輩，稍遜之矣。平情論之，若如孟子之譏仲子，以母不食，以兄不食，直是不孝不弟。然仲子豈真不食於母，不過不食於兄，其兄之蓋禄萬鍾，雖未知其爲何如人，然諒亦未必盡得於義，故仲子孑然長往。但觀其他日之歸，則於寢門之敬，亦未嘗竟絶，孟子責之過深矣。故厚齋謂其清風遠韻，視末世狗利苟得之徒如腐鼠，乃公允之論。若趙后何足以知此，彼第生於七國之時，所謂天子不臣、諸侯不友之士，不特目未之見，抑亦耳未之聞，而以爲帥民出於無用，亦豈知隱士逸民之有補于末俗，正在無用中得之也。愚非敢學先儒之疑孟，亦因都講之問，欲持其論之平耳。

問：宰我不死於舒州之難，先正辨之已悉。野處洪文敏公據『賢於堯、舜』之語，以爲當在孔子身後。閻潛丘極稱之，而吾丈以爲不然，何也？

答：謂宰我死於舒州之難，亦不害其爲賢者。蓋考呂覽、説苑，則是宰我爲簡公死，非爲陳恒死，不過才未足以定亂耳。其死，較子路似反過之。史記誤以爲陳恒之黨，故曰孔子恥之。而索隱又以爲闞止之訛，則春秋同時同名之人，往往有之，晉有二士匄，魯有二顔高，齊有二賈舉，并同姓矣。何必舒州之難，死者不可有二宰我乎？蓋但當知宰我之所以死不必恥，則不必諱，若以『賢於堯、舜』之語，爲弟子稱頌其師，必當在身後，是則野人之言也。孔子之卒，高弟蓋多不在，如閔子、仲弓、漆雕開，皆絶不見，疑其已卒。而三年治任，入揖子貢，則是子貢之年最長。其長于子貢而尚在者，惟高柴，以哀十七年尚見於蒙之會。又冉有亦尚仕季氏。蓋皆以居官不在廬墓之列。宰我於史記、家語不載其年，雖未知其長於子貢與否，然此後並無宰我出處蹤跡，則先死又何疑。要之，此等事去古遠，無足深考。潛丘之言，多見其迂。

問：孟子在宋，或以爲辟公時。吴禮部據孟子稱之爲王，以爲康王偃也。康王之暴，孟子何以肯見之，故亦有以爲辟公者。然恐以禮部之言爲是。

答：潛丘謂孟子去齊適宋，當周慎靚王之三十年，正康王改元之歲，宋始稱王是也。孟子不見諸侯，故問答止於梁、齊，小國則滕而已。雖曾游宋，而於康王無問答，則不足以定其見與否也。然所以游宋，則亦有故，蓋康王初年，亦嘗講行仁義之政，其臣如盈之，如不勝，議行什一，議去關市之征，進居州以輔王，斯孟子所以往而受七十鎰之餽也。謂孟子在辟公時游宋，蓋是鮑彪，其考古最疏略。

問：章子之事，見於國策，姚氏引春秋後語證之，所紀略同。吴禮部曰：『孟子以爲子父責善而不相遇，恐即此事。』然如國策所云，何以言責善？況在威王時，頗疑與孟子不相接。

答：章子見於國策，最早當威王時。據國策，威王使章子將而拒秦，威王念其母爲父所殺，埋于馬棧之下，謂曰：『全軍而還，必更葬將軍之母。』章子對曰：『臣非不能更葬母，臣之母，得罪臣之父，未教而死。臣葬母，是欲死父也，故不敢。』軍行，有言章子以兵降秦者三，威王不信。有司請之，王曰：『不欺死父，豈欺生君？』章子大勝秦而返。國策所述如此。然則所云責善，蓋必勸其父以弗爲已甚，而父不聽，遂不得近，此自是人倫大變，章子之黜妻屏子，非過也。然而孟子以爲賊恩，則何也？蓋章子自勝秦以前，所以處此事者，本不可以言過。然其勝秦而還，則王必葬其母矣。而章子之黜妻屏子，終身如故。是在章子，亦以恫母之至，不僅以一奉君命，得葬了事，未嘗非孝，而不知是則似於揚其父生前之過，自君子言之，以爲非中庸矣。故孟子亦未嘗竟許之，而究之矜其遇，諒其心。蓋章子自是至性孤行之士，晚近所不可得，雖所行未必盡合，而直不失爲孝子。如宋儒楊文靖公、張宣公言，則其貶章子有太過者。但章子之事，未必在威王之世，則誠如賢者所疑。威王未嘗與秦交兵，前此當秦之獻公，正所謂六國以戎狄擯秦之時，其後則孝公方有事于攻魏。故威王三十六年之中無秦師，齊、秦之鬭，在宣王時，而伐燕之役，將兵者正是章子，則恐其爲誤編于威王策中者。即不然，亦是威王末年。

問：京山先生解孟子，謂陳侯，『周』非其名。按之史記，誠然。顧謂『周』者，忠也；司城，蓋因陳亡而殉者，陳之忠臣也。梨洲先生取其説，是否？

答：據史記，則陳侯固不名『周』。但左傳、史記、世本諸家所載諸侯之名，異同亦多。如左傳鄭子儀，在史記則曰子嬰；左傳鄭僖公髡頑，史記則曰惲，而小司馬又曰髡原；史記鄭武公掘突，譙周曰突滑；左傳宋景公欒，史記則曰頭曼，漢書古今人表曰兜欒；史記宋王偃，荀子作獻。漢書律曆志魯諸公名尤多殊，班氏以小字附于下，蓋多出世本，如此之類，不可悉舉。則安在陳侯名周，不又各有所本，可不必深考也。至京山訓『周』爲『忠』，歷證之商書太甲篇、國風都人士篇、小雅皇華篇、左傳、穀梁傳、國語，皆有之，則以『周』爲『忠』，正與下文觀所爲主相合，未嘗不可。但謂司城是殉陳而死者，不知何所見而言之，愚不敢信也。

問：陶山陸氏埤雅，亦新經宗派之一也。聞其尚有爾雅新義，又有禮象，大抵當與埤雅出入否？

答：爾雅新義僕曾見之，惜未抄，今旁求不可得矣。禮象則未之見，竹垞以爲即是埤雅草稿。陶山在荆公門下，講經稍純。然如埤雅卷首，即謂荆公得龍睛，曾魯公得龍脊，則大是妄語，不知陶山何以有此也。

問：爾雅釋言，律、遹，述也。郭注以爲敘述之辭。而邢疏曰『律管所以述氣』，則與郭注各是一説。

答：張南漪曰：『郭注是也。』律本是聿，誤作律。堯典『曰若』之『曰』，注：『曰，古與粤、越通』；詩『遹駿有聲』，注以爲與聿同，然則曰、粤、越、聿、遹，五字皆發語詞。郭注以爲敘述者是已。邢疏謬。詩『曰嬪于京』，郭注引之，亦作聿。

問：爾雅水自河出爲灉，漢爲潛，江爲沱，汝爲濆，淮爲滸，見於尚書與詩。而濟爲濋，汶爲瀾，洛爲波，渦爲洵，潁爲沙，更無所見，不知是何水？邢疏漏略不詳。

答：諸條皆見於水經，不知邢疏何以不及。但水經亦有不可盡信者，即諸書所言，亦多不合。河之爲灉，當在雷夏，而酈注兼以之解關中之雍，則謬也。若説文以灉爲汳水，亦非也。江之爲沱，水經兼載孟州之沱、荆州之沱。顧宛谿曰：『孟州之沱乃湔江。而湔爲蜀相開明所鑿，酈注明言之，非禹貢之沱矣。或又欲以成都内、外江當之，則二水爲秦守李冰所導，益非禹貢之沱矣。唯師古所指湖廣枝江之水，支分而後入大江者，可以當禹貢之沱。』宛谿之説甚覈，然則益州之沱，未有考也。漢爲潛，即水經之涔水篇，然亦尚有疑者，詳見愚所説水經中。淮爲滸，則『滸』者實水厓之通稱，不知何以專歸之淮，酈注以爲游水。汝爲濆，即瀵水，非河水篇之瀵水也。一名汾水，毛傳誤以曲防解之。然則雖其見于尚書與詩者,亦正未易了也,而況其疏漏不詳者乎?乃若濟之爲澨,則道元以爲定陶氾水。汶之爲瀾,道元以爲岡縣闡亭之洸水,是亦以瀾之合于闡而言之。洛之爲波,道元以爲門水。潁之爲沙,道元以爲灑水。唯渦之爲洵,但引吕忱之詁,而無其地。氾水、洸水、門水,不知果否是爾雅所指與否。若沙水則明是莨蕩渠水之一支,讀作蔡水,非灑水也。

問:沙之讀蔡,不但郭氏無注,邢氏無疏,而陸氏亦無音,先生果何所出乎?

答:見許氏説文,而水經注引之,即鴻溝也。左傳所謂沙汭也。北魏書有蔡水,即沙水,胡梅磵引水經注,亦通作蔡,郭氏偶失之耳。

問:『大山宫小山霍』,本連解作一句,宋晁補之作二句竟對解之。自是晁氏之謬否?

答:古人似原有二種讀法。水經注第三十二卷泚水篇引開山圖:『灊山圍繞小山曰霍』,而第四十卷霍山下亦引爾雅曰:『大山宫小山曰霍』,斯郭氏之説也。然第三十九卷廬江水篇,又引爾雅『大山曰宫』,則晁氏之説矣,亦非無據也。

問:論語『蕭墻之内』,羅存齋爾雅翼以爲『取蕭祭脂』之蕭,其説甚怪,不知是否?

答：存齋爾雅翼極精，然是説則恐未然。蓋蕭墻是屏墻，舊人如鄭康成、劉熙皆指朝之屏，故以肅字解蕭字，亦有合于六書之旨。若存齋則指爲廟之屏，故以『取蕭』爲證，謂援神怒以怵季孫，則其説誕矣。

問：爾雅釋草『鉤芙』，據説文則是重名，據正義則是二名。不知誰是？

答：説文『鉤芙』，一名『苦芙』，則是重名，邢疏誤也。

問：陶山、存齋，其於爾雅爲巨子，近世浮山堂通雅，以視二先生，不知何如？

答：藥地不能審别僞書，故所引多無稽，且其通雅門例，亦非接二家之派者。

經史問答卷八

諸史問目答郭景兆 三十三條

問：姜湛園論文，謂先秦以上，莫衰於左傳，而重振於國策。其説前人未及，豈國策反能出左傳之上。

答：是湛園好奇之言也。左傳所志多實事，二百四十年典章在焉。國策所志多浮言，大抵一從一横，皆有蹊逕，前後因襲。若就中實有義理可按，卓然關於世教，如輔果、絺疵之先見，豫讓之報知伯，匡章之不欺死父，信陵君之諫伐韓，魯連之卻秦，王孫賈之母，君王后之父，即墨大夫之告王建，李牧之枉死，吴起之對魏武，莫敖子華之對楚威，魯共公范臺之對魏惠，莊辛之對楚頃襄，不過十餘篇。而樂毅父子去國之詞，荀子之謝春申，亦庶乎可取。此外則虞卿、陳軫，尚略有可采，以其言雖不純，而一爲趙，一爲楚，較異於儀、秦之徒也。其餘令人一望生厭，何可與左傳比也。顔斶、王斗二篇，亦或可節録，然已涉於夸矣。

問：齊宣王伐燕事，孟子所親見也，荀子亦親見，而以爲齊湣王。國策，在燕則宣王，在齊則湣王。史記以爲湣王，通鑑以爲宣王。吴禮部校國策，亦力主孟子，究竟誰是？

答：當以孟子爲是，但如此，則必須依通鑑增宣王之年十年，減湣王之年十年，然後可合。東萊大事記亦如此。蓋孟子所述，確是滅燕之役。東萊先生欲爲調停，謂宣王伐燕，乃指前此十城之役。夫所取十城，安得云倍地，又安得云置君，不可通也。唯是史記年表固不足信，而通鑑亦是以意定之，非有所出，終屬疑案，非二千年後人所能懸決。

問：司馬穰苴，國策以爲湣王相，與史記異。

答：吴禮部曰：大事記引蘇氏謂史稱齊景公時，晉伐阿、甄，燕侵河上，晏子薦穰苴，殺莊賈，因以成功。春秋左氏無此事。意穰苴嘗爲閔王卻燕、晉，而國策妄以爲景公時。按史稱齊威王論次古兵法，附入穰苴，而策以爲湣王相，故禮部主之。蓋景公時齊甚弱，欲奪晉霸而不能，欲禦吴侮而不克，則穰苴之傳謬矣。

問：漢志引六國春秋，或曰即國策，是否？

答：恐非也。六國春秋，當別是編年之書，而今不傳。國策之例，恐近外傳。蓋自哀公二十七年後，當有六國春秋一書，而後楚漢春秋繼之，然七略已不載是書，其亡久矣。太史公采國策，止九十三事，則其餘所采，或有在六國春秋中者，亦未可定也。

問：李牧之死，國策則極冤，史記則言其不受命，捕得斬之。二説迥異，通鑑主史記，東萊大事記主國策，誰從？

答：趙策中，此篇最足感動人，令讀者流涕。史記不知何以不用。吴禮部曰：『蓋因廉頗不受代事，而誤加之牧』是也。須知牧既不受代，當時趙將誰復能捕之者，其妄明矣。第趙策中，前後汚以司空馬之謬語，令雄文反減色。愚特芟去其前後，另爲一篇，其文曰：『韓倉惡武安君於趙王，王令人代武安君，至，使韓倉數之曰：「將軍戰勝，王觴將軍，將軍爲壽於前而捍匕首，當死。」武安君曰：「繓病鉤，身大臂短，不能及地，起居不敬，故使工人爲木材以接手。上若不信，繓請出示。」出之袖中，狀如振梱，纏之以布。韓倉曰：「受命於王，賜將軍死，不赦。臣不敢言。」武安君北面再拜賜死，縮劍將自誅，曰：「人臣不得自殺宫中。」過司馬門，趣甚疾，出門舉劍，臂短不能及，銜劍徵之於柱以自刺。武安君死五月，趙亡。』吴禮部曰：『譖李牧者，諸書皆言郭開，策文下篇亦然。但郭開即譖廉頗者，其與韓倉，必亦有差誤。』予謂或自郭開與韓倉比共陷牧，亦未可定也。要之忠貞恭順如牧，而以爲拒不受代而誅，則枉甚矣。

問：吴禮部校國策，亦有譏之者，其究若何？

答：禮部於是書甚勤密，遠過縉雲鮑氏本，其譏之者，明學究張一鯤之言也。惟是禮部婺學，故有尊信大事記過甚者，要之，其考據則得十之九，一鯤何足以知之。

問：田單晚年不見於史，吴禮部校國策，以爲避讒於趙。

答：是乃禮部發前人所未發，大略當不錯。不然，以安平之材，何以自攻狄之後，一無所見於齊，及其相趙，所立功亦甚少，而是後遂亦不見於趙，則安平之見幾保身，又不欲負其宗國，以爲人用，蓋遠出於時人之上。六國大臣，雖信陵君不能及矣。惟是襄王之悖不足論，君王后既聽政，任宗臣之野死而不返，亦何待乎王建而始亡也。

問：聊城之事，吴禮部主國策，非史記，不知誰是？

答：禮部所考定最審。

問：國策之事多難信，東萊吕氏固嘗言之。然如六國獻地於秦，自是實事，所以通鑑亦載焉。昨聞先生謂其中亦多漫語，何也？

答：秦所取六國之地，韓、魏最先，次之者楚，其後及趙，然所取者，必其爲秦之界上而後得有之。今策言張儀一出，趙以河間爲獻，燕以常山之尾五城爲獻，齊以魚鹽地三百里爲獻，非不識地理之言乎？河間、常山，秦亦何從得而有之，況齊人海右魚鹽之地乎？以秦之察，豈受此愚。又累言文信侯欲取趙河間以廣其封，文信封河南，當在韓、周之交，何從得通道於河間。吾不知作策者，何以東西南北之不諳，而爲此謬語也。

問：徐廣謂中山立於威烈王時，西周桓公之子，而先生以爲謬，願聞其説。

答：中山即是鮮虞，其種乃白狄，至春秋之末，已有中山之名，入七國，滅於魏而復興，卒并於趙。當春秋之末，晉尚無若中山何，而謂周能滅之而封宗室於其地，無是理也。然自徐廣、酈道元皆爲此言，莫有能正之者。要之，鮮虞未嘗爲晉滅，則西周桓公之子，安能封於其地，此易曉也。若國策謂中山君嘗爲楚伐而亡，則又屬野人之言。中山於楚，真風馬牛，楚雖强，不能越魏踰趙過代，而集矢於中山。故吴禮部但謂司馬子期非楚公子，以斥鮑氏之謬，而不知策文之本妄，中山必不受兵于楚也。如策文所云『羊羹』，蓋襲華元之事；所云『壺飡』，蓋襲趙盾之事，本附會也。中山亡於魏，魏使太子擊守之，其後不知何以復立，蓋中山去魏遠，魏終不能有之，是以失守。而策述趙桓子之謀，以爲中山復立之故，亦非也。魏世家惠王二十八年，中山君相魏，小司馬以爲是即中山之復立者，恐非也。是時中山蓋尚屬魏，故其君入爲相，如孟嘗君之相齊耳。若謂是復立之中山，則不應舍其國而相魏也。要之，中山復立之年，當在魏王二十八年之後。

問：平原君料白起、廉頗之長，其文極可喜，今但見於漢嚴尤三將序、春秋後語二書，亦屬後世所無，而諸傳記引之者，先生以爲國策有之。何所據？

答：見章懷後漢書列傳第八卷注中。

問：河渠書歷序春秋以後諸侯變更水道之詳，班氏溝洫志亦引之，乃古今川瀆大掌故。而小顏、小司馬，俱未及詳箋，願縷晰之。其曰禹疏九川，『自是之後，滎陽下引河東南爲鴻溝，以通宋、鄭、陳、蔡、曹、衛，與濟、汝、淮、泗會』，是跨豫、徐、荆三州之界，源流若何？

答：鴻溝，即地理志所云狼湯渠，水經注作莨蕩渠，通典作浪宕渠，一也。志曰：『河南郡滎陽有狼湯渠，首受濟水，東南至陳入潁。』即水經注之渠水篇也，是鴻溝之經流。志曰：『陳留郡陳留縣魯渠水，首受狼湯渠水，東至陽夏入渦渠。』即水經注渠水篇中附見之魯溝也，是鴻溝之又一支。志曰：『淮陽國扶溝縣渦水，首受狼湯渠水，東至向入淮。』即水經注之陰溝水篇也，是鴻溝之又一支。志曰：『梁國蒙縣獲水，首受菑獲渠水，東北至彭城入泗。』按陰溝水之支爲汳水，次爲獲水，即水經注之汳水、獲水二篇也，是鴻溝之又一支。志曰：『陳留郡浚儀縣睢水，並受狼湯渠水，東至取慮入泗』，即水經注之睢水篇也，是鴻溝之又一支。蓋志所載狼湯渠之源流，五合之則爲鴻溝。今以水經注質之，狼湯渠至尉氏，始有鴻溝之名。鴻溝又曰沙水，自新陽入潁以入淮，而支流自義城合渦水以入淮，狼湯渠之東出爲官渡水，秦人引之爲梁溝，即陰溝水也。又東爲汳水，爲獲水，入泗以入淮，而沙水之至浚儀者，又合汳水爲睢水，以入泗，其所周流正值鄭、衛、曹、宋、陳、蔡六國之境。

鴻溝不知誰所爲。閻潛丘曰：『蘇秦説魏王云「大王之地，南有鴻溝」，則戰國以前有之。晉、楚戰於邲，邲即汳水，則春秋以前有之。』予謂所證不止於此，國策『景舍伐魏，取睢、濊之間』，是睢水亦見於戰國。水自渦出爲洵，是渦水見於爾雅。水自潁出爲沙，是沙水亦見爾雅。而沙汭並見於左傳，其來遠矣。乃酈道元則竟曰『大禹塞滎澤以通淮、泗』，又曰『昔禹於滎陽下引河』，以致東坡之徒，遂謂鴻溝是禹跡，則大謬也。夫職方豫州之川滎、洛，誰謂禹曾塞滎者，奈何并河渠書不諦視也。宋儒唯黄文叔言此不謬。

予既斥道元滎澤之非，復取水經注反覆求之，乃知鴻溝之跡，實始於徐偃王。道元引古徐州志，言偃王導溝陳、蔡之間，以水道按之，正沙水之地界也。蓋偃王首開鴻溝，其後如魯溝，則吴人所增開，即國語所謂商魯之溝者，故一名宋溝，而梁溝則秦人所增開，陸續穿鑿，遂爲鴻溝支流諸水，而經流則實偃王始之。故予謂通淮、濟者，始於徐，繼於吴，皆是霸者，而卒於秦政。二千年以來未經考出，今始得之。

問：其曰『於楚，西方則通渠漢水雲夢之野』，何也？此事在諸書，直無可考。

答：地志曰：『南郡華容縣，雲夢澤在南，夏水首受江入沔。』水經注有夏水篇，然不及通渠事。唯皇覽曰：『孫叔敖激沮水，作雲夢大澤之地。』蓋指此。但雲夢已見於禹貢，固非孫叔所作，但引沮水以入之，所謂通渠者也。漢水一名沮水，斯事足補水經之遺。

問：其曰『東方，則通鴻溝、江、淮之間』，何也？是乃吴事不知何以屬之楚？

答：厚齋先生曰：『吴之通水有二：左傳哀九年，吴城邗溝，通江、淮，此自江入淮之道。吴語：夫差起師北征，闕爲溝於商、魯之間，北屬之沂，西屬之濟，在哀十三年。此自淮入汴之道，是江、淮之通固屬吴。馬、班於此似有誤。』然愚細考水經注，則楚亦似有通江、淮之事。水經注濄水篇，濄水合泚水；潕水篇，潕水亦合泚水；而泚水篇，泚水合澧水以入淮：是皆淮之屬也。乃泚水篇：泚水又合堵水，又合溳水、潕水以入淯水，堵、淯二水則皆漢之屬也。蓋南陽之地，淮、漢並行，其水已有互相出入者，皆在新野、義陽一帶，江、淮未會而淮、漢已通，吴之力所不及也，是非楚人通之，而誰通之？夫淮通漢，則即已通江矣，是吴之通淮於江者在下流，而楚之通淮於漢以通江者，在上流也。史記之言，亦别自有據也。左傳楚人伐隨，師於漢、淮之間，蓋其證也。

蓋川瀆之亂河，先與汝通，則鴻溝是也。通汝者，通淮之漸也。已而淮先與漢通，則泚水之合於堵水、淯水是也。通漢者，通江之漸也。及邗溝開，而江遂竟通於淮。商、魯之溝開，而淮遂竟通於河。

問：其曰『於吴，則通渠三江、五湖』，願聞其説。

答：地志曰：『中江自陽羨入海，北江自毗陵入海，南江自吴入海，此三江之道也。五湖，則即震澤。禹貢時之大江，本不與五湖通。相傳吴人伐楚，用伍胥計開渠運糧，而江湖之道無阻。今其地有伍牙山，有胥谿，可證。』其説見於高淳漢圖經。按左傳哀公十五年，楚子西伐吴，及桐汭，此舟師入湖之道也。而或曰襄公三年，楚子重伐吴，克鳩兹，至於衡山，則似已有入湖之道，事在伍胥之先。則或壽夢以來，已有此渠，而伍胥特脩治之乎？世遠不可得而詳矣。要之，史公所云，其指此事無疑。若非史公此語，則又將指爲三代以前故道矣。

問：其曰：『於齊，則通淄、濟之間』，何也？

答：地志曰：『泰山郡萊蕪縣原山，淄水所出，東至博昌入濟，即齊所通也。』但淄水經流入海，其支流則齊人導之，由甽水以入濟。地志亦微有失。

問：其曰『於蜀，則蜀守李冰鑿離碓，避沫水之害，穿二江成都中。』即華陽國志所載否？

答：是也。三代以後，變更水道者皆有乖地脈，不合川瀆之性，惟李冰所經營有大功。顧史公不列之循吏傳，但略一見於此。向非華陽國志至今存，則李冰之詳不可得聞。

問：三代後之變更，止於斯耶，抑或有遺？

答：大略亦祇此。淮與濟通，江與淮通，淮與漢通，漢與雲夢通，江又與震澤通，濟與淄通，禹貢之水道，無完瀆矣。其餘惟齊桓公塞九河，見於緯書，鄭康成采之。又趙惠文王徙漳河。世家：惠文王十八年，漳水大出；二十一年，徙漳水武平之西；二十七年，又徙漳水武平之南。八年之中，再徙巨浸，而其詳不可得聞。水經注漳水篇亦不及。而春秋時，楚之孫叔敖開芍陂，則有功於淮南者，爲正史之所略。

問：六國世家，其紀事莫如趙之誣謬者，不特屠岸賈一事也。如宣孟之夢，簡子鈞天之夢，原過三神之令，主父大陵之夢，孝成王之夢，何其言之龐而怪與？謂非緯候之先驅不可矣。

答：是盡當芟除者也。其中紀事之失，尚有昔人所未及糾正者。惠文王十五年，即燕昭王之二十八年也，以師與燕伐齊，大捷，燕人遂深入，取臨淄。是時齊襄王保莒，田單保即墨，而餘地皆入燕。乃曰：『惠文王十六年，秦復與趙數擊齊，齊人患之，（燕）〔蘇〕厲〔校〕據史記趙世家及戰國策校改。爲齊遺趙書游説，趙乃不擊齊。』夫當時之齊，區區二城耳，秦何所利而擊之。即擊之，又何所畏而必與趙共擊之，其謬一也。乃下又曰：『是年廉頗攻齊昔陽，取之。』夫昔陽是鼓地，春秋末已屬晉，至是原屬趙，非齊地。且齊是時所有祇二城，安得尚有餘邑爲趙所取，其謬二也。乃下又曰：『十七年樂毅將趙師攻魏伯陽。』按樂毅留徇齊地，及二城不下，遂守之，并未嘗歸燕，何從將趙師而攻魏，其謬三也。乃下又云：『十九年，趙奢將，攻齊麥丘，取之。』是時齊亦尚止二城，麥丘屬燕，其謬四也。乃下又云：『二十年，廉頗將，攻齊。』按是年樂毅尚在齊，次年田單始敗燕軍，復有七十餘城，當前一年，齊無可攻，其謬五也。蓋惠文王此五年中，無一事可信，不知史公何所據而志之，而廉頗本傳，惠文王十六年伐齊，取陽晉，不作昔陽，然亦非也。

問：韓世家：昭侯八年，申不害相韓。十年，韓姬弑其君悼公。十一年，昭侯如秦。既有昭侯，焉得又有悼公？

答：小司馬曰『姬，亦作玘』，則即李斯所云『韓玘爲韓安相』者也。斯與韓安同時，其謂玘爲之相，必不錯。則玘乃亡韓之相，但玘相安而安亡，非弒安也。世家此句是誤文，當芟去。韓先稱侯，後稱王，無所謂公，亦無謚『悼』者。小司馬曰：『或是鄭之嗣君。』按韓自哀侯已滅鄭，昭侯時無鄭矣。六國世家韓最略。由李斯之言推之，玘是王安之時專權者，故以之比趙高。若昭侯時，申子爲相，安得容小人如玘者乎？

問：燕世家不載昭王好方士之事，而封禪書中微及之。昭王賢者，不應有此。

答：齊威、宣二王，燕昭王，晚皆惑於方士。雖世所傳王母謂『燕昭無靈氣』之語不足信，然燕、齊方士之所聚，恐或有之。唐憲宗、武宗皆英主，何嘗不以方士損其業乎？

問：虞卿傳，古無言其錯者，昨始聞之，願詳示。

答：據范雎傳，則魏齊之亡，在秦昭王四十二年，其時虞卿已相趙，棄印與俱亡，而困於大梁。虞卿傳謂其自此不得意，乃著書以消窮愁，則是棄印之後，虞卿遂不復出也。乃長平之役，在昭王四十七年，史公所謂虞卿料事揣情爲趙畫策者，反在棄印五年之後，則是虞卿嘗再相趙矣，何嘗窮愁以老。而史公序長平之策於前，序大梁之困於後，顛倒其事，竟忘年數之參錯，豈非一大怪事也。

問：荀卿傳：葬蘭陵，而國策謂其歸趙，且録其絶春申之書。誰是？

答：恐是國策爲是。荀子書中有與臨武君論兵於孝成王前一事。荀子久於齊，事在孝成王之前，由齊如楚，即爲蘭陵令，則何由見孝成乎？故知其爲自楚歸趙也。史記言春申死而荀子廢。今觀國策拒春申之書，其辭醇古，非荀子不能爲也。則或者荀子辭春申而去，及春申死，荀子以甘棠之舊，復游蘭陵而卒焉，亦未可定。要之，其曾歸趙，固無疑者。

問：范睢傳：廢太后，逐穰侯。國策同。而朱子曰：『皇極經世只言秦奪太后權，未嘗廢也。』或曰經世不足信。

答：宣太后以憂死是實，但未必顯有黜退之舉，蓋觀於穰侯尚得之國於陶，無甚大譴，其所謂逐者如此，則所謂廢者，亦只是奪其權也。是時昭王年長，而宣太后尚事事親裁之，此便是不善處嫌疑之際。一旦昭王置之高閣，安得不憂死，故人以爲廢。

問：吕不韋傳：『孔子之所謂聞者，其吕子乎？』何許文信侯之過也。

答：太史公不知道，於此見之。不特不知所謂達，亦不知所謂聞，孔子所謂聞者，只是『論篤色莊』一流；其在有位，便是『五伯假之』一流。不韋乃是亂民，豈可語聞？太史公見其呂氏春秋一書而以爲聞，陋矣。

問：潛丘謂白圭仕魏，當文侯時，一見史記貨殖傳，再見鄒陽傳。其爲文侯拔中山，下逮孟子游梁之歲，七十餘年。邠卿誤以爲即孟子之白圭，而林氏又增益其説，不知爲又一白圭也。

答：宋人鮑彪已嘗言之。但魏人別有一白圭，當昭王時，是孟子之後輩，見國策。不知潛丘何以不一引及。鮑彪謂當是孟子所稱者。

問：史記衛世家，頃侯厚賂夷王，夷王命衛爲侯，是頃侯以前乃伯也。顧寧人曰：『索隱以爲方伯之伯，雖有詩序旄丘「責衛伯」之文可據，然非太史公意。且古無以方伯之伯而繫謚者』。索隱之説本鄭箋。

答：康叔明以孟侯稱，非伯也。衛初封即是侯爵，故祝鮀曰『曹爲伯甸』，是其證也。其後稱伯者，或昭王以下之所降黜，至頃侯而復之。

問：蚩尤，據管子，則是造五兵者，黄帝之臣也。而古多言蚩尤與黄帝戰於阪泉，則是諸侯之不終者。三朝記則又曰：『蚩尤，庶人之貪者』，許慎據之，以爲造兵非蚩尤，乃黄帝也。賈公彦調劑其説，以爲蚩尤與黄帝戰，亦是造兵之首，故漢高祭蚩尤於沛廷。夫黄帝使蚩尤造兵，則蚩尤是黄帝賢臣；如竊黄帝之兵而與戰，則不止於庶人之貪者，豈可祭也。吳斗南曰：『漢高所祭，是蚩尤之星。』殆亦不得已而爲之辭。而杭堇浦力詆之，謂高祖立蚩尤祠於長安，宣帝則祠於壽良。後漢詔馬嚴過武庫，祭蚩尤，不以爲貪鬼。且壽良，乃蚩尤之冢所在，豈是星乎？藝文志兵家有蚩尤二篇，則許、吳之説，俱不足信。是否？

答：蚩尤爲黄帝造兵，自是作者之聖，豈有倡亂之理，而阪泉之戰，則古來傳記俱有之。愚疑造兵之蚩尤是一人，阪泉倡亂之蚩尤又是一人。蓋黄帝在位久，故其後有聞蚩尤之名，而即以爲名者，以之弄兵惑衆。如古來作射之人名羿，而有窮之君亦以爲名，此其證也。後世所祭，則造兵之蚩尤，非阪泉倡亂之蚩尤也。且造兵之蚩尤，冢在壽張，見於皇覽；而阪泉倡亂之蚩尤，死於涿鹿，誰爲遠道葬之壽張者乎？是亦可以見蚩尤之有二也。至於蚩尤造兵，故即以司兵之星名蚩尤，高祖所祭，自未必是星也。

問：『章邯從陳別將司馬夷。』如淳曰：章邯之司馬也，然則『別將』二字是贅文。

答：愚意以爲司馬其姓，夷其名，故冠之以別將。

問：高祖至南陽，襄侯王陵降。晉灼、小司馬以爲即安國侯王陵也。師古以爲非。義門曰：『王陵起於南陽，則安國侯即襄侯，蓋其初所稱封爵也。』不知是否？韋昭謂襄當爲穰，蓋字省。而臣瓚、小司馬以爲穰是韓成所封，陵當封於江夏之襄。是否？

答：高祖本紀：迎大公、吕后時，『因王陵兵於南陽』。功臣表：『陵聚衆定南陽。』陵本傳亦有之。張蒼傳：『陵救蒼之死於南陽。』是安國侯即襄侯矣。義門之言是也。襄當作穰，蓋即南陽之地，江夏則不相接矣。韓成之封以元年，是時陵何妨自稱穰侯也。

問：亞父范增，如淳援管仲以爲例。而貢父曰：『仲父自是管仲之字，亞父亦增字，如淳妄説。』

答：然則吕不韋之稱『仲父』何也？貢父亦偶未之思耳。

問：項王自據梁、楚地九郡，是何九郡也？

答：九郡從無數之者，其中須大有考正。據班志，數秦置三十六郡之目，秦於楚地置十郡，則項王所得楚地凡六郡：曰漢中，以封高祖；曰九江，以封英布；曰南郡，以封共敖；曰長沙，以爲義帝都；而項王所得，曰東海，曰泗水，曰薛，曰會稽，曰南陽，曰黔中，是也。秦於梁地置三郡，則項王所得梁地，凡二郡：曰河東，以封魏豹；而項王所得曰東郡，曰碭是也。然則僅得郡八，不得九矣。及考史記，秦初滅楚，置楚郡，次年置會稽郡。而班志於楚郡不書，乃知其有漏也。蓋秦之先得楚地，而置郡者曰漢中，曰黔中，曰南郡，曰南陽，在未滅時。及滅楚，但置楚郡，所統甚大。次年乃盡定百越，而置會稽，然楚郡所統過廣，故分而爲九江，爲長沙，爲東海，爲泗水，爲薛。而楚郡但統淮、陽一帶。班志失之，則九郡之數不足，今以楚郡益之，適得九郡之目。胡梅磵曰：『秦置楚郡，班志不見，蓋分爲九江、鄣、會稽三郡。』其實大謬。會稽不在楚郡之内，史記甚明。而鄣郡並非秦置。秦之所分，凡得郡五，而楚郡亦未嘗廢。蓋三十六郡之數，京師爲内史，本不在其内。班志誤以内史亦當三十六郡之一，故失去楚郡而不知也。

問：因九郡而并知班志三十六郡之漏，乃信考古之難。

答：不特此也。史記於三十六郡，不詳其目。前志於三十六郡，有東海而無黔中；續志於三十六郡，有黔中而無東海；既各失其一，而又皆失去楚郡，則實止三十四郡矣。故亦自知其不足，則以内史充其一；又不足，則以晚出之鄣郡充其一；而三十六郡始完。裴駰注史記，但據續志而不參前志，於是晉志因之。厚齋通鑑地理通釋亦因之。梅磵注通鑑亦因之，以爲續志必同於前志，而不知其亦不合也。蓋嘗反覆考定而後得之，詳見愚所著漢書地理志考證，文繁不能悉舉也。

經史問答卷九

諸史問目答盧鎬 四十六條

問：彭城之役，檄曰：『悉發三河兵南浮江、漢以下。』史記注皆不得其説，而師古略之。梅磵先生以爲一軍由三河以攻其北，一軍浮江、漢以攻其南，是矣。然本紀不載南下之軍，何也。

答：史、漢之文，多於本篇不見，乃互備於年表與列傳，而此事則竟失之。然韓信用兵，大都如此，如伐魏豹，則大軍由夏陽，而別遣棘丘侯由上郡攻其背，是也。水經注曰：『高祖二年，置長沙郡，又置黔中郡。』是蓋南下之軍，自漢中出，先定二郡而有之。長沙乃義帝之都，而黔中則項王南境，乘虛取之，所謂南浮江、漢也。江、漢之地，過此三郡，共敖守南郡，漢兵尚未得至其境，是足以補遺。

問：『五諸侯兵。』應劭曰：『雍、翟、塞、殷、韓也。』如淳曰：『塞、翟、魏、殷、河南也。』韋昭曰：

『塞、翟、韓、殷、魏也。』師古曰：『常山、河南、韓、魏、殷也。』劉攽曰：『河南、韓、魏、殷、趙也。』吳仁傑曰：『塞、翟、魏、韓、趙也。』其説誰是？

答：雍方被圍，自不與五諸侯之列。塞、翟早已亡國，河南、殷亦亡。而常山間關入漢，無兵。則諸家所數，秖韓、魏、趙爲可信。乃吳氏謂塞、翟二王雖降，尚如魏豹之得君其國，以兵從行。吳氏所以爲此説者，以史記雖云『元年八月降二王，置二郡』，而漢書則曰『二年六月，雍亡之後，始置河上、渭南、中地、隴西、上郡』，則前此塞、翟必如未亡，以是爲史記之誤。塞、翟未亡，則足以充五諸侯之列矣。而不知又不然，史記於元年八月書置二郡者，高祖既滅二國，定其疆也。漢書於二年六月書置五郡者，高祖盡定三秦，通正其地界也。故漢書異姓王表，亦云元年八月置二郡，未嘗不與史記同。吳氏知其一不知其二，而謂塞、翟尚如魏豹之得君其國，不知功臣表又有曰棘丘侯襄，以上郡守擊西魏，事在二年三月，則翟之不得有其國可見矣。敬市侯閻澤赤以河上守遷殷相，擊項籍，事在二年四月，則塞之不得有其國可見矣。安得謂二郡至二年八月始置乎？且塞、翟，項王之屬也，使是時尚以兵從，必全軍入楚，不肯隻身亡去矣。曰：然則五諸侯之一竟爲誰？曰：魏王之從軍，見於其傳；韓王之從軍，見於異姓王表；趙相陳餘以兵從，亦見於其傳；而合齊擊楚，則見於淮陰之傳，蓋齊人亦以兵從也。是五諸侯之四也。其一則殷。曰：子方謂塞、翟不在有國之列，而忽以殷當之，是自背其説也，夫是時漢之置河内郡明矣。曰：高紀誤也。有證乎？曰：有。功臣表：『閻澤赤由河上守遷殷相，擊項籍。』夫殷尚有相，則邛尚有國。不然當曰『河内守』矣。蓋殷已降漢，故漢爲之命相，而以兵來從。及彭城之敗，邛死，始置郡耳，是又五諸侯之一也。乃知是時所滅爲塞，爲翟，爲河南，而魏與殷不與焉。塞、翟已滅，而反以爲未滅。殷未亡，而反以爲已亡。甚矣其舛也。且諸公亦自參考史、漢不甚密耳。史記、陳平傳曰『漢王還定三秦而東，殷王反楚』，是即司馬卬降漢事也。曰『項王使平擊降殷王』，是明言殷降漢而未亡，故復降楚也。曰『居無何，漢王攻下殷王』，是即漢王擊卬之兵以入彭城事也。漢書亦同。然則殷之未亡，明矣。蓋史、漢二本紀及表並誤，幸陳平傳及功臣表可以正之，而五諸侯之數完。

問：『彭越、田橫居梁地，往來苦楚兵，絶其糧食。』先生謂田橫二字，當是衍文，何也？

答：是蓋因上文『田橫兵敗奔彭越』，故牽連誤書之，其宜芟去無疑。田橫義士也，雖於項王亦有田榮之怨，然是時，則項王以橫故，喪其大將并二十萬人於齊。橫仇漢不仇楚矣，而謂爲漢苦楚，是與狼子野心之英布等矣。橫之奔楚，正以越是時中立，且爲漢，且爲楚，故姑依之，則彭越或受漢餌而絶楚食，田橫不肯爲也。向使橫果爲漢苦楚，則垓下之師，漢必亦召之以壯聲援，而事定不必亡入島中矣。

問：『鴻溝之約，因項王兵少食盡，韓信又進兵擊之。』項羽之兵少，由龍且二十萬衆之敗；而食盡則以彭越，皆有可考。韓信進兵，獨不詳其始末，不知他有所見否？

答：是不見於淮陰本傳，見於灌嬰傳。蓋項王但與漢争於滎陽、敖倉之間，雖兵少食盡，尚可支吾，而韓信已王齊，故自淮北擣其國都。觀灌嬰傳，則其兵攻彭城，又越彭城而南，直渡廣陵，縱横蹂躪，項王腹心中不可保矣，安得不議和乎？故世但知垓下之戰，非信不捷，而不知其大功在用灌嬰。當此之時，項王良將已盡，無能與嬰抗者，即不約中分天下，亦内潰矣。此從未有爲淮陰表彰其事者。唯是史、漢皆言灌嬰已攻降彭城，則恐未必。彭城乃楚都，若已降，項王且安歸，蓋是圍彭城而破其軍也。

問：史記秦楚之間月表，謂淮陰王楚，以齊還漢。梅磵於通鑑，則曰『兼王齊』，不知其何所據？按曹參傳：初相齊；及改王楚，參歸相印。則似史記爲是。

答：恐當以梅磵爲是。蓋使淮陰以齊還漢，則漢必早立齊王，不待信禽之後也。漢畏信，見其不肯還齊，信之禍所以亟也。觀田肯之賀，不言得楚，而言得齊。又曰：『非親子弟，莫可王齊。』則信未嘗還齊也。夫以信王楚，固非漢之所能忘情，而況加以齊。甚矣其愚也。

問：貢父曰：『古人居則貴左，用兵則貴右，但貴右者，似戰國時俗也。』吴斗南曰：『乘車貴左，兵車貴右。戰國時習見兵車之禮，故貴右。』然信陵虚左迎侯生，則亦有時而尚左。貫高至漢，漢臣無能出其右者，則漢亦尚右。

答：左右之禮亦難考。仲虺爲湯左相，是伊尹以右相先之。慶封爲齊左相，是崔杼以右相先之。不必軍禮也。軍禮止楚人尚左，故王在左廣中。而魯舍中軍，季氏將左師，則似魯又上左。此皆難以强爲之説，大抵位次之間，尚右者多。

問：『漢别將擊布軍洮水。』蘇林、如淳，皆不能言洮水所在。徐廣曰『在江、淮間』，而不能實指其水。胡梅磵曰：『乃零陵之洮水也，布欲由長沙入粤，故走洮水。』按江南唯零陵有洮水，則梅磵之言是也。而吾丈不以爲然，願指其地。

答：梅磵最精於地學，然其通鑑所言，亦往往多誤者。蓋地學至難。即如九江左右，本無洮水，而布之走，死於番陽。布之封也，兼有壽春、江夏、豫章，而都壽春。豫章在壽春之南，番陽又豫章之南，長沙又番陽之南，零陵又長沙之南，非可猝來猝返。而長沙與布婚，雖欲依之，然長沙則正當嫌疑之際，使布竟得長驅直入其國，與漢兵鬬於洮水，則長沙直與之同反矣。既不與之同反，則便當逆拒之，布安得走洮水乎？且布既至洮水而敗矣，何以不竟走粤，乃返轡而東，又出長沙之境，重入於淮南國中之番陽，而長沙始遣人誘而殺之。不殺之於其國，而縱賊之出而徐殺之，何其愚也。夫布與長沙婚，則必約長沙同反，長沙不答，所以能世其國，而容布入其國而橫行乎？且布欲入粤，不必走長沙，布國中之豫章與粵接，可以入粵之徑甚多。而布欲走長沙者，特望其同反也，長沙不答，所以逆之於境，而誘而殺之番陽，是布尚未出其國也。然則洮水者，何水乎？曰：是誤文也。蓋九江之沘水也，沘與洮相似而訛。蓋布敗於蘄，反走其國，又敗於沘，乃思投長沙，未至而死於番陽。如是則其地得矣。沘水見水經。顧宛溪欲以震澤之洮湖當之，則在吳王濞國内矣，益謬。

問：南武侯織，亦粵之世立以爲南海王，文穎謂尉它正據南海，前以封吳芮，尚是遥奪，兹復遥奪以予織，未得竟王之也。但讀詔文，則織當是無諸之族，蓋亦必以功而封，豈竟無寸土而虚命之者。

答：王隱晉書地道記以爲封於交阯之羸𨻻，亦恐未是。交阯在桂林以南，尉它所屬役也。高祖時，其道不通，無諸之族安得越尉它而王之。要之，無諸之族，則必其種落東與閩越相接，西與尉它相接；而其所據南武之地，蓋在南海境中，有犬牙交錯者，故以南海爲國而王之。文穎以爲虚封，不知文帝時，明有南海王反，見於淮南王安傳。傳曰：『前此南海王反，先臣使將軍間忌擊之，以其軍降，處之上淦，後復反。』是非虚封可知矣。淮南王長傳，亦有曰：『南海王織，以璧帛獻皇帝。』是未滅時。又曰：『南海民處廬江界中反。』則既遷之後也。蓋其地在今汀、潮、贛之間，以其爲無諸之族，則知其近於今之汀；以其所封爲南海，則知其近於今之潮；以其遷於廬江之上淦，則知其近於贛。文穎讀史、漢不審，而以爲虚封。王隱則妄指其地。

問：漢書高后紀所書孝惠後宫子五，而恩澤侯表則六，壺關侯武之下，尚有平昌侯大，不書何也？

答：史記高后紀詳於漢書，但於五侯之封，亦不及平昌。至六年，始書立皇子平昌侯大爲吕王，更名梁曰吕，吕曰濟川，故其後書濟川王大。吕氏既平，徙濟川王封於梁，未幾皆誅。按大嗣封吕王，則明是吕氏之子，故漢書亦見之異姓王表，而其封侯之年，據恩澤侯表在五侯之後，故史、漢本紀並失之。

問：尉它自稱南武帝，泰泉先生謂它改南海爲南武，非如師古等所云生謚也，引南武侯織以證之。是否？

答：據史記，尉它未受漢封時，自稱南粤武王，及僭號，自稱南粤武帝，則『武』自是生謚。漢書它稱南粤武王，與史記同。而其後乃稱南武帝，此是脱文，漏去『粤』字。泰泉謂它改南海爲南武，其説無據。蓋南海境中，有地名南武，當在今潮州、汀州之交，故織以閩粤之族侯於其地，而並非尉它之臣也。非尉它之臣，豈肯取尉它所改地名以署其國？而是時織已與它並爲王，則它欲爲帝，又不肯取織封侯之小縣以自名也，審矣。蓋南海之有南武，猶東海之有東武，並非它改南海之名而名之也。試觀東粤王之反，亦自稱爲武帝，則泰泉之言非也。

問:厚齋謂古人受刑袒右,引儀禮疏以證之,然則爲吕氏右袒,以示將有刑也。盧六以曰:『王孫賈之誅淖齒,則曰「欲與我者袒右」,是不過以卜衆心之從違,非如受刑之説。』義門曰:『木强老革倉卒間,未必學叔孫太傅也。』然則厚齋之言非與?

答:陳涉之起亦袒右,則厚齋之説未足信。

問:景帝詔三輔舉不如法令者。貢父曰:『此時未有三輔,武帝之時始改主爵中尉爲右扶風,此時祗左右内史耳,詔文誤也。』但此係詔書,何以有謬?

答:是時或已分右内史之地以屬中尉,與左右内史並治京師,亦未可定。觀武帝營上林,其時亦尚未定三輔,而詔中尉、左右内史表屬縣草田以償鄠、杜之民,則中尉已與左右内史並治京師,隱然分三輔矣。特其後始改定京兆、馮翊、扶風之名耳。

問:『救決河,起龍淵宫。』孟康、顔師古以爲西平之龍淵宫。酈道元以爲瓠子之龍淵宫。劉攽以爲黄圖茂陵之龍淵宫。三者誰是?

答:『救決河』與『起』當連書,則道元之説是也。茂陵之宫,亦是武帝夸其導河歸北之勛而爲之。西平之宫,則别是一古跡。堇浦亦以愚説爲然。

問：漢武帝置五屬國。王厚齋曰：『考地志，屬國都尉：安定治三水，上郡治龜兹，天水治勇士，五原治蒲澤，張掖治日勒。』按志則張掖之治日勒者，但言都尉，不言屬國都尉。

答：張掖二都尉，其治日勒者，郡都尉；其治居延者，乃屬國都尉。但前志亦無明文，見續志。

問：文穎曰：『盛唐不知何地，當在廬江左右。』韋昭曰：『在南郡。』師古以韋説爲是，而先生主文説，乞詳其地。

答：盛唐在樅楊，故下文帝作樅楊盛唐之歌。樅楊，今之桐城。太平寰宇記於桐城縣，引水經注曰：『大雷水，東南流逕盛唐戍。』今本水經注，失去江水第四篇，故無其文。不應小顔生唐初，亦不見也。然則文穎之説是矣。

問：西京十三州刺史，沈約、劉昭皆以爲傳車周流，無常治也。而師古引漢舊儀則有治，世多疑其非。齊侍郎次風尤力主沈、劉之説。如何？

答：漢志書太守、都尉之治，而刺史無有，故皆以沈、劉之説爲是。但刺史行部，必待秋分，則秋分以前，當居何所，豈羣萃於京師乎？則師古之説，未可非也。西京初置刺史官，止六百石，故志略其治，況漢舊儀未必竟誣妄也。

問：昭帝五年罷象郡。按漢無象郡，所罷何也？

答：漢之日南郡，秦之象郡也。此是誤文，當云罷日南郡耳。然日南似未嘗罷，或者暫罷而旋復之，則史有闕文。

問：平帝罷安定呼沱苑以爲安民縣。道元以爲安定郡之苑也。師古曰是中山之安定。誰是？

答：曰呼沱，則是中山，非關中也。況平帝由中山王爲天子，故首加恩於潛藩。但中山之安民縣，前志、續志皆無有，殆亦不久并省。

問：史、漢諸侯王表言高、文之時，天子自有三河、東郡、潁川、南陽，自江陵以西至巴、蜀，北自雲中至隴西，與京師内史，凡十五郡。而先生以爲不止十五，願聞其數。

答：是時天子所有：河東、河南、河内、魏郡、東郡、潁川、南陽、江陵、武陵、巴郡、蜀郡、漢中、廣漢、雲中、上郡、北地、隴西，則爲郡十七，又益以内史，則十八。

問：史、漢皆言景帝之時，趙分爲六。徐廣曰：『趙、河間、常山、中山、廣川、清河也。』顔師古曰：『趙，平干、真定、中山、廣川、河間也。』孰是？

答：景帝時，尚未有真定、平干，二王乃武帝所封。徐廣是。

問：管共王罷軍、齊王子也，所封當在齊地。管則鄭地，何也？

答：『管』乃『菅』字之訛，濟南郡之菅縣也，道元注水經可證。于思容齊乘中已及之，索隱以爲滎陽者謬。然即其謬，可以知唐本史、漢二書皆以沿襲誤字，而莫取水經注以正之，可怪也。

問：史表齊悼惠王子楊虚恭侯將廬漢表作楊丘恭侯安，而別有楊虚侯將閭相舛錯。

答：楊丘，地志作陽丘，在濟南。楊虚，倉公傳亦作楊虚。道元曰『在高唐』，引地志證之。然今之地志無此文。齊次風因以爲即平原之樓虚。但功臣表，元帝時別有樓虚侯，則次風之言亦未的。要之道元以商河出於楊虚，則自在高唐、平原之間，特不可以樓虚當之耳。是楊丘、楊虚之地爲二也，不可溷也。將閭後嗣爲齊王，謚孝，則安得爲侯之時先謚恭。是恭、孝之謚爲二也，不可溷也。史表誤，而漢表是也。

問：白石侯雄渠，索隱以爲白石在金城，正義以爲安德。誰是？

答：漢人封國，從未有在河西者，而是時則河西尚未開也，豈封之匈奴境内乎？安德在平原，正齊所分地。大抵諸同姓列侯表所封地最難考，從未有疏證之者。愚别有稽疑二卷，已成書，可得其十之八，足下試取觀之。

問：中水、赤、泉、杜、衍五侯，史表皆作莊侯，漢表皆作嚴侯蓋避諱也。而徐廣注史記曰『五侯手殺項王，故皆謚壯。』然則非『莊』也。非『莊』，而漢表何以俱改曰『嚴』？

答：此恐是班氏所見史記誤本，以『壯』爲『莊』，因改爲『嚴』。徐氏雖生班後，然所見反是善本。蓋五侯當謚壯，不當謚莊也。凡古文籍，亦甚有善本而反後出者。

問：槀侯應作槖侯，地志山陽郡之槖縣也。臣瓚音拓，而師古於功臣侯表，竟音槁，似謬。

答：師古不甚精於六書，故其考字最疏。如澧水出酈縣，後世流俗本譌作酈，而師古即音屋，蓋不勘正於水經也。汶侯吕產，後世流俗本譌作汶侯，而師古即音問，蓋不勘正於史表也。渼水見於說文，地志譌轉爲渽水，則竟無其字，而師古即音哉。皆與槖、槀一例。三劉、吴氏，亦未能正。

問：齊哀王之舉兵，幾壞於召平，而成於魏勃，乃文帝反封召平之子爲黎侯，而魏勃大受灌嬰之責，何也？

答：是漢之君臣有爲爲之也。蓋討諸吕者，權也；不肯發兵者，經也。罪魏勃，所以預防伍被之徒也。封召平之子，所以養成後來張尚、王悍、韓義諸人之節也，斯其慮遠矣。又按文帝因大臣先有立齊之議，故不忘情焉。薄朱虚、東牟之賞，而齊王之薨，僅謚曰哀，又託以推恩悼惠諸子，分其國而六之。故召氏封，魏氏不封，皆有成心。

問：成安郾侯郭長，師古曰『郾音杲』，是何謚也？

答：謚法無郾字，不可解。而郾亦不音杲。丁度集韻：『郾，想止切，音壐是也。』然集韻以爲國名，則亦謬。

問：高帝功臣之克世者惟平陽，恩澤之克世者惟富平，而歸德侯先賢撣，直至東京之永平，何也？

答：歸德以降人封，故義門曰：『想其封國，雖在汝南之歸德，而仍居屬國之地，所以得久。』愚考下摩侯冠支，亦以降人封在猗氏，而詔居弋居山，則義門之説是也。

問：王氏五侯之後，平阿侯譚之孫述，在東京尚襲爵，何也？

答：五侯中不得爲大司馬者二：紅陽及身不得其死，平阿之子仁不得其死，皆以忤莽也，而亦正以是受福。紅陽之子丹，首降世祖有功，其子泓因得封，而仁之子亦嗣爵。二侯幸矣，加於王涉、王尋、王邑輩遠矣。

問：漢之給事中、侍中，最爲要近，然無定員，而野處以爲宋時閤門宣贊、祗候之流。但漢多用士人爲之。其信然與？給事中、侍中，似非閤門諸吏比。

答：野處之言非也。漢初侍中亦雜，故賈誼至與鄧通同侍中，而爲通所譖。其後則大屬清流，得參天子密勿，不由尚書省白事。故弱翁以此剪霍氏，更生以此忤石奄，是豈宋之閤門官所比。然其中亦有差等，如劉歆之爲常侍，則不過校正文史耳。

問：百官表景帝五年，安丘侯張毆爲太常，疑是張執。

答：所糾是也。漢之太常，必以諸侯爲之，見野處容齋隨筆中。毆在漢書中有傳，是安丘侯説之子，然不嗣爵，官廷尉，不官太常。嗣爵者奴，而執是奴子。

問：用脩咎古今人表后、夔一人，而夔在上中，后夔出於下上；豕韋與韋一人，而豕韋在上下，韋在下上；范武子與士會兩見；計然，即范蠡所著之書，而兩見，何其謬一至此？

答：是表之誤，不僅於此。而用脩所舉，唯范武子一條果是錯。若其分夔與后夔，蓋以九官之夔，非左傳取黶妻之后夔，古人原有此説，故分之。而豕韋乃五伯中之豕韋，若韋則三蘖之韋也，分之甚是。計然或曰計倪，亦非即范蠡也。

問：漢高帝之八年，楚元王之三年也，律曆志中，何以不書漢年而反書楚年？志中楚元之年，凡三見。

答：是必劉歆之文也。蓋周曆之後有魯曆，以魯紀年。劉氏爲楚元之後，故援其例，而以楚紀年。是雖以意度之，然觀志云：『魯緡公二十二年，距楚元七十六歲』，則是以楚曆接魯曆矣。

問：律曆志曰：『漢高即位，歲在大棣之東井二十六度，鶉首之六度。』故漢志曰：『歲在大棣，名曰敦牂，太歲在午。』不知大棣是何分野？

答：大棣之名，不見於十二分野。鄭、郭、杜、賈、孔、邢言分野，無及之者。但以漢高即位之年在午，考之史記天官書有云：『敦牂歲，歲陰在午，星在酉。』歲陰者，太歲也，即所謂鶉首之六度也。其云星者,歲星也,殆所謂大棣之東井二十六度也。然則大棣即壽星之垣,而不知古人何以皆缺之。蓋十二分野間,多别名,如元枵,一名顓頊之虚;大火,一名閼伯之虚;娵訾,一名孟陬;則壽星或亦一名大棣,但祇見於此,更無可考。

問:漢十九章之樂歌,先生謂其篇次有錯。是在三劉、吴氏俱未之及,願詳示之。

答:據言十九章中,匡衡所更定二篇,俱大可疑。其曰匡衡奏罷『鸞輅龍鱗』,更定天地之篇爲第八。按『鸞路龍鱗』乃第七篇惟泰元詩中語,匡氏奏罷之而更定之,則天地之篇,仍是第七也。今列舊詩爲第七,以更定者爲第八,何也?又曰匡衡奏罷『黼帯周張』,更定日出入之篇爲第九。按『黼帯周張』,即匡氏第八篇天地詩中語,匡氏自更定之,而又奏罷之,而又更定之,益可怪。且果如此,則日出入之詩,亦仍是第七也,今以爲第九。是三詩實指一詩,不滿十九章之數矣,是必有脱落訛謬之失,而今不可考。

問:郊祀志曰:『武帝移南嶽於霍山。』邢叔明爾雅疏所本也。吴斗南力攻之。然則孟堅於當代掌故,豈亦有誤乎?

答:班氏此言,本之史記,然未覈。霍山本一名衡山,安得謂長沙之所移乎?夫吴芮之王於江夏,而國曰衡山，蓋江夏本九江之所分，故以天柱爲望，而名其國。及三淮南之分封，則得廬江、豫章者，國曰廬江；得江夏者，亦曰衡山。是二衡山王者，皆不在長沙，而以九江之分地得名，則霍山之一名衡山，由來舊矣。斗南欲攻班氏，何不引二王之國以證之乎？至於三代南嶽之祀，或曰在天柱，或曰在長沙，若以大小較之，似當以長沙之衡山爲是。特不可以天柱、衡山之名爲長沙所移者，蓋漢家南嶽，其在元封五年以前，似原在天柱，不在長沙。何以知之？志曰：『元鼎三年濟北王獻泰山，而常山爲郡，然後五嶽皆在天子之邦。』唯南嶽是九江之衡山，故可云『在天子之邦』，若在長沙，則尚屬王國，不得曰天子之邦也。而以爲元封五年所移，可乎？是皆班氏所未及檢，吴氏亦所未及詳也。

問：地理志上黨郡壺關縣。師古引應劭曰：『黎侯國也，東郡黎縣。』師古又引孟康曰：『詩黎侯國也。』齊次風因以壺關之黎，爲商時之黎；而東郡之黎，爲周時失國寓衛之黎。是否？

答：商、周之黎，皆在壺關，無二地。黎爲狄滅，遂寓於衛。水經注，瓠河東有黎侯城。是寓城，非國也。晉成公滅狄，復立黎侯，是明在潞國之旁無疑矣。師古不能糾孟康之誤，而次風從而和之，非也。

問：泰山郡之乘丘，師古以爲公敗宋師之地。濟陰之乘氏，又引應劭以爲公敗宋師之地。果孰是也？

答：是在杜氏左傳注了然。蓋其曰魯地，則明是泰山郡之乘丘。若濟陰之乘氏，則宋地矣。道元於水經亦狐疑，不止師古也。

問：鄲侯周緤，蓋沛郡之鄲縣也。史、漢注皆音『多』，而沈繹旃曰讀如字。何也？

答：繹旃之考正史、漢，皆見之於水經注中，甚有佳者。如鄲字之音，足發二千年之謬。漢書周緤本傳引蘇林注，『鄲』音多寒翻，則固讀如字也。史記周緤本傳，亦引林注，但云音『多』，則斷脱去下二字，而史、漢二侯表所引亦然，漢志引孟康之言亦然，水經注所引亦然，則竟讀作『多』字矣。然古小學書中無此音，自丁氏集韻出，添一條曰：『鄲音當何反』，則更無有疑之者矣。繹旃抉其謬而發之。

問：蘭陵有二：有東海郡之蘭陵，有臨淮郡之蘭陵。荀子所仕，厚齋以爲東海。不知是否？

答：晉書地道記，東海之蘭陵，是魯次室邑，是時魯尚未亡，則荀子所仕，當是臨淮。

問：上谷郡潘縣，前志、續志、晉志、魏志，並作潘。顔師古音普半翻，吾丈引梅磵先生曰：『據水經注，潘當作瀵。』大是異聞。然考之今本水經，亦作潘，願吾丈審定。

答：師古所見諸史是唐本，梅磵所見水經是宋本，似未可以與師古爭。然道元注水經，則是六朝本，又在師古之前矣。今本水經灅水篇，潘縣、潘水，皆潘字，雖吳下所稱宋本亦然。乃於河水篇，『河水過蒲阪』下，引帝王世紀曰：『舜都蒲阪，或言都平陽及濮』，乃恍然曰：『是灅水篇之濮也。』古人言舜都廣甯，廣甯在上谷，乃知世紀之濮，正諸史所誤爲潘者，師古未之審也。水經今亦無善本，盡改濮爲潘，而賴河水篇中尚存其一字，然非梅磵之言，亦何從蹤跡之。斯真所云一字足千金者也。

問：王氏漢藝文志疏證引唐氏曰：『春申君死，當齊王建二十八年，距宣王八十七年。劉向言卿以宣王時游學，即以宣王末年至，年已百三十七矣。宣王伐燕，孟子在齊，不得如向言後孟子百餘歲。』按此何以解之。

答：太史公謂孟、荀同時，固未必然。中壘以爲後百餘歲，亦未必然。蓋同時而又同居於齊，不應一無問答，而使其後百餘歲，則已入秦人一統之世矣。大抵孟子游齊當宣王，荀子游齊當湣王。據經典序録，子夏之詩三傳爲孟仲子，仲子再傳爲荀子，則時代可推矣。

問：陳餘雖棄將印，不從入關，而其在南皮，尚以詩説降章邯，未爲恝然於諸侯者。項王靳賞而遺之，豈不悖乎？

答：項王之失非一，不祇於陳餘也。惟是陳餘棄將印，仍有説降章邯之勛，使其并辭三縣之封不受，遨游燕、齊以終身，庶幾魯連之遺矣，吾甚爲陳餘惜也。

問：鍾離昧在項氏爲名將，然及其喪職，匿於韓信國中，而曰：『漢所以不擊取楚，以昧在。』斯言恐失之夸，果爾，昧何以不救項氏之亡？

答：陳明卿嘗言之矣。漢何故以昧不敢擊楚乎？然當時辨士之言，類如此。

問：瑯琊王劉澤，吕媭之婿，其封王本不以正。黨於産、禄，是以齊王誘而留之。澤以計脱入關，文帝即位，不降封，而反以大國酬之。何也？

答：文帝長者，而即位時，所舉定亂之賞甚有私。蓋大臣本擬立齊王，而澤恨齊王之紿之，故撓其事，文帝以是得立，而澤遂得徙封燕以報其功，不念其平日之黨於吕也。則朱虚、東牟之見絀，固宜矣。雖然，絀朱虚，絀東牟，絀齊，并絀其功臣魏勃，而褒燕，褒齊相召平之子，則固文帝之自爲謀也。至於平陽侯曹窋、曲周侯酈寄，皆有功而不加封，陸賈亦不封，不可曉也。豈諸臣皆朱虚所善，故同欲立齊王者與？

問：漢書功臣表功狀，皆與史記同，獨王陵異。史記王陵功狀曰：『以客從起豐，以廐將別定東郡、南陽，從至霸上，入漢守豐。上東，從戰不利，奉孝惠、魯元出睢水中，及堅守豐，平雍，侯。』漢表功狀曰：『以自聚黨定南陽，漢王還擊籍，以兵從，定天下，侯。』但史記王陵本傳，漢書王陵本傳，皆與漢表功狀合，而不與史表功狀合，誰爲是者？

答：王陵是自聚黨定南陽者，未嘗從起豐，未嘗從至霸上，未嘗爲漢守豐。史表功狀之言皆謬。但陵自定南陽，歸漢甚早，而不從入關者，蓋高祖留以爲外援。本傳以爲不肯屬漢，則又非也。陵不屬漢，何以能免張蒼於死，而次年高祖即用其兵以迎太公，非陵屬漢之明文乎？且陵母之賢，一死以堅陵之從漢矣。則謂陵不肯屬漢，高祖恨之，其封獨晚，非也。蓋漢初功臣位次，第一曰從起豐、沛，二曰從入關，三曰從定三秦，而陵之功皆在此三者之後，又無秘策如陳平等，則其晚宜矣。故曰史表誤，然漢書亦非也。

經史問答卷十

諸史問目答董秉純 四十九條

問：梁書劉之遴傳：『今本漢書，高五子、文三王、景十三王、武五子、宣元六王雜在諸傳帙中。古本諸王，悉次外戚下，在陳項前。』其次序以誰爲是？

答：所謂古本者，僞也。外戚傳以元后傳與莽接，有深意焉，則必無升在列傳首卷之理。外戚傳不列於陳項之上，則諸王傳亦不次外戚也。蓋陳、項是羣雄，其不爲諸王屈也，是史法也。之遴妄信而仍之。

問：樊噲破河間守軍於杠里。河間在秦不列於三十六郡之目，是何守也？

答：秦之三十六郡無河間，固明文也。即令有之，河間時已屬趙，項、章鉅鹿之軍隔於其間，不得至中原也。杠里一見於高紀,再見於是傳,注家雖不能確指其地。然高紀由陽城至杠里,由杠里至東郡成武,是傳由成武出亳至杠里、由杠里至開封,則其地在梁、周之間,非河間之所部也。是其爲誤文,不待言也。以地按之,或是三川守之軍,則近之。

問:樊噲傳:『虜楚周將軍卒。』師古以爲周殷,先生非之,必别有所見。

答:周殷是時守九江,已以軍降漢,會擊陽夏,則此别是一人矣。項氏諸將,尚有周蘭。

問:東發先生謂(鄧)〔酈〕、〔校〕漢書卷四三爲酈、陸、朱、(婁)〔劉〕、叔〔孫〕合傳,鄧爲酈之誤刻,據改。陸、朱、劉合傳之不倫,是否?

答:誠哉是論。但東發貶叔孫通似太過。通晚年有争易儲一大節,雖前此爲佞,而在漢則不可與朱建並貶矣。竊謂酈食其晝策守敖倉,劉敬請都關中,陸賈招降尉它,三臣功皆大,而隨何亦當增入爲同列,合之以叔孫通,至朱建當黜之,附辟陽傳中。

問:淮南王安傳言安以武帝一日晏駕,大臣必立膠東王,不即常山王,何也?

答:景帝十三王,而山於王美人者,此二王也。王美人者,王后之妹,於武帝爲從母之弟尤親,故云。

問：蒯、伍、江、息合傳，亦似不倫。

答：亭林嘗言蒯、伍只合附見於淮陰、淮南二傳，最是。要之，蒯生尚可，伍則下矣，江則更下矣，息則無賴耳，原不合作特傳。

問：直不疑傳將河間兵擊吴、楚，先生謂是擊趙，何也？

答：河間是趙之分國，是時趙方同反，安得踰趙而東征，誤也。

問：如淳以馮敬即馮無擇子。宋祁據功臣表曰：『非也。』而先生謂秦、漢之間，有二馮無擇，疑亦有二馮敬，願聞之，以解如、宋二説之紛。

答：秦本紀，馮無擇是秦將軍，馮敬是其子，初仕魏王豹者也，文帝時爲御史大夫者，相去不遠，故如淳有此言。功臣表别有漢將軍馮無擇，吕氏之私人，其子亦以吕氏誅，宋祁之所本者此也。而不知如淳所指，是秦之馮無擇，則祁誤矣。惟是馮敬以御史大夫共廢淮南，據百官表，不詳其以後之事。若如賈生語，則是爲淮南所刺死，所謂『匕首已陷其胸』者也。淮南王長已廢，誰爲之報仇刺殺敬者？且刺殺三公非小事，而絶不見於他傳。尤可怪者，馮奉世傳出自馮商之手，詳序其先世，乃但及無擇，不及敬。豈有以敬之位三公，死國事，而不一及之者。故愚又轉疑别是一馮，出自别望，殆非馮無擇子也。然則宋祁固誤，如淳之説，亦尚自可疑也。若景帝時，又有雁門太守馮敬，死於匈奴，則又是一人矣。

問：史、漢皆以爰、晁合傳，先生謂其失史法。竊意是不過以其同争七國事而合之耳，非以其人同道也。

答：晁錯雖以急切更張，蒙謗殺身，然其料七國，則非過也。爰盎直是小人之尤，以私怨欲殺錯，而使漢戕三公以謝過於逆藩。即令七國之師可罷，而流極之勢，將使諸王成唐末鎮將之悖，害國是何等，其罪一也。況又料事不明，卒不能罷吴師，其罪二也。奉使不能結約，計惟慷慨責吴、楚，一死以謝錯，乃抱頭鼠竄，辱國不一而足，其罪三也。幸而景帝護前，得以不問，不然盎赤族矣。觀盎之生平，巧詆絳侯，而折申屠嘉相，總欲掀大臣而奪之位，故淮南王長之事，亦勸文帝誅三公，直是小人之尤，其引慎夫人席，及争梁王事，不足以贖其大罪。史法但當附見之晁錯傳中，錯則功罪固自不相掩也。

問：史記以張、馮爲一傳，汲、鄭爲一傳，漢書合之。東發先生嘗謂汲、鄭不應合傳矣，不知張、馮何如？

答：汲長孺在漢時無倫輩，鄭莊固不敢望，況莊有引桑弘羊之罪乎？張釋之是名臣，而亦非汲之儕，馮則并非張之比矣。張可與田叔作合傳，而馮附之。汲當作專傳。鄭應附韓安國、兒寬一輩傳中。大抵史記習氣，但就一節紐合。張晚年不用於景帝，馮亦老困，故合之。汲、鄭亦以其失勢後之寂寞。

問：鄒陽上吴王書：『越水長沙，還舟青陽。』劉仲馮曰：『青陽吴地。』是否？

答：青陽即長沙。始皇詔書所云『荆王請獻青陽以西』是也。仲馮誤矣。

問：史記竇、田爲一傳，附灌夫，韓安國自爲一傳，漢書合之，是否？

答：史記固非，漢書尤爲不合。竇、田薰蕕相去遠甚，竇本不以外戚得封，自以七國時功，而爭梁王，爭栗太子，其大節甚著。在景帝時，當與條侯作合傳，晚節不善處進退之間，自是無學術，然安得謂之凶德，而使與田蚡同列。田蚡特豎子，無一可稱，晚有交通淮南之大逆，只合黜之在外戚傳。史公生平習氣，喜道人盛衰榮枯之際，以自寫其不平，而不論史法。故以灌夫之故，强合竇、田爲一傳。漢書則因韓大夫在東朝，與議竇、田之獄而并牽合之，尤非也。安國祇應與鄭莊輩合傳。

問：韓安國爲梁内史，説長公主以免梁王於詭勝之禍，見梁王傳，亦見鄒陽傳。而安國之傳則分爲二，其説長公主，乃爲中大夫時，梁王僭用天子警蹕致帝怒，事在詭勝入梁之前。及安國免官，復起爲内史，詭勝殺袁盎致禍，則安國不過勸王殺此二人，而未嘗更用長公主之力也。三傳相矛盾。

答：梁王用警蹕，未嘗干景帝之怒，及殺袁盎始得罪，則是安國之勸殺詭勝，復營救於長公主以免禍，蓋是一事。其分爲二者誤也。

問：長沙定王傳應劭注，王以舞得益地，信否？

答：是妄言也。武陵、桂陽，並未嘗屬長沙，而零陵至武帝始置郡，安得如劭所言。

問：衛青冢象盧山，師古無注。盧山是何地之山？

答：但以祁連山例之，則是塞外之山。胡梅磵曰：『揚雄所謂填盧山之壑者也。』按匈奴中有奚荇盧山，見趙充國傳。

問：杜周爲執金吾，治桑、衛獄。亭林先生謂衛太子獄在周卒後四年，桑大夫獄在周卒後十五年。班生之謬，一至此乎？

答：周爲金吾，正是武帝作『沉命法』時，當是以此見長而至三公，而史誤以桑衛之獄當之。

問：戾太子傳以賓客多異端，歸咎於博望苑之立，蓋以爲巫蠱張本也。巫蠱既是江充之誣，則於戾太子何與乎？異端之説，似乎成敗論人矣。

答：戾園始終不見有賓客生事者，其後起兵，亦祇一石德主謀。石德謂之不學無術則可，謂之異端則非也。此爲史臣之附會無疑。通鑑載戾園處疑畏之中，極其詳悉，乃知戾園固無過，而武皇亦尚未失父道。天降厄運，生一江充以禍之。但通鑑此條，絶不知其何所出，考異中亦不及西京事。除班書外，唯褚先生補史記，偶有異同，而荀紀則本班氏。温公不知采之何書，大足改正班史，而惜胡梅磵亦未嘗一考及也。

問：東方朔傳，何其言之龐也。

答：史、漢皆喜於文字見奇詭，而不論史法。漢書校史記略減，然如司馬相如、東方朔傳仍所不免，以史法論，朔之斥吾丘，麾董偃，戒侈奢，其生平大節，三者已足，何得滑稽之娓娓乎？其實文字亦不尚此穢語。

問：班氏稱梅福繼嗣封事，合乎大雅，信耶？

答：子真早犯王鳳，晚逃王莽，斯爲孤飛之鴻，而謂封二王之後，足以得繼嗣，則其言失之於愚。成帝之荒淫，豈以二王無後故絶嗣乎？班氏稱之，抑又愚矣。

問：以霍光爲霍叔苗裔，得非附會？

答：班氏如此謬語最多，以韓增之貴盛，爲本於周烈；以杜延年之貴盛，爲本於唐杜世禄。以霍光爲霍叔後，可謂無恥之言，褚少孫以爲霍太山之靈生光，可嗤一也。

問：王、貢合傳，東發先生謂其不應次之四皓、鄭、嚴之後固已。但王、貢亦似不類於龔、鮑，而龔、鮑尤不屑同羣於紀唐，班氏合傳，豈非大舛。

答：王、貢二人本異，王之風節高，而貢乃石顯之私人，蓋韋玄成、匡衡一流也。但以彈冠一事合之，則王受玷矣。王宜自爲傳，移貢於韋匡傳中。龔、鮑合郭、蔣、薛、方等爲一傳，紀、唐但應附見莽傳中，則得矣。李杲堂先生嘗别撰西京忠義傳四卷，首以王章、劉向，繼以何武、鮑宣、王安、辛氏三子、翟義、張元，皆死莽者；又繼以彭宣、王崇、梅福、邴漢、陳咸、逢萌、龔勝、龔舍、孔休、薛方、郭欽、蔣詡、栗融、禽慶、向長、蘇章、蔡勳，皆不仕莽者；而諸劉之死者，并劉宣另爲一卷；其末卷，則李業、王嘉、王皓、譙元，皆不仕莽，而其後死於公孫述，曹竟死於赤眉：足以補班氏之遺。

問：翼奉勸遷都成周之說，亦似不切時務。

答：奉乃術數之士，蓋見洛都之有王氣，而有此言，而不知元、成、哀諸帝不足以當之也。所以術數之士，未必竟無所知，然不足恃。向令是時果聽其言，庸足救西京之亡乎？

問：厚齋先生曰：『魏相以易相漢，能上陰陽之奏，而不能防宦戚之萌。匡衡以詩相漢，能陳關雎之義，而不能止宦寺之惡。』義門謂魏不可與匡並論。然否？

答：魏、匡自是截然二等。魏有得有失，匡則小人而已。漢人原無能以經術爲宰相者，魏亦安敢曰以易相乎？厚齋譏魏由許氏恩餘之臣以自通，以致末流不能止弘、石之惡，義門謂魏之由平恩，蓋以發霍氏之奸，未可深咎，其說亦是。但宣帝以刑餘爲周、召，而魏無一言，則厚齋之責備，固難免矣。義門雖欲爲之左袒，安可得乎？若匡又何譏焉。

問：王商、史丹、傅喜合傳，先生議之，願求其故。

答：王、傅可合，史不可合，世但讀史丹本傳，盛稱其擁戴成帝之功，遂以爲賢者。不知附會王鳳以排王商，實皆史丹爲之魁也。史高排蕭望之、劉向於先，丹排王商於後，班史不能寫出此一層，故史丹但宜入外戚傳。

問：翟方進傳，以翟氏之亡爲壞鴻隙陂之報，其言近於附會，然否？

答：方進壞陂，自是不合，然以此爲其滅宗之所自，則忠臣志士，自此氣短，非君子之言也。方進生平極醜，不應有此佳兒。若以壞陂得此報，則所以報之者，反榮之矣。總之班氏賤守節，故於王章傳載其妻牛衣之語，而末又述其合浦采珠之事，甚陋。李杲堂曰：『王章之妻庸人，遇班氏庸史而傳。』龔勝傳載老父天年之語，亦害大道。杲堂曰：『老父與草木同腐，天年雖永何益？』至論翟義爲不量力，尤悖。

問：美新投閣，或以爲谷永，或以爲劉、揚，而以揚子年祇七十有一，不逮天鳳五年。是否？

答：是皆愛莽大夫之甚，而曲爲之脱者。蓋揚子年四十餘而入京，成帝方郊祀甘泉，是永始四年也。次年，而王根秉政，薦之，是確鑿可據之文也。由永始四年至天鳳五年，計三十年，揚子以四十餘入京，又三十年，正七十一，何年數之不符也？今必欲諱其莽大夫之恥，以爲不逮事莽，乃自成帝建始元年數之，則移揚子入京之歲在二十年前，自可從而爲之辭矣。夫建始初元王鳳秉政，非王根，成帝並未祀甘泉,揚子枯坐京師二十年,以待王根之薦乎?故爲揚子辨者,不甚讀書,而徒費此苦心也。若谷永則死於王根之世,有明文,而又移而後之。二千餘年之故鬼,爲諸公顛倒壽算,悲夫!

問:義縱以揚可爲亂民,此事甚可傳。

答:酷吏傳中,二人頗當洗雪:郅都無一事不可傳,只爲凌逼臨江王致死,遂入酷吏。義縱無一事不當死,只有誅揚可,宜入名臣。論世者不可不知也。

問:史記貨殖傳詳及周、秦貨殖諸公,宜也。班氏斷代爲史,何以不去?

答:此先儒所已言者,但頗不然。班氏之文,自傳首以至陶朱、子貢等六人,因及秦、漢之制,富家計然之略,通爲一篇,是敘次貨殖之緣起,非傳也。至程、鄭、卓王孫,始是本書之傳。今本誤割裂之,以六人皆各爲一傳,則直與史記複矣,非班氏本書之敘次也。錢塘施太學廷樞善考古,亦以予言爲然。

問:西河漕中叔以游俠爲王莽所惡,捕之卒不能得,斯其人殆非凡兒也。

答:游俠至宣、元以後,日衰日陋,及巨君時,樓護、原涉之徒,無足稱矣。中叔得罪於莽,殆是何武、鮑宣之客,而又冥鴻遠去,不爲甄、哀等所羅織,其本領甚高,惜乎班氏序之不詳。要之,足稱朱家、劇孟後一男子。

問：據水經注，丁姬墓不甚毁，而史言周棘其處，以爲世戒，何也？

答：莽所最恨者傅后也，元后所最恨者亦傅后也。丁姬則無之，故周棘者，傅后之陵，而丁姬得末減，不過取其太后之璽綬而已。史概言之，誤矣。

問：丁明爲大司馬，與傅晏同時，世無稱焉。而先生進之何、鮑諸貞臣之列，願聞其説。

答：丁、傅當時並稱，其實擅權者傅氏，而丁氏無聞焉。細考之，則丁明乃賢者，史稱其爲大司馬，能任職，與丞相王嘉善，見其死而憐之。又惡董賢，而卒之爲賢所排，則明之賢可知。莽將篡國時，明在侯國，而莽殺之。當時雖賢如傅喜，尚不爲莽所忌，而獨忌明，則明之賢可知。蓋莽於丁、傅二后，惡傅，不甚惡丁，而於二后之族，則惡丁反甚於惡傅，可以知明之正色立朝矣。愚序李氏西京忠義傳，始表章之，以補班氏之遺。

問：陳咸避莽事，詳見於范史陳寵傳，謂咸以莽未篡時，已去尚書之任。莽篡，以掌寇大夫召之，不應。通鑑采之，而莽傳則咸已在掌寇之任，但不久而去，其事不同。

答：范史所據者，殆是陳寶家傳，或推崇其先世而過美其詞，恐是莽傳爲得實。如范史所言，風節固極高，即如莽傳，亦不失爲見幾補過之君子，可以附之龔、鮑之後也。

問：何武、公孫，欲排莽於平帝之初，互自相舉。武竟死國，而禄晚應莽之徵，則庸人耳，武之舉禄誤矣。

答：二人欲排莽而互自相舉，便自貽人口實，只此可以見其無才，即令爲大司馬，亦不能辨莽也。蓋何武是德優而才短，若禄更不足言矣。李杲堂曰：『高春餘景，俯首僞庭，内負宿心，外慙良友。』名言也。

問：謝承後漢書，豫章太守賈萌討王莽而死。太平御覽引安成紀謂萌與安成侯張普争地而死。而莽傳則萌以九江連帥，爲莽拒漢而死。誰是？

答：恐是莽傳爲是。倘如謝書，則翟義之流矣。莽之九江即漢之豫章，而連帥即太守也。

問：尉它之地，自大庾而西，奄有七郡，蓋盡得南荒矣。水經注亦載其以次子婿安陽，因并其國。安陽即交趾也。而先生以爲尉它祇得東粤之地，稍及於西粤，而此外非其所有。願求所據。

答：水經注之事甚誣，不足信。蓋是時尚有蒼梧王趙光，乃它弟，則自蒼梧以西，即非它有，是它尚未盡今東粵一省之疆域也。而功臣表有南粵桂林監，則它之地，固有犬牙錯入西粵界中者矣。它之地，不過西至桂林，而桂林以東尚有在蒼梧國中者，安得并交趾、日南、九真而屬之乎？蓋是時蒼梧以西，號曰西甌，別有國族，它於上漢文帝書中明言之，它特臣服之而已，非能并有其地也。且交趾是時國名西于，明見功臣表，不鄺侯黄同以擊斬西于王功封，則交趾別自有王之明文矣，何嘗名曰安陽乎？漢平南粵，因以兵乘勢并取諸國，故牽連敘之，而遂以爲是皆它之地，誤矣。

問：漢宣帝初，嚴延年劾霍光。厚齋困學紀聞引沙隨謂：『延年女羅紨爲昌邑王妻，生女持轡，惟漢人風俗之厚，故不以爲嫌。』先生以爲失言。按沙隨多學大儒，厚齋尤精於論古，而此事明見昌邑王傳，似無可疑者，何所見而以爲非也，願聞其説。

答：是時有二嚴延年：其劾霍光者，時爲侍御史，後爲太守，坐誅，漢書有傳，字次卿。其以女適賀者，乃執金吾也，見於漢書百官公卿表，字長孫，故昌邑王傳，特稱其長孫之字以別之。二先生之多學，非後人敢竊議，而於此事，則失之。

問：荀氏漢紀，並無增加於班史之外者，獨文帝紀中言韋孟嘗爲御史大夫，並不見於班史韋賢傳，敢問所出。

答：此荀紀之妄也。百官表中，文帝四年，有御史大夫圍意者，荀紀所誤據與？文帝時以庶寮至三公者，自馮敬始，前此皆功臣也。

問：説苑：諸御已陳，楚莊王曰：『陳不用子家羈，而楚并之。』此别是一子家羈也。然莊王以前，楚安得有并陳之事。

答：説苑中若此者，不勝詰，直不足詰。陳何嘗有子家羈，而莊王以前，陳尚從齊於九合，楚安得遽并之。春秋唯陳之賢臣最少，女叔、原仲，亦無甚事跡。泄冶、鄧元，一死一去，而鄧元亦不見於左傳。今忽以子家羈爲陳産，中壘之移東接西，漫無考證，遂至於此。

問：陸賈新語，今世所傳無完書。漢志置之儒家，則是可與荀況肩隨，當必有説。

答：漢志儒家收得最雜，如劉敬、朱建皆在焉，不但陸郎也。但論衡引新書【校】當爲新語。曰：『天地生人，以禮義之性，人能察己，所以受命則順，順之爲道。』此數語，頗有儒者風，今本無之。

問：七録數九主，以爲勞君最上，終以寄君，其説不倫，似非中壘之言，然否？

答：以禹、稷爲勞君，自足稱上。然無爲而治者，將不更在上乎？其言法君等俱無義，以授君爲禹之授益，子噲之授子之，尤背，是何相比之不倫也。張南漪曰：『秦、隋二帝並勞君，豈亦謂之上耶？』

問：子華子，世皆以爲贋書，而水心先生篤信，是何説也？

答：水心講學，雖不合於朱子，然其卓然之見，不可謂非魁儒。至於極口稱子華子，則好奇之過矣。

問：孔蘩子，世亦以爲贋書，然否？

答：不敢謂其爲西京之書，亦并不類東京之書，然東發先生有言，其文筆雖卑弱，而義理頗醇。

問：廣東新語以韓瑗爲粤産，是否？何以與本傳不合？

答：黄門之非粤産，斷然無疑。據宰相世系表，其先在漢時居赭陽，是楚産。據本傳，則唐時已爲三原人，是秦産。而黄門爲潁川公仲良之子，即襲其爵。潁川爲後周三水伯褒之子。當宇文時，五嶠阻隔，安得粤人北仕者。然則何以有此傳聞也？曰：黄門得罪之後，謫其子孫於廣州，意者後人留居嶺外，遂以成訛也。

問：安成侯竇充，是漢文帝竇后父，遷、固皆失其名，乃見於唐史，而別乘以爲竇消，不亦妄乎？

答：遷、固皆不志竇侯之名，自是無考。若唐史，則一見於宰相世系表，再見於竇建德傳，此本之竇氏世譜，而不足爲據。按決録志竇長君之名爲建，而不及其父。使有可考，則決録不應遺之矣。唐人早已造竇侯之名，而宋之圖經又別爲之，則甚矣其不學也。

問：韓氏，宰相世系表四人，瑗爲一族，休、滉父子爲一族，宏爲一族，祇應三表，而今有四，何也？

答：是歐公之誤也。退之一支，其家無作宰相者，而今亦入之，故有四篇。宰相世系表之誤甚多，如劉氏，則失去幽求之世系，而韓氏不應有愈之世系。又官爵名字，多出六朝譜系之造作，蓋不可以縷陳也。

問：五代史鄭遨傳，遨故與李振善，後振仕梁貴顯，欲禄遨，遨不顧，後振得罪南竄，遨徒步千里往視。按李振傳無南竄事。

答：據振傳，在唐時嘗自金吾將軍出爲台州刺史，非以罪竄，特是左遷。然亦未嘗之任，而即以其時去投梁。今云仕梁之後嘗南竄，則謬也。

問：伊洛淵源録以范正獻公淳夫爲程子弟子，朱子亦疑之而仍存之，先生始言其決非程門，何所據？

答：以淳夫爲程門，本於鮮于綽。然淳夫集中，絕無可證。淳夫但於温公稱門生，伊川則未之聞也。其薦程子疏，並不言是師弟，而陳默堂集，有答淳夫後人書曰：『以某所聞於龜山，乃知先給事之學，與程門無不同。』觀此言，則非師弟可知矣。

問：淳夫之謚，宋史不見，未知定於何時？

答：淳夫謚，見於魏鶴山集，當是乾淳中所賜。元城先生謚，亦在此時。紫薇言淳夫爲人，極肖婦翁吕申公，而身後之謚與之同。想當時議謚者，亦采紫薇此段公案也。

問：退之謂荀、揚爲大醇，若是班乎？抑其中又有差也。

答：荀子醇疵相間，然不可謂非孟子而下一人，故史記孟荀列傳可謂有見。揚子之學出於老氏，其源流本各殊，而粉飾之以孔氏，故荀子之參差於孟子，自是其病，而正亦是其本色所在，不肯附會。揚子摹擬諸經，乃是其摹擬司馬相如作賦之餘技，其中無得。蓋揚子之學，其於老氏亦淺。須知得老子之道者，漢初莫如張良，是以老氏之學成經濟；次之則汲黯，是以老氏之學成氣節；又次之則東陵侯、蓋公之徒，是以老氏之學善其進退存亡於一身；最下斯爲揚子，其流極便是馮道。何可與荀子争軒輊也。

經史問答跋

董秉純

謝山先生文集一百二十卷，前五十卷先生所手定。自四十卷至四十九卷爲經史問目。今年秋過武林，吴丈城，先生之同社也，純請主剞劂氏，吴丈曰『海内望謝山文久矣，全集今兹未能，盍以問目十卷爲嚆矢，可乎』？因商之杭丈世駿、汪丈沆，并遺書廣陵馬丈日璐，皆願勷事。純亦告之同里諸後進隨力佽助，而萬三福獨任校刊，功尤爲多，遂以集事。純更請吴丈爲之序，吴丈謙不敢當。而謝山先生以全稿命純藏弆，雖彌留，亟請誰當序先生文者，先生卒不答，故今亦不敢別求敘，但以純所詮次世譜弁首云。乾隆乙酉九月十日，門弟子董秉純跋尾。

孔子弟子姓名表

孔子弟子姓名表

據馮孟顓先生藏舊鈔本。

史記七十七人。	家語今本七十六人，舊本七十七人。	石室圖新舊本七十二人，異三人。	古史考七十九人。
顏回　字子淵，魯人。	同		同
閔損　字子騫，魯人。	同		同
冉耕　字伯牛，魯人。	同		同
冉雍　字仲弓，魯人。	同　伯牛之宗族。		同
冉求　字子有，魯人。	同　伯牛之宗族。		同家語。
仲由　字子路，卞人。	同　『卞』作『弁』。		同
宰予　字子我，魯人。	同		同
端木賜　字子貢，衛人。	同		同
言偃　字子游，吳人。索隱曰：今墓在吳郡，當爲吳人。	同　魯人。		同　吳人。

卜　商　字子夏，温國人。索隱曰：今温國原屬衛。	同　衛人。		同
顓孫師　字子張，陳人。索隱曰：鄭目録作陽城人，亦屬陳。	同		同
魯　參　字子輿，武城人。索隱曰：南北兩武城，俱屬魯。	同		同
澹臺滅明　字子羽，武城人。	同		同
宓不齊　字子賤。孔安國曰：魯人。『宓』，正義引顏氏家訓音伏。	同　佩觿集云：虙犧、虙子賤皆當從『虙』。		同

原憲 字子思，魯人。	同 宋人。按檀弓作仲憲。		同 魯人。
公冶長 字子長，齊人。范甯曰：字芝。〔校〕史記仲尼弟子列傳（中華標點本）：作『字子芝』。張華墓在陽城。	同 魯人。索隱曰：名萇。		同 魯人。
南宮括 字子容。孔注曰：字容，魯人，孟僖子子。	南宮縚		同 孟僖子子。
公晳哀 字季次。索隱作公晳克。	同 字季沉。集解作齊人。		同 齊人。
魯蒧 字晳。曾參父。	曾點		同

顏無繇 字路。索隱曰：顏繇，字路。	顏繇 字季路。按『繇』，通作『由』。索隱無『季』字。		同
商瞿 字子木，魯人。	同		同
高柴 字子羔，鄭注：衛人。左傳作季羔。檀弓作子皐。	同 齊人，高氏之別族。注曰：高傒十代孫。		同 衛人。
漆彫開 字子開。鄭注：魯人。	同 字子若，蔡人。		同史記。
司馬耕 字子牛，孔注：宋人。	司馬犂耕 一本無『犂』字。		同
樊須 字子遲，鄭注：齊人。	同 魯人。		同史記。
有若	同 字子有，魯人，或云字子若。正義曰：字有。		同家語。

公西赤 字子華。鄭注：魯人。	同		同
巫馬施 字子旗。鄭注：魯人。	巫馬期		同史記。
梁　鱣 集解曰：一作『鯉』，字叔魚。	同 齊人。		同
顏　幸 字子柳，魯人。	同 魯人，一本作顏辛。		同
冉　孺 字子魯，一作『曾』。	冉　孺 字子忠，魯人。		同史記。
曹　卹 字子循。	同		同
伯　虔 字子析。	同 字子楷。正義曰：字子哲。〔校〕當作『正義曰：家語云「子哲」。』		同 字子析。
公孫龍 字子石。鄭注：楚人。正義引孟子曰：趙人。	公孫寵 衛人。		同史記。

冉季 字子產，魯人。	同		同
公祖句茲 字子之。正義：『句』，音鉤。	公祖茲 或云魯人。		同史記。
秦祖 字子南，秦人。	同		同
漆雕哆 字子斂。	漆雕侈 魯人。		同史記。
顏高 字子驕。	顏刻 魯人。		同家語。
漆雕徒父 或云字子有。	漆雕從 字子文，蔡人漆雕開之族。		同 闕字，闕地。
壤駟赤 字子徒。鄭注：秦人。	穰駟赤 字子從。		同史記。
商澤	同 字子秀。索隱作子季，魯人。		同 字子季。
石作蜀 字子明。	同 字同，成紀人。一本作子同。		同

任不齊 字選，楚人。	同 字子選。		同史記。
公良孺 字子正。鄭注：陳人。	公良儒		同史記。
后處 字子里。鄭注：齊人。	石處 字里之，齊人。		同史記。
奚容箴 字子晳。正義曰：衛人。	奚箴 字子偕，衛人，一本作子楷。		同史記。字晳。
顔祖 字襄，魯人。	顔相 字子襄，魯人。		同史記。
罕父黑 字子索。	宰父黑		同史記。
秦商 字子丕。鄭注：楚人。	同 字不慈。左傳、正義引此作丕茲。		同史記。
顔之僕 字叔，魯人。	同 字子叔。		同史記。
榮旂 字子祺，或作旗。	榮旂 魯人。		同家語。
左人郢 字行，魯人。	左郢 字子行。		同史記。
燕伋 字思。	燕級 字子思，魯人。		同史記。

鄭國 字子徒。正義曰：『鄭』與『薛』字誤，改『邦』作『國』，避漢諱。	薛邦 字子從。正義：字徒。今及祀鄭國。		鄭邦 字子徒。
秦非 字子之，魯人。			同
施之常 字子恒。	同 字子常。按此或避文帝諱，改『恒』作『常』。		同史記。
顏噲 字子聲。注：魯人。	同 一本作會。		同
步叔乘 字子車。鄭注曰：齊人。	同		同
樂欬 字子聲。正義曰：魯人。	樂欬		同史記。
廉潔 字庸。鄭注：衛人。	同 字子曹。		同史記。齊人。

仲叔會 字子期。鄭注：晉人。	同 魯人。一本作「會」。		同家語。
狄　黑 字皙。	同 字皙之，衛人。		同史記。
孔　忠	孔　弗 字子蔑。孔子兄孟皮之子。索隱作孔忠。		同家語。
公西蒧 字子上。鄭注：魯人。	同 字子尚。		同家語。
顏　何 字冉。鄭注：魯人。	同 今本闕，見索隱所引家語及顏真卿家譜。		同
邦　巽 字子斂，魯人。索隱曰：劉氏作「邽」。	邦　選 字子飲。索隱作子斂。	國選 索隱曰：蓋亦避漢諱改之，今本闕。	同史記。

右六十七人，三書皆同。

公夏首 字乘，魯人。	公夏守 字子乘。		同 名從史記。字從家語。
縣　成 字子祺。鄭注：	縣　成 字子横，魯人。		同史記。

原亢籍　魯人。風俗通作縣成久。正義『亢』作『宂』。	原　桃　字子籍,按史記集解引此曰:名亢,字籍。		原　亢　字籍。
公堅定　字子中。鄭注:魯人,或曰晉人。	公　肩　字子仲。注曰:『肩』,一作『有』。		同史記。
句井疆　鄭注:衛人。正義『句』作『鉤』。	同　字子疆。注曰:衛人。		同史記。
公西輿如	公西與　魯人,字子上。		同家語。

右六人,史記、家語同,而名、字小異。

秦　冉　字開。			同
申　黨			同

右二人史記、石室圖同。

	陳亢 字子亢，陳人。按論語作子禽。	陳亢	同家語。
	琴牢 字子開，一字子張，衛人。	琴牢	同家語。

右二人，家語、石室圖同。

公伯繚 字子周。馬融曰：魯人。按論語『繚』作『寮』。	申續 字同。正義引此又作申繚，在公伯繚下，又本，作『續』。	蘧瑗	
鄡單 字子家。徐廣曰：一作鄡單。正義：『單』，音善。	縣亶 字子象。注曰：『亶』，一作『豊』。	林放	
		申棖	
		申黨	
		容葴 此三人，今本無之。索隱引石室圖有此。	

右數人，三書各異。

司馬遷、文翁、王肅三家，各有異同。其中如陳亢、琴牢見于論語，自是史記遺漏。蘇轍古史考補列傳之闕，作七十九人，是已。獨是林放、申棖，亦論語所載，何獨就删，蓋未及較石室圖耳。公伯寮乃讒愬之人，似非弟子，譙周始疑以爲孔子因及門之故，所以不責其非而云命，其言尤屬無謂。子由則姑意擬之。至鄡單、縣亶二人，無從辨據。『單』、『亶』形異而音相近，『家』、『象』音異而形相近，若『鄡』與『懸』則迥絶矣，果孰是歟？惟鄭國乃薛邦之訛，張守節注史記，已明言之，恐祀典不應以鄭國爲正。他如申黨即申棖，既轉而爲『黨』，又轉而爲『堂』。奚容蒧，或作容蒧，皆傳寫之訛，石室圖乃兩見之，并屈蘧伯玉作孔子門人，此誤之更顯然者。故以三書相較，似文翁爲疎，明代張璁特遵家語，黜秦冉不祀，彼蓋不知今家語係王肅所定，而誤以爲孔壁故物，遂舉史記、石室圖所載，歷代所記，而輕去之。此則不學之妄人，無足深論者也。

漢書地理志稽疑

漢書地理志稽疑刊本原起

朱文翰

班氏志地，爲書止數十翻。顧王迹既遠，地名迭經改易，劇乎故秦，極于新莽。即斷代自漢，又復郡國紛糅，罷置不恒，自非淹貫全編，融燭四表，斤斤墨守，馴致謬悠，既莫究其本根，遑敢加之繩削。以史才之淵雅，固地志所權輿，而一源十流，從而聚訟者且棼如也。卻後千六百餘年，浙東謝山全先生，稽疑斯作，互勘旁推，折中衆説，通洞密至，成一家言，與直據故籍，刺撮成書者迴别，可謂勤且力矣。案先生鮚埼亭集有門下士董秉純所輯年譜，生平精力所萃凡三書：曰七校水經注，曰增修宋儒學案，曰困學紀聞三牋。水經注近已版行，頗聞困學三牋亦有大力負而趨者，學案則年譜著其目，未知書之存否。若稽疑一種，恰有寫本，又爲年譜所不載，在作者似是酈學之緒餘，然實爲履絢之碩記。

先生年纔逾艾而逝，且無子，其自定文稿垂殁寄庋于揚州馬氏之叢書樓，身後藏書悉歸同邑盧氏。著書滿家，風流頓歇，嗟乎惜哉！頃歲在昭陽，余以文字之役，再游山陰。同客有鄞友湯君錫限名家邦者，乃謝山再傳高弟，時爲余縷述四明文獻淵源。一夕慨然發祕笈，得是書共讀之，歎其精到。中如『鄣郡』一條，曩見歙志，以鄣郡不在秦三十六郡之數輒指『郡』字爲駁文，以爲是地非郡，即咎及裴駰、劉昭，亦漫無佐證，蓄疑久之。先生考秦皇紀，證諸書秦置之誤；據漢高紀定爲三郡之一；進韋昭説，斷吴王濞傳『豫章』皆『鄣郡』之譌，著鑑誠陳，洞然不惑，一滴水知大海味矣。余恐展轉傳鈔，寖滋譌脱，爰乞得副墨，勉爲讎勘刊行，而書其原起如此。皇清嘉慶九年孟陬月啟蟄日，歙後學朱文翰識于杏城家塾。

漢書地理志稽疑卷一

志于禹貢、職方詳矣，秦雖閏位，然實後世郡國之祖，而言之頗略，且多舛焉。嗣是言三十六郡者，無不展轉錯出，以王厚齋、胡棋碉二先生之審慎，而不能正也。近者顧宛溪之地學，亦王、胡之流也，而沿譌如故。今參取顛末，更審定之。

秦三十六郡名

内史　漢之三輔及弘農。

不在三十六郡内，蓋以尊京師也。前志、續志、晉志皆誤以爲三十六郡之一。

隴西　秦故封，不知其置郡之年。漢因之，又分天水。

北地　故義渠、大荔諸戎地。昭襄王置，不知其年。漢因之，又分安定。

上郡　故魏置。惠文王十年因之。漢因之，又分西河。西河、魏故郡、文侯以來即有之。秦省。然魏之西河，東自焦虢、桃林之塞，西抵關洛，其界最廣；秦以其東界并入内史，而西界并入上郡。漢人之分置者，特其上郡所屬之地耳，東界則别置弘農。宋白、樂史曰：『漢分南陽、河南二郡以爲弘農。』蓋即内史東界而廣之。

漢中　故楚置。惠文王後十三年因之。漢因之。

蜀郡　故蜀國。惠文王後十四年因之。漢因之。

水經注以爲二十七年，蓋連前十三年數之。

巴郡　故巴國。惠文王後十四年置。漢因之，又分巴、蜀、漢中三郡地爲廣漢。

右六郡皆秦境。

邯鄲　始皇十九年置。漢之趙國；又分常山、真定、中山、信都。胡棨磵謂中山郡故趙所置。案：中山先入魏，以李克爲守，則固嘗爲魏置。及入趙，未聞其以郡稱，故三十六郡亦無之。

鉅鹿　始皇二十三年置。漢因之，又分清河、勃海、河間、廣平。置郡之年，見水經注。

太原　莊襄王四年置。漢因之。

上黨 故韓置。後入趙；莊襄王四年因之。漢因之。

鴈門 故趙置。始皇十九年因之。漢因之，又分太原、鴈門二郡地爲定襄。

代郡 故代國，後入趙置代郡。始皇二十五年因之。漢因之。

雲中 故趙置。始皇十三年因之。漢因之。

置郡之年見水經注。

九原 始皇置。漢之五原；又分朔方。

匈奴傳：趙有鴈門、代郡、雲中三郡以備胡，而九原特雲中北界，未置郡也。始皇三十五年以前，其于邊郡多仍前之舊，不聞增設。三十三年，蒙恬闢河南地四十餘縣，蓋以此四十餘縣置九原。何以知之？徐廣所謂陽山在河北、陰山在河南者，劉昭以爲俱屬九原之安陽，則九原統屬河南四十四縣可知矣。不然，不應以四十四縣之多而不置郡也。然則九原不當在始皇二十六年所并三十六郡之内。

右八郡皆趙境。

河東 昭襄王二十一年置。漢因之，又分河内、魏。

胡楳磵曰：『河東郡、河内郡皆魏置。』不知其何所據，不可信。

東郡 始皇五年置，漢因之。

碭郡　始皇二十二年置。漢之梁國，又分山陽、濟陰、陳留。

右三郡皆魏境。

三川　莊襄王九年置。漢之河南。

王厚齋曰：『漢之河南及河内。』顧宛溪亦同。然考河内在秦，似屬河東，故太史公序十八王曰：『魏分爲殷。』則不屬三川矣。

潁川　始皇十七年置。漢因之。

右二郡爲韓境，而周境附入于三川。酈道元謂秦滅周置三川，非也。

南郡　昭襄王二十九年置。漢因之。

其時韓亦有南郡。秦本紀：『昭王四十四年，攻韓南郡取之。』是也。蓋與楚接境之地，後殆并入。

黔中　故楚置。昭襄王三十年因之。漢之武陵。

前志闕。案：楚世家、秦本紀、六國年表皆載之，不知何以班氏不及，至續志始補入之。考國策及史記，其時楚尚有新城郡、巫郡，秦省新城，蓋并入漢中；省巫，蓋并入黔中。水經注謂割黔中置武陵，亦非也。漢改其名，非割也。

南陽　昭襄王三十五年置。漢因之，又分潁川、南陽二郡地爲汝南。

其時韓亦有南陽郡，蓋潁川之西，如宛如穰，與楚南陽接，故並取名焉，六國年表、秦本紀、韓世家可考也，非故晉所啟之南陽也。晉之南陽，趙得其温原，韓得其州，魏得其脩武，即河内也。三晉同分河内之地，而魏獨多；及韓、趙相繼失上黨，而河内道斷，魏之脩武亦不保矣。是非可并晉楚之南陽而合之者也。前志乃曰：『韓分晉得南陽。秦滅韓，徙天下不軌之民于南陽。宛西通武關而入江淮，一都會也。』則即以爲楚南陽矣。不知河内之南陽，其得名在春秋之世，三晉分之，非韓所獨；而始皇十六年所受之南陽，地在宛、穰，即與楚境相犬牙者也，柰何混而舉之？秦并天下，蓋并韓地以入楚之南陽。案：州者，河内縣名。今本地理志連下一字作『州共』，殆誤矣。『宛西通武關』句上有『大』字，作『大宛』，則姑據今本地志删之。『而入江、淮』句，地志作『東受江、淮』。恐先生所據，别有善本，姑仍之。凡細注加『案』字者，翰所附識也。後同。〔注〕本篇（漢書地理志稽疑）採用清嘉慶九年朱文翰校刊本爲底本，凡小注加『案』字者，皆朱氏所撰，今均附排于文中。詳見附録朱氏漢書地理志稽疑刊本原起。

長沙　始皇二十五年置。漢因之。

楚郡　始皇二十四年置。漢之楚國；又分淮陽。

前志、續志、晉志皆闕。案胡楳磵曰：『三十六郡無楚郡，蓋滅楚時所暫置，後分爲九江、鄣、會稽三郡。』謬矣。始皇二十四年置楚郡，見楚世家；次年，置會稽郡見秦本紀，蓋錯舉而不備。其實秦滅楚，置五郡：曰楚、曰九江、曰泗水、曰薛、曰東海。及定江南，又置一郡，曰會稽，而無鄣郡也。楚郡蓋自淮陽以至彭城，泗水則沛也，薛則魯也，東海則郯以至江都也，皆江北地；會稽則江南也，惟九江跨兼江介。誰言由楚郡分置爲三乎？棨磵欲護三志之失，而爲此語，何哉？

九江　始皇二十四年置。漢因之，又分衡山、廬江、豫章、江夏。

泗水　始皇二十四年置。漢之沛。

薛郡　始皇二十四年置。漢之魯。

東海　始皇二十四年置。漢因之，又分泗水、廣陵、臨淮。

續志闕。前志于泗水國曰『故東海郡』，于東海郡曰『高帝置』，則似秦之東海，非漢之東海也。而實不然。秦東海治郯，見陳勝傳，漢東海亦治郯，豈有二乎？泗水乃分置之國耳。然前志尚存秦東海之目，續志則竟去之，故棨磵曰『秦無東海』。案秦東海之名不特見陳勝傳，亦見周勃傳，安得云無？顧宛溪亦仍其謬。

會稽　始皇二十五年置。漢因之，又分丹陽。

丹陽在秦，亦屬會稽，楚漢之際分爲鄣郡。前志、續志、晉志皆誤以鄣爲秦三十六郡之一，而不復知會稽之舊統丹陽。

右十郡皆楚境。

齊郡　始皇二十六年置。漢因之，又分濟南、泰山、東平、甾川、北海、千乘、平原。

齊之平原，與趙分境；趙之勃海，與齊分境，蓋互相錯也。兹特舉其概。

琅邪 始皇二十六年置。漢因之，又分膠東、高密、城陽、東萊。

右二郡皆齊境。

漁陽 故燕置。始皇二十一年因之。漢因之。

上谷 故燕置。始皇二十一年因之。漢因之。

右北平 故燕置。始皇二十五年因之。漢因之。

遼西 故燕置。始皇二十五年因之。漢因之。

遼東 故燕置。始皇二十五年因之。漢因之。

右五郡皆燕境。

予參取前志、續志，以求三十六郡之目。前志有東海，無黔中，續志有黔中，無東海，而皆失去楚郡，則祇三十四郡矣。故以內史充其一；又不足，則以晚出之鄣郡充其一。故前志、續志所闕者稍異，而其失則同。裴駰注史記，但主續志，不考前志，而晉志因之，于是厚齋、楳磵亦因之。惟三劉嘗言鄣之非秦置，卒亦未能得三十六郡之數。今除內史不豫外，並收二志之東海、黔中，補以史記之楚郡，則三十六郡者始完。然猶有疑者：燕之五郡，皆燕所舊置以防邊也，漁陽四郡在東，上谷在西，而其國都不豫焉。自薊至涿三十餘城，始皇無不置郡之理，亦無反并內地于邊郡之理。

且始皇之并六王也，其國都如趙之邯鄲、魏之碭、楚之江陵陳九江、齊之臨淄，無不置郡者，何以燕獨無之？水經注：『始皇二十三年置廣陽郡，高帝改曰燕；又分燕置涿郡。』酈道元之言當必有據，則前志以爲昭帝始改廣陽者，殆考之未詳與？近人顧炎武主漢志以駁水經，予則謂漢志明失黔中、楚郡矣，安保其不失廣陽？而廣陽之爲秦郡，又以例推之而可信者。或曰：『然則三十六郡不且多其一乎？各志闕其二，而子乃多其一，何其言之參錯乎？』曰：非也。吾固嘗以九原不當在三十六郡之內，則進廣陽以足之；而退九原于南海四郡之列，所謂三十六郡者脗合矣。故附著其說，惜不得胡、王二先生者相與討論之。

南海 始皇三十三年置。漢因之。

桂林 始皇三十三年置。漢因之。

象郡 始皇三十三年置。漢之日南。

閩中 始皇置，不知其年。漢省，附屬會稽。

右四郡不在三十六郡内。

十八王所置郡名

高惠之初，有郡名不見于三十六郡内又未及爲漢立者，小顔、三劉皆疑之，而不得其説。厚齋謂是羣雄之分置，其説本水經注，是不易之論也。漢所增定，亦多因之，則未可以爲草竊一時而略之也。爰并列之。

東陽 楚漢之間分東海置。漢之廣陵；又分臨淮。見高紀，以封荆王。水經注曰：『景帝更名江都。』然則廣陵本東陽，而臨淮又廣陵所分。文穎曰：『東陽，今下邳。』則專指臨淮，非也。

郯郡 即東海，楚漢之間改名。漢復曰東海；又分泗水。見高紀，以封楚王。劉貢父曰：『郯非秦郡。』足正應劭之誤，然不知即秦之東海也。治郯，故改名曰郯。

吴郡 楚漢之間分會稽置。漢武帝以後省。見高紀，以封荆王。原父曰：『鄣、吴疑皆地名，非郡名。』殊不然也。灌嬰傳：『擊吴郡長于吴下，虜其守，因定吴、會稽、豫章。』則明是會稽之外，别有吴郡，不可以會稽即爲吴也。功臣表亦曰：『周聚擊英布，定吳郡。』然則前志所云：『江都、廣陵二王，得鄣不得吳。』明是二郡名也。厚齋曰：『吳郡，楚漢之間所置』，是也。顧炎武力主無吳郡之說，愚不謂然。何焯曰：『會稽治吳，故稱吳，猶之東海治郯，故稱郯。』其説亦似；然觀灌嬰傳，則會稽與吳，非一郡明矣。故高紀與吳濞傳稱三郡者，據後并省言之也。伍被傳稱四郡，則據當時分置言之也。四郡者：東陽、鄣、會稽、吳也。楳磵以豫章當之，不知豫章是淮南王屬，不屬濞；而濞之豫章，乃鄣郡之譌也。

鄣郡　楚漢之間分會稽置。漢因之，後改丹陽。見高紀，以封荆王。諸志誤以爲秦置者也。

膠東　楚漢之間分琅邪置。漢因之。見史記月表，亦見高紀及項籍傳。

膠西　楚漢之間分琅邪置。漢因之，後改高密。見高紀以封齊王。

濟北　楚漢之間分琅邪置；後并入泰山。見月表。

博陽　楚漢之間分濟北置。漢之泰山。見高紀，以封齊王。案月表，濟北國都博陽，則本屬濟北，及封齊王，已分置矣。蓋即漢之泰山，而後并濟北入之者也。東京又分泰山、濟北爲二，則泰山仍得博縣，是其證也。

城陽 楚漢之間分琅邪置。漢因之。

見高紀，以封齊王，其後高后即以封張偃者也。則以爲文帝始置者謬。

臨淄 即齊郡，楚漢之間改名。漢復曰齊。

見月表及高紀。

衡山 楚漢之間分九江置。漢因之，又分江夏。

見月表及吴芮傳，亦見英布傳。所以知江夏舊屬衡山者，以吴芮都邾知之也。及文帝復置國，則都六矣。

廬江 楚漢之間分九江置。漢因之。

見英布傳。揚雄自序亦云楚漢之興，楊（李）〔季〕官至廬江太守，則以爲文帝始置者，謬。

見灌嬰傳，亦見英布傳。水經注曰：『豫章本秦廬江南部地，蓋秦之九江郡治廬江也。』然則

豫章 楚漢之間分廬江置。漢因之。

項氏先分廬江，而豫章又自廬江而分。

右皆十八王分部之可考者。

陳勝傳曰：『攻陳，陳守、令皆不在，獨守丞與戰譙門中。』原父曰：『秦不以陳爲郡，何庸有

守？守非正官，謂權守者耳。』原父之言似也，而非。蓋使如其言，當言『守令不在』，不當言『守令皆不在』，是守、令自屬二人，不可以下文守丞爲例也。然則三十六郡外有陳郡乎？又非也。楚郡即陳郡也，楚郡治陳，故亦稱陳郡，如齊郡稱臨淄郡，東海郡稱郯郡之比。秦之楚郡治陳，漢改治彭城，而别陳爲淮陽，原父考之未詳也。

漢百三郡國增置目

本秦京師，爲内史，分天下作三十六郡。

高帝增二十六。

案志數之：

河上 中地即二輔 河内 汝南 江夏 魏 常山 清河 涿 勃海 平原 千乘 泰山 東萊 東海 豫章 桂陽 武陵 廣漢 定襄 中山 燕即廣陽 膠東 淮陽 楚 衡山即六安

東海與楚本秦置，武陵本秦黔中，則實止二十三郡，而溷列之，其燕本秦之廣陽。姑勿以咎班氏也。而夷考之，則高帝時郡國，正不止此。

濟南　城陽　高密本膠西。　河間　廬江　廣陵本東陽　丹陽本鄣

齊悼惠王傳以濟南爲吕國，則濟南不置自文帝。高紀以城陽、膠西郡封齊，而悼惠王傳亦以城陽爲魯元邑，則城陽、膠西不置自文帝。功臣侯表張相如趙衍早爲河間守，則河間不置自文帝。高紀以東陽郡、鄣郡封荆王，則廣陵不置自景帝，丹陽不置自武帝。

右覈實：凡高帝時郡國，在秦置外者，得三十。

文景各六。

案志數之：文帝

濟南　城陽　膠西　甾川　廬江　河間

志言昭帝少時僅增其一，而不知文帝之玄嘿，實未嘗有六郡也。其五郡皆高帝時置，明見紀、傳、表。蓋文帝僅增一甾川。

案志數之：景帝

山陽　濟陰　東平　北海　信都　江都即廣陵。

廣陵本東陽，景帝改江都，非也。景帝實置廣平，見水經注。而王温舒爲都尉于廣平，事在武帝征和之先，然則志誤矣，當以易江都。其陳留本濟川，景帝以封梁王子，見水經注引應劭語，不置自武帝也。

右覈實：文一景七，連高帝時郡國，得三十八。

武帝增二十八。

案志數之：

河西郡四　西南夷郡五　南粤郡七　東海夷郡三　朔方以上皆初郡，凡十九。　弘農　陳留

臨淮　零陵　天水　安定　西河　真定　廣平　泗水　案東海夷郡，除暫置者不計，惟數樂浪、玄

菟，則三應作二。至朔方下原注，亦似有訛脱，未敢意改。

右覈實：但多陳留、廣平説見前。然是二十九，非二十八也。今去其二，凡武帝置郡國，得二

十七。

昭帝一，凡郡國一百三。

金城

右覈實：連高、文、景、武時郡國在秦外者，得六十六，并秦内史及三十六郡，爲一百三。

續志大略同前志，惟以信都爲高帝置，則高帝得二十七，景帝得五。原父非之，已見刊誤中。

信都郡治信都縣，蓋縣是高帝置，郡則景帝置也。信都本秦縣，項王改爲襄國，高祖分之，仍

置信都，續志殆誤以置縣爲置郡也。水經注亦曰『高帝六年置郡』，其失與續志同。乃若晉志尤爲

乖剌，與前志大立異同，而覈之無可從者。厚齋釋通鑑引之，過矣。略舉其失，附之于此。

漢分内史爲三郡，更置郡國二十三。

前志高帝二十六，不數渭南，以即内史也，非新郡矣。晉志駁前志之武陵，蓋本續志，是矣。然則梁國即碭郡也，而與渭南並列以爲新郡，得其一，失其二。其以信都爲高帝置，亦本續志，則原父已非之矣。若其去前志之膠東、衡山，則又何也？是必妄意膠東、衡山以爲項氏所置而削之，不知以膠東郡封齊王，見高紀；以衡山郡封英布，見本傳，豈自文帝乎？

文增厥九。

于前志六郡外，妄增膠東、衡山，猶有説也，其增廣平，不知何所依據。

景加其四。

以信都爲高帝置，尚本續志；以廣陵爲武帝置，是直未讀江都王傳者。

武帝三十一。

是則妄而又妄者也。前志于武帝暫置旋罷之郡，不列之目，今晉志兼數之。然則武帝之暫置而罷者，凡七郡：南粤之珠厓、儋耳，西南夷之沉黎、汶山，東海之蒼海、臨屯、真番，皆是也。何以晉志但載珠厓、儋耳、沉黎、汶山，而遺其三，妄矣！零陵乃長沙、桂陽之分郡，而亦以爲新開，妄矣。玄菟、樂浪乃新開，而反以爲分置，妄矣。而尤妄者，竟失去泗水而不之覺。吾故曰：即如晉志所云，亦當曰『武帝三十五』，不當云『三十一』也。

昭帝一。凡新置郡國七十一，與秦四十合一百一十有一。

王厚齋曰：『秦四十郡，除南海三郡，即漢新開之七郡，而閩中漢所空荒，則去其四。又漢所置七十一，除珠厓、儋耳、沉黎、汶山，又去其四，則百十有一者共去其八，正與漢志一百三之目相符。』予謂是乃厚齋曲爲晉志作調人，而未嘗細糾其謬也。夫前志之新置郡國六十六，使如厚齋作調人之説，則是六十七者，尚失去泗水一國，安得謂之相符？蓋晉志之失去者，泗水也；其重出者，渭南郡與梁國也。摘其重，補其闕，庶幾合矣，而厚齋竟不及此。蓋覈實言之，則漢新置實六十六，而楚郡乃秦三十六郡中之一，并内史爲一百三也，原非可云六十七也。

通典謂『漢新置六十三，與秦四十合爲一百三』，其言又微有不合，楳磵、厚齋亦非之。予謂通典亦是。蓋南粤七郡，其三皆故秦郡也。南海本秦郡名，鬱林即桂林，日南即象郡。則雖謂之六十三可矣。秦之三十六郡，内史本不在其列，則以三十六郡并陸梁三郡，與内史數之，謂之四十亦可矣。但閩中漢并入會稽，不可以列于百三之目也。通典之微差者，亦以内史溷入三十六郡中，而兼數閩中故也。凡言四十郡者，多如通典之説。獨歎天下之郡國，迭爲建置，二千餘年矣，而三六郡之目尚莫有了然者，則甚矣釋地之難也！

漢書地理志稽疑卷二

郡國分合訛失〔一〕〔校〕『合』，底本作『命』，據粤雅堂叢書本改，後同。

志于郡國分合之詳，亦多譌失，今更詮次之。

京兆尹，故秦内史，高帝元年屬塞國，二年更爲渭南郡，九年罷，復爲内史。武帝建元六年分爲右内史，太初元年，更爲京兆尹。

當云故秦内史，楚漢之間爲塞國。高帝元年八月屬漢，爲渭南郡；九年，復爲内史，景帝二年分爲右内史，武帝太初元年，更爲京兆尹，王莽曰『西都京兆大尹』。後又分其旁縣爲郡二，曰京尉、師尉。

〔一〕漢書地理志稽疑卷二至卷六諸題名，參考上海圖書館藏漸江得諼草堂刊本書首所擬題名增補。

渭南、河上置郡之年，異姓諸侯王表可據。高紀以爲二年六月，誤也。功臣侯表，敬市侯闞澤赤，以二年四月由河上守遷殷相矣，豈待雍亡之後？今改正。案：「闞」，今本作「閻」。「敬市」，史記表作「故市」。百官表左、右内史是景帝分。志曰武帝，師古曰：「志誤也。」志于王莽所改，郡縣諸名皆載，而京輔三郡之分爲六尉獨略之，亦不合。

左馮翊，故秦内史。高帝元年屬塞國；二年更名河上郡；九年罷，復爲内史。武帝建元六年，分爲左内史。太初元年，更名左馮翊。

當云故秦内史，楚漢之間屬塞國。高帝元年八月屬漢，爲河上郡。九年復并爲内史。景帝二年分爲左内史。武帝太初元年更爲左馮翊。莽又分其郡曰前輝光；後又分其郡二：曰翊尉、光尉。案：「輝」，平帝紀作「煇」。

右扶風，故秦内史。高帝元年屬雍國；二年更爲中地郡；九年罷，復爲内史。武帝建元六年分爲右内史。太初元年更名「主爵都尉」，爲右扶風。

當云故秦内史，楚漢之際爲雍國。高帝二年屬漢，爲中部郡。九年復并爲内史。景帝二年屬右内史。武帝太初元年更爲右扶風，省主爵都尉之員以任之。莽又分其郡曰後丞烈；後又分其郡二：曰扶尉、烈尉。案：「烈尉」，王莽傳作「列尉」，又「中部」，今本地理志作「中地」，高紀亦同。「主爵都尉」本不治民，蓋省其員爲扶風，非更名也。

弘農郡，武帝元鼎四年置。莽曰右隊。

當云故屬京兆尹，武帝元鼎四年分置，屬司隸。莽曰右隊。

河東郡，秦置。莽曰兆陽。

當云秦郡，楚漢之際爲西魏國。高帝二年屬漢。武帝末屬司隸。昭帝元始元年屬并州，見本紀。未幾復故。不知年。莽曰兆隊。

據王莽傳，河東乃六隊之一，曰兆隊，非兆陽也。然水經注引此，已作兆陽，是六朝本已誤，不始今本也。

太原郡，秦置。屬并州。

當云故秦郡，楚漢之際屬西魏國。高帝二年屬漢；六年爲韓國；七年復故，十一年屬代國。文帝元年復故；二年爲太原國；四年仍屬代國。武帝元鼎三年復故。屬并州。

太原初屬西魏，從本紀及本傳，異姓諸侯王表以爲屬代，誤也。

上黨郡，秦置。屬并州。

當云故秦郡，楚漢之際屬西魏國。高帝二年屬漢；四年屬趙國。景帝復以支郡收，見史記諸侯王表。屬并州。

河内郡，高帝元年爲殷國；二年更名。莽曰後隊，屬司隸。

當云故屬秦河東郡，楚漢之際爲殷國。高帝二年置郡。武帝末屬司隸。昭帝元始元年屬冀州，見本紀。未幾復故。莽曰後隊。

河南郡，故秦三川郡。高帝更名（雒陽）。莽曰『保忠信卿』。屬司隸。

當云故秦三川郡，楚漢之際爲河南國。高帝二年置郡，更名，屬司隸。莽曰『東都河南大尹』，後又改名曰『保忠信卿』，分郡之滎陽諸縣別爲郡，曰祈隊。莽將都雒，故欲進其官于京兆尹之上，名之曰卿，美其名曰『保忠信』，是官名，非地名也，今流俗本以『卿』爲『鄉』，大謬。六隊志其五，而滎陽以分郡故脱之，則汝南之分爲賞都，何以得載乎？今補之。

東郡，秦置。莽曰治亭。屬兖州。

當云故秦郡，楚漢之際屬楚國。高帝五年屬漢，十一年屬梁國。見高紀。文帝元年復故。屬兖州。案：『莽曰治亭』四字刪去，豈以治亭之名專屬濮陽耶？

陳留郡，武帝元狩元年置。屬兖州。

當云故屬秦碭郡。楚漢之際屬楚國。高帝五年屬漢，以屬梁國。文帝元年爲郡。景帝中六年，爲濟川國。武帝建元三年爲郡。元狩五年改名。濟川爲郡，見史記梁孝王傳，則元狩特改名耳。元帝永光三年，復爲濟陽國；建昭五年復故。屬兖州。

高后以濟南爲呂國，又改呂國曰濟川，不久即廢，而非梁之濟川王也。梁濟川王都濟陽，見水經注引應劭語。胡棊碉失考，乃曰在陳留、東郡之間，而不知濟川即陳留也。莽傳省陳留，中興始復之，亦應附志。

潁川郡，秦置。高帝五年爲韓國；六年復故。莽曰左隊。屬豫州。

當云故秦郡，楚漢之際爲韓國，仍屬楚國。高帝二年十一月復爲韓國，屬漢。六年爲郡。十一年屬淮陽國。見本紀。惠帝元年復故，屬豫州。莽曰左隊。

汝南郡，高帝置。莽曰汝汾，分爲賞都尉。屬豫州。

當云故屬秦潁川、南陽二郡。楚漢之際屬楚國。高帝四年屬漢，分置；十一年屬淮陽國；十二年復故。景帝二年別爲汝南國；四年復故。屬豫州。莽曰汝汾，分其郡曰賞都。置郡之年見水經注，蓋漢既得潁川、南陽，故不待楚亡已分置矣。

南陽郡，秦置。莽曰前隊。屬荆州。

當云故秦郡，楚漢之際屬楚國。高帝二年屬漢。屬荆州。莽曰前隊。王陵歸漢，則楚南陽不守；漢兵又出武關，項氏危矣。

南郡，秦置。高帝元年更爲臨江郡；五年復故。景帝二年復爲臨江國；中二年復故。莽曰南順。屬荆州。

當云故秦郡，楚漢之際爲臨江國。高帝五年屬漢，爲郡復故。景帝二年復爲臨江國；五年復故；七年復爲國；中二年復故。屬荆州。莽曰南順。

江夏郡，高帝置。屬荆州。

當云故屬秦九江郡，楚漢之際屬衡山國，仍屬楚國。高帝五年屬漢，以屬淮南國；尋分衡山置郡。置郡之年，見水經注。文帝十六年，復別屬衡山國。武帝元狩元年復故。屬荆州。

廬江郡，故淮南。文帝十六年別爲國。屬揚州。

當云故屬秦九江郡，楚漢之際分置郡，屬九江國。高帝五年屬漢，以屬淮南國。文帝十六年，別爲廬江國。景帝三年復故。屬揚州。

志不特不知廬江爲漢初所置，亦并失去景帝徙國復郡之年。

九江郡，秦置。高帝四年更名爲淮南國。武帝元狩元年復故。莽曰延平。屬揚州。

當云故秦郡，楚漢之際爲九江國。高帝三年復屬楚國；五年更名淮南國。文帝六年爲九江郡；十六年復爲淮南國。武帝元狩元年復故。屬揚州。莽曰延平。

英布以四年復封，然遥授耳。楚以周殷守之，布不能取也。五年，殷叛，始得之。案得地在五年，則『更名淮南』上，應有『屬漢』二字，否則高帝三年復屬楚國句有誤文。

山陽郡，故梁。景帝中六年別爲山陽國。武帝建元五年別爲郡。莽曰鉅野。屬兖州。

當云故屬秦碭郡。楚漢之際屬楚國。高帝五年屬漢，以屬梁國。景帝中六年別爲山陽國。案此五字寫本無，據濟陰例補。武帝建元五年爲郡；天漢四年更爲昌邑國。宣帝本始元年復故。元帝竟寧元年復爲山陽國。成帝河平四年復故。屬兗州。莽曰鉅野。

濟陰郡，故梁。景帝中六年別爲濟陰國。宣帝甘露二年更名定陶。屬兗州。

當云故屬秦碭郡。楚漢之際屬楚國。高帝五年屬漢，以屬梁國。景帝六年別爲濟陰國。武帝建元三年爲郡。宣帝甘露二年更爲定陶國。黄龍元年復故。成帝河平四年復爲定陶國。哀帝建平二年復故。屬兗州。

沛郡，故秦泗水郡。高帝更名。莽曰吾府。屬豫州。案『吾府』，今本作『吾符』。

當云故秦泗水郡。楚漢之際屬楚國。高帝二年屬漢，更名，以屬梁國。景帝後以支郡收。水經注曰：『高帝四年更名』，恐有誤。屬豫州。莽曰吾府。

魏郡，高帝置。莽曰魏城。屬冀州。

當云故屬秦河東郡。高帝十二年分置。見水經注。屬冀州。莽曰魏城。

鉅鹿郡，秦置。屬冀州。

當云故秦郡。楚漢之際屬趙國；尋屬常山國。八月，案此直繫以月而不年者，猶言八閱月也。後復屬趙國。高帝三年屬漢；四年復以屬趙國。高后八年復故。文帝元年復屬趙國。景帝三同。

年復故；四年復屬趙國。後以支郡收。屬冀州，莽又分其地置郡，曰和戎。見東觀漢紀。

常山郡，高帝置。莽曰井關。屬冀州。

當云故屬秦邯鄲郡。楚漢之際屬趙國，尋爲常山國；八月復屬趙國。高帝三年屬漢，爲郡；四年復以屬趙國。高后二年復爲常山國。文帝元年復屬趙國。景帝二年復故。以過削。中五年復爲常山國。武帝元鼎三年復故。屬冀州。莽曰井關。

清河郡，高帝置。莽曰平河。屬冀州。

當云故屬秦鉅鹿郡。高帝分置，仍屬趙國。景帝中三年別爲清河國。武帝建元六年復故。元鼎三年復爲國。宣帝地節四年復故。元帝初元二年復爲國；永光元年復故。平帝元始二年，莽又分清河地爲廣宗國，其郡如故。志無廣宗縣，蓋莽分置也。其地當在清河。續志，鉅鹿郡有廣宗縣。

案：此段仍應有『屬冀州，莽曰平河』七字，疑寫本脱去。

涿郡，高帝置。莽曰垣翰。屬幽州。

當云故屬秦漁陽郡。楚漢之際屬燕國。高帝六年分置，仍屬燕國。武帝元朔二年復故。元狩三年復屬燕國。昭帝元鳳元年復故。屬幽州。莽曰垣翰。

勃海郡，高帝置。莽曰迎河。屬幽州。

當云故屬秦鉅鹿郡。高帝分置，仍屬趙國。景帝後以支郡收。武帝元狩三年屬燕國。昭帝元鳳元年復故。屬幽州。莽曰迎河。

平原郡，高帝置。莽曰河平。屬青州。

當云故屬秦齊郡。高帝六年分置，見水經注。屬齊國。景帝後以支郡收。徐廣曰：『平原以分濟北。』誤。屬青州。莽曰河平。

千乘郡，高帝置。莽曰建信。屬青州。

當云故屬秦齊郡。高帝六年分置，見水經注。屬齊國。景帝後以支郡收。屬青州。莽曰建信。

濟南郡，故齊。文帝十六年別爲濟南國。景帝二年爲郡。莽曰樂安。屬青州。

當云故屬秦齊郡。高帝分置，仍屬齊國。高后元年爲呂國；七年更爲濟川國。文帝元年復屬齊國；十六年別爲濟南國。景帝二年復故。屬青州。莽曰樂安。

高后封平昌侯太爲呂王，已而改號濟川王，見史記，則濟南即濟川也。胡棋磵失考，乃曰在濟南、濟北之間，誤也。顧宛溪又失考，謂太所封之濟川即梁之濟川，而不知梁之濟川是陳留，乃景帝所封，梁孝王子在濟陽，其國名亦曰濟川，而非太所封之濟川也。案平昌侯太，見史記呂后紀，惠帝子也。今本漢書恩澤侯表又作昌平侯太。

泰山郡，高帝置。屬兖州。

當云故屬秦齊郡。楚漢之際屬齊國，尋爲濟北國，五月復屬齊國；分置濟北、博陽二郡。高帝四年屬漢，改博陽曰泰山，仍屬齊國。文帝二年别屬濟北國；四年復故；十六年復屬濟北國。景帝四年復故；五年復屬濟北國。武帝元鼎元年獻泰山及其旁邑，其國如故。後元二年，并濟北入泰山。屬兖州。

前志泰山郡之博縣，即博陽也。貢父疑博陽置郡之無徵，不知即泰山也。秦高未置縣以前，泰山即治博縣，以是益知其爲博陽也。

齊郡，秦置。莽曰濟南。屬青州。

當云故秦郡。楚漢之際改名臨淄郡，屬齊國。漢復改，仍屬齊國；五年屬楚國；六年復爲齊國。武帝元朔三年復故；元狩二年復爲國；元封元年復故。屬青州。莽曰濟南。

北海郡，景帝中元年置。屬青州。案今本作中二年。

當云故屬秦齊郡。文帝十六年屬甾川國。景帝中二年分置；尋以支郡收。屬青州。

東萊郡，高帝置。屬青州。

當云故屬秦琅邪郡。高帝分置，屬齊國。景帝後以支郡收。屬青州。

琅邪郡，秦置。莽曰填夷。屬徐州。

當云故秦郡。楚漢之際屬齊國。高帝四年屬漢，以屬齊國；五年屬楚國；六年仍屬齊國。

高后七年爲琅邪國。文帝元年復屬齊國。水經注曰『二年』，誤也。景帝後以支郡收。屬徐州。

莽曰填夷。

東海郡，高帝置。莽曰沂平。屬徐州。

當云故秦郡。楚漢之際改名郯郡，屬楚國。高帝五年屬漢，復故，仍屬楚國。景帝二年復故。以過削。屬徐州。莽曰沂平。

臨淮郡，武帝元狩六年置。莽曰淮平。

當云故屬東陽郡，楚漢之際屬楚國。高帝五年屬漢，仍屬楚國；六年屬荆國；十二年屬吴國。景帝四年屬江都國。武帝元狩二年屬廣陵郡；六年分置郡，仍屬廣陵國。宣帝五鳳四年復故。屬徐州。莽曰淮平。

會稽郡，秦置。高帝六年爲荆國；十二年更名吴。景帝四年屬江都。原父曰：『會稽于景帝後未嘗屬江都。』屬揚州。

當云故秦郡。楚漢之際屬楚國，分置吴郡。高帝五年屬漢，仍屬楚國；六年屬荆國；十二年屬吴國。景帝四年復故。武帝時省吴郡。説見前卷。屬揚州。

丹揚郡，故鄣郡，屬江都。武帝元封二年更名。屬揚州。

當云故屬秦會稽郡。楚漢之際分置鄣郡，屬楚國。高帝五年屬漢，仍屬楚國；六年屬荆國；

十二年屬吳國。景帝四年屬江都國。武帝元狩二年爲郡；六年屬廣陵國；元封二年更郡名，仍屬廣陵國。宣帝五鳳四年復故。成帝鴻嘉二年分丹陽之黝縣爲廣德國，其郡如故；四年復屬于郡。平帝元始二年復爲國，其郡如故。屬揚州。

豫章郡，高帝置。莽曰九江。屬揚州。

當云故屬秦九江郡。楚漢之際分置郡，屬九江國。高帝五年因之，屬淮南國。文帝六年復爲郡；十六年復屬淮南國。武帝元狩元年復故。屬揚州。莽曰九江。吳濞傳中之豫章，皆鄣郡之訛，韋昭言之矣。楪碉乃曰『豫章分鄣郡置』，甚哉其妄也。

桂陽郡，高帝置。莽曰南平。屬荆州。

當云故屬秦長沙郡。義帝都。高帝二年分長沙置；見水經注。五年屬長沙國。景帝後以邊郡收。南粤、閩粤未平，故桂陽、廬江、豫章、會稽皆爲邊，史記所謂南邊也。屬荆州。莽曰南平。

武陵郡，高帝置。莽曰建平。屬荆州。

當云故秦黔中郡。楚漢之際屬楚國。高帝二年屬漢，更名。見水經注。屬荆州。莽曰建平。

零陵郡，武帝元鼎六年置。莽曰九疑。屬荆州。

當云故屬桂陽郡。武帝元鼎六年分置。屬荆州。莽曰九疑。

漢中郡，秦置。莽曰新城。案『城』今本作『成』。屬益州。

當云故秦郡。高帝元年所建國。屬益州。莽曰新城。

廣漢郡，高帝置。莽曰就都。屬益州。

當云故屬秦巴、蜀、漢中三郡。高帝六年分置。見水經注。屬益州。莽曰就都。

蜀郡，秦置。莽曰導江。屬益州。

當云故秦郡。高帝始建國三郡之一。武帝元鼎六年，以筰都地置沈黎郡。天漢四年省入蜀郡西部；又以冉駹地置汶山郡。宣帝地節三年省入蜀郡北部。屬益州。莽曰導江。

犍爲郡，武帝建元六年開。莽曰西順。屬益州。

當云故大夜郎國。武帝建元六年開。屬益州。莽曰西順。

越巂郡，武帝元鼎六年開。莽曰集巂。屬益州。

當云故邛都國。武帝元鼎六年開。屬益州。莽曰集巂。

益州郡，武帝元封二年開。莽曰就新。屬益州。

當云故滇國；其葉榆縣，故葉榆國；其不韋縣，故九隆哀牢國。武帝元封二年開。屬益州。莽曰就新。案：九隆哀牢句旁，原有批云：『西南夷傳無九隆國名，二字疑誤。』非也。考後漢書西南夷傳『哀牢夷』條，備載九隆名義，惟常璩南中志『古哀牢國』條，九隆又作元隆，凡五見皆然。似應從范書爲是。

牂柯郡，武帝元鼎六年開。莽曰同亭。屬益州。

當云故夜郎國。武帝元鼎六年開。屬益州。莽曰同亭。

巴郡，秦置。屬益州。

當云故秦郡。高帝始建國三郡之一。屬益州。

武都郡，武帝元鼎六年置。莽曰樂平。

當云故白馬氐國。武帝元鼎六年開。屬涼州。莽曰樂平。

隴西郡，秦置。莽曰厭戎。

當云故秦郡。楚漢之際屬雍國。高帝二年屬漢。屬涼州。莽曰厭戎。

金城郡，昭帝始元六年置。莽曰西海。

當云昭帝始元六年分天水、隴西、張掖各二縣置。屬朔方。莽曰西海。

天水郡，武帝元鼎三年置。莽曰填戎。

當云武帝元鼎三年分隴西置。屬涼州。莽曰填戎；又分其縣爲郡，曰阿陽。見水經注。

武威郡，故匈奴休屠王地。武帝太初四年開。莽曰張掖。

當云故匈奴休屠王地。武帝元狩二年開。屬朔方。莽曰張掖。

本紀與志置郡之年不合。温公曰：『本紀是也。以下三郡同。』

張掖郡，故匈奴昆邪王地。武帝太初元年開。莽曰設平。案『平』今本作『屏』。

當云武帝元鼎六年分武威置。屬朔方。莽曰設平。張掖非昆邪所屬，志誤，今從楳磵。

酒泉郡，武帝太初元年開。莽曰輔平。

當云故匈奴昆邪王地。武帝元狩二年開。屬朔方。莽曰輔平。

據匈奴傳，則初置止酒泉一郡，武威亦稍後之。今從本紀。

敦煌郡，武帝後元二年開。莽曰敦德。案今本作『後元年分酒泉置』。

當云武帝元鼎六年分酒泉置。屬朔方。莽曰敦德。

安定郡，武帝元鼎三年置。

當云武帝元鼎三年分隴西置。屬涼州。

北地郡，秦置。莽曰威戎。

當云故秦郡。楚漢之際屬雍國。高帝二年屬漢。屬涼州。莽曰威戎。

上郡，秦置。高帝元年更爲翟國；十月復故。屬并州。

當云故秦郡。楚漢之際爲翟國。高帝元年八月屬漢。本屬涼州，武帝後屬并州。莽曰增山。

異姓諸侯王表作『元年八月』，本紀作『二年六月』，此又作『元年十月』，紀志皆誤，表是也。增山之名，見續漢書，而水經注引之。

西河郡，武帝元朔四年置。莽曰歸新。屬并州。

當云故屬秦上郡。武帝元朔四年分置。屬并州。莽曰歸新。

朔方郡，武帝元朔二年開。莽曰溝搜。屬并州。

當云故屬秦九原郡。漢初入匈奴。武帝元朔二年開，别稱朔方州，置刺史，監河西諸郡事。莽曰溝搜。中興後始省朔方入并州，而以所監諸郡屬涼州。本志以爲元朔即屬并州，誤也。揚雄十二州箴已無朔方，蓋平帝時莽省，而中興因之。

五原郡，秦九原郡。武帝元朔二年更名。莽曰獲降。屬并州。

當云故秦九原郡。漢初入匈奴。武帝元朔二年開。屬朔方。莽曰獲降。五原與朔方同置。知漢初尚無九原郡，非但更名而已。見本紀。朔方、五原既歸中國，而後河西得闢，故别爲州。

雲中郡，秦置。莽曰受降。屬并州。

當云故秦郡，楚漢之際屬趙國；尋分屬代國。高帝三年屬漢；四年復以屬趙國；六年屬代國；十一年以邊郡收。見本紀。屬并州。莽曰受降。是乃收邊郡之始。景帝後則盡收之。

定襄郡，高帝置。莽曰得降。屬并州。

當云故屬秦太原、雁門二郡。高帝六年分置。見水經注。屬代國。景帝後以邊郡收。屬并州。莽曰得降。
雁門郡，秦置。莽曰填狄。屬并州。
當云故秦郡。楚漢之際屬趙國；尋分屬代國。高帝三年屬漢；四年仍屬趙國；六年屬代國。景帝後以邊郡收。屬并州。莽曰填狄。
代郡，秦置。莽曰厭狄。屬幽州。
當云故秦郡。楚漢之際屬趙國，尋爲代國。高帝三年屬漢；六年仍爲代國。武帝元鼎三年復故。屬幽州。莽曰厭狄。
上谷郡，秦置。莽曰朔調。屬幽州。
當云故秦郡。楚漢之際屬燕國。高帝六年屬漢；仍屬燕國。景帝後以邊郡收。屬幽州。莽曰朔調。
漁陽郡，秦置。莽曰通潞。屬幽州。
當云故秦郡。楚漢之際屬燕國。高帝六年屬漢；仍屬燕國。景帝後以邊郡收。屬幽州。莽曰通潞。
右北平郡，秦置。莽曰北順。屬幽州。
當云故秦郡。楚漢之際屬燕國；尋分爲遼東國，六月復故。高帝六年屬漢，仍屬燕國。景帝後以邊郡收。屬幽州。莽曰北順。

遼西郡，秦置。屬幽州。

當云故秦郡。楚漢之際屬燕國；尋分屬遼東國，六月復故。高帝六年屬漢，仍屬燕國。景帝後以邊郡收。屬幽州。

遼東郡，秦置。屬幽州。

當云故秦郡。楚漢之際屬燕國；尋分屬遼東國，六月復故。高帝六年屬漢，仍屬燕國。景帝後以邊郡收。屬幽州。

玄菟郡，武帝元封三年開。莽曰下句驪。〔校〕『句』，底本作『駒』，據粵雅堂叢書本改。屬幽州。

當云故朝鮮國地。武帝元封三年開。屬幽州。莽曰下句驪。

樂浪郡，武帝元封三年開。莽曰樂鮮。屬幽州。

當云故朝鮮國地。武帝元封三年開；時又開臨屯郡，治東暆縣，案：『暆』，武帝紀注从月，作『𦝫』。領十五城；真番郡，治霅縣，領十五城。昭帝始元五年罷真番，〔校〕『始元五年』，底本誤作『元始元年』。後臨屯亦罷。不知其年。先是元朔元年，以東夷薉君地置滄海郡。案：『滄海』，武帝紀作『蒼海』。三年罷。尋置樂浪東部，即其地。見陳壽魏志。屬幽州。莽曰樂鮮。

南海郡，秦置。秦敗，尉佗王此地。武帝元鼎六年開。屬交州。

當云故秦郡。後爲尉佗及南武侯織國。織亡，俱入于佗。武帝元鼎六年開。屬交阯。

尉佗據南海，其南武侯織亦稍分之，漢封爲南海王者也。淮南屬王滅織，遷之上淦，佗始得據，予别有考。南粤七郡，至後漢末始稱交州，前此但稱交阯刺史，班史安得遽稱交州？是必後人妄行竄改者。

鬱林郡，故秦桂林郡，屬尉佗。武帝元鼎六年開，更名。莽曰鬱平。屬交州。

案：鬱林郡『當云某某』一段，寫本無之，尚可仍班氏舊説，無煩改訂。惟此下蒼梧郡本文，則寫本全脱，今據志注補録如左。

蒼梧郡，武帝元鼎六年開。莽曰新廣。屬交州。

當云故秦桂林郡。後爲蒼梧國，屬尉佗。武帝元鼎六年開。屬交阯。莽曰新廣。

交阯郡，武帝元鼎六年開。屬交州。

當云故屬秦桂林郡。後爲西于國，屬尉佗。見功臣侯表。案表未見此文，〔校〕表有此文。疑誤。武帝元鼎六年開，别稱交阯刺史，監諸郡事。

合浦郡，武帝元鼎六年開。莽曰桓合。屬交州。

當云故屬秦桂林郡，後復爲駱越諸種國，屬尉佗。武帝元鼎六年開。屬交阯。莽曰桓合。

九真郡，武帝元鼎六年開。

當云故屬秦南海郡，後復爲駱越諸種國，屬尉佗。武帝元鼎六年開。屬交阯。

日南郡，故秦象郡。武帝元鼎六年開，更名。屬交州。

當云故秦象郡，後復爲駱越諸種國，屬尉佗。武帝元鼎六年開。昭帝元鳳五年罷。分屬鬱林、牂柯；未幾復屬交阯。昭紀曰『罷象郡』，誤也，但復置之年不可考。

趙國，故秦邯鄲郡。高帝四年爲趙國。景帝三年復爲郡；五年復故。莽曰桓亭。屬冀州。

當云故邯鄲郡。〔校〕『邯鄲郡』，底本誤作『邯鄲國』。楚漢之際爲趙國，尋爲常山國，八月復爲趙國。高帝四年屬漢，仍爲趙國。景帝三年復爲郡；五年復故。屬冀州。莽曰桓亭。

廣平國，武帝征和二年置，爲平于國。宣帝五鳳二年復故。莽曰富昌。屬冀州。

當云故屬鉅鹿郡。景帝中六年分置廣平郡。武帝征和二年置平千國。案趙敬肅王傳又作平干。宣帝五鳳二年復爲郡。哀帝建平二年更置廣平國。屬冀州。莽曰富昌。

水經注曰：『景帝中六年，改鉅鹿爲廣平』，誤也。廣平乃鉅鹿之分郡，鉅鹿固無恙也。故中興復省廣平入鉅鹿。酷吏傳『王温舒爲廣平都尉』，事在征和之先，則置自景帝明矣。且志言『五鳳二年復故』，則舊有廣平郡名可知，蓋脱文也。

真定國，武帝元鼎四年別爲國。案此誤寫，應依今本作四年置。屬冀州。

當云故屬常山郡，武帝元鼎四年別爲國。屬冀州。

中山國，高帝郡。景帝二年案今本作三年。爲國。莽曰常山，屬冀州。

當云故屬代郡。高帝分置，屬趙國。景帝二年，別爲國。宣帝五鳳三年爲郡。元帝永元元年復爲國。屬冀州。莽曰常山。

信都國，景帝二年爲廣川國。宣帝甘露三年復故。原父曰：『當云景帝前二年爲廣川國，四年爲信都郡，中二年復爲廣川國。宣帝甘露四年復故。』莽曰新博。屬冀州。

當云故屬秦邯鄲郡。景帝二年別爲廣川國，四年更爲廣川郡，中二年復爲廣川國。宣帝本始四年復故，地節四年復爲廣川國，甘露四年復故。元帝建昭二年更爲信都國。成帝陽朔二年復故。哀帝建平二年復爲信都國。原父失去大半。屬冀州。莽曰新博。

河間國，故趙。文帝二年別爲國。莽曰朔定。

當云故屬趙國。高帝分置郡，仍屬趙國。文帝二年別爲國，十五年復爲郡。景帝二年復爲國。元帝建昭元年復爲郡。成帝建始元年復爲國。屬冀州。莽曰朔定。

廣陽國，高帝燕國。昭帝元鳳元年爲廣陽郡。宣帝本始元年更爲國。莽曰廣有。

當云故屬秦漁陽郡。或曰始皇滅燕，即置廣陽，所未詳也。水經注。楚漢之際爲燕國。高帝六年屬漢，仍爲燕國。武帝元朔二年爲燕郡。見徐樂傳。元狩二年更爲國。昭帝元鳳元年爲廣陽郡。宣帝本始元年更爲國。屬幽州。莽曰廣有。

甾川國，故齊。文帝十六年別爲國，後并北海。案今本作十八年。

當云故屬齊國。文帝十六年別爲國。景帝二年爲郡。四年復爲國。武帝時，其地多并入北海，而割臨菑之東予之。屬青州。

膠東國，故齊。高帝元年別爲國，五月復屬齊國。文帝十六年復爲國。莽曰郁秩。

當云故屬秦琅邪郡。楚漢之際屬齊國，尋別爲膠東國；五月復屬齊國，因置郡。高帝四年屬漢，仍屬齊國。文帝十六年別爲國。景帝二年爲郡，四年復爲國。屬青州。莽曰郁秩。

高密國，故齊。文帝十六年別爲膠西國。宣帝本始元年更爲高密國。

當云故屬秦琅邪郡。楚漢之際屬齊國；分置膠西郡。高帝四年屬漢，仍屬齊國。文帝十六年別爲國。景帝二年爲郡；三年復爲國。武帝元封三年爲郡。宣帝本始元年更爲高密國。屬青州。

城陽國，故齊。文帝二年別爲國。莽曰莒陵。屬兖州。

當云秦琅邪郡。楚漢之際屬齊國，分置郡。高帝四年屬漢，仍屬齊國。惠帝元年爲魯元公主湯沐邑，置魯國。文帝元年復屬齊國；二年別爲國；八年復爲郡，屬齊國；城陽王徙淮南後，以城陽郡予齊，見史記諸侯王表。十二年復爲國。成帝鴻嘉三年復爲郡。永始元年復爲國。屬兖州。莽曰莒陵。

淮陽國，高帝十一年置。莽曰新平。屬兖州。

當云故屬秦楚郡。楚漢之際屬楚國。高帝五年屬漢，仍屬楚國。六年置淮陽郡；十一年爲國。惠帝元年爲郡。高后元年復爲國；四年爲郡。宣帝元康三年復爲國。屬兖州。莽曰新平。

顧宛溪曰『淮陽故秦潁川郡地』，非也。淮陽是陳，陳乃楚地，安得云屬潁川？此蓋因漢初韓王信兼有淮陽而誤。

梁國，故秦碭郡。高帝五年爲梁國。莽曰陳定。屬豫州。

當云故秦碭郡。楚漢之際屬楚國。高帝五年屬漢，爲梁國。文帝元年復爲郡；二年復爲國。平帝元始三年復爲郡；五年復爲國。屬豫州。莽曰陳定。

東平國，故梁國。景帝中六年，别爲濟東國。武帝元鼎元年爲大河郡。宣帝甘露二年爲東平國。莽曰有鹽。屬兖州。

當云故屬秦齊郡。楚漢之際屬楚國。高帝五年屬漢，以屬梁國。景帝中六年别爲濟東國。武帝元鼎元年爲大河郡。宣帝甘露二年更爲東平國。哀帝建平三年復爲郡。平帝元始元年復爲國。屬兖州。莽曰有鹽。

東平本宋地，宋亡齊得之，本不屬梁。其屬梁，自封彭王始也。

魯國，故秦薛郡。高后元年爲魯國。屬豫州。

當云故秦薛郡。楚漢之際屬楚國。高帝五年屬漢，仍屬楚國。景帝二年爲魯國。成帝陽朔三年爲郡。哀帝建平三年復爲國。屬徐州。

薛郡，高帝所以封楚王，而薛之魯縣，魯元公主之食邑。當高后時，未嘗奪楚之薛郡以封張偃也。張偃之國，乃齊所割之城陽郡，故莒國也。莒與魯接，而公主食邑在魯，因稱魯王，非能全得薛郡之地也。楚之薛郡，至景帝時削，見鼂錯傳。次年景帝始以封其子。志言高后元年爲魯，誤也；又言屬豫，更謬。

楚國，高帝置。宣帝地節元年更爲彭城郡。黄龍元年復故。莽曰和樂。屬徐州。

當云故秦楚郡。楚漢之際爲楚國。高帝五年屬漢，仍屬楚國。宣帝地節元年更爲彭城郡。黄龍元年復爲楚國。屬徐。莽曰和樂。

泗水國，故東海郡。武帝元鼎四年别爲泗水國。莽曰水順。

當云故屬秦東海郡，高帝因之，屬楚國。景帝二年復故。武帝元鼎三年别爲國。〔校〕『元鼎三年』，底本誤作『元鼎二年』。屬徐州。莽曰水順。諸侯王表作三年，〔校〕『三年』，底本誤作『二年』。當是志誤也。

廣陵國，高帝二年屬荆國；案『國』今本作『州』。十一年更屬吴國。景帝四年更名江都。武帝元狩三年更名廣陵。莽曰江平。屬徐州。

當云故屬秦東海郡。楚漢之際置東陽郡，屬楚國。高帝五年屬漢，仍屬楚國；六年爲荆國；十一年爲吴國。景帝三年爲郡；四年更爲江都國。武帝元狩二年爲廣陵郡；六年復爲國。宣帝五鳳四年爲郡。元帝初元二年復爲國。平帝元始二年，分廣陵國爲廣世國，以封江都易王後，廣世不知其地，莽所置也。屬徐州。莽曰江平。

本紀誤作廣川，本傳誤作廣陵。今依本表爲廣世。

六安國，故楚。高帝元年别爲衡山國；五年屬淮南。文帝十六年復爲衡山。武帝元狩二年别爲六安國。莽曰安風。

當云故屬秦九江郡。楚漢之際爲衡山國，仍屬楚國。吴芮地爲項王所奪，見高帝詔。高帝五年屬漢，更屬淮南國。文帝十六年别爲衡山國。武帝元狩元年更爲六安國。見史記諸侯王表。三年爲六安國，案『爲』字上，似脱『别』字。屬揚州。莽曰安風。

吴芮雖以衡山爲國，而都邾，九江王英布實都于六，則六安蓋兩割九江、衡山之地以成封域者也。

長沙國，秦郡。高帝五年爲國。莽曰填蠻。屬荆州。

當云故秦郡。楚漢之際爲義帝都。高帝二年。見水經注。五年爲國。文帝後七年爲郡。景帝元年復爲國。屬荆州。莽曰填蠻。案『高帝二年』下疑有脱文，應與桂陽郡條參看。

予校地志，而歎高帝之兵法豈項王之豕突所能當也！元年即置渭南、河上諸郡，困章邯于圍中，楚救不能飛渡河渭之間矣。二年即因王陵以得楚之南陽，東兵不得窺武關矣。故項王遣兵距漢于陽夏，而陽夏以西入漢矣。義帝之亡也，高帝告諸侯曰：『寡人悉發關中兵，收三河士，南浮江漢以下擊楚。』胡棋磵曰：『謂由三河以攻其北，又南下江漢以夾攻之也。』及考漢兵之出，未聞有由江漢以下者。近考水經注，則高帝之置長沙、黔中，皆在二年，乃知高帝全師以出彭城，而一旅之乘虛者，已拚二郡之地而有之，所謂南浮江漢之軍，史失載之，可以道元書補其缺也。項王弒義帝，而不能使諸將守其地，反以資漢，愚矣。況長沙、黔中入漢，則江漢間震動，而共敖輩日不暇給，楚人三面受敵，何以自支？故曰即地志而悟張良、韓信之兵法，所以佐高帝者精矣。

漢書地理志稽疑卷三

郡國縣邑詳考及注可疑

百三郡國諸縣邑，間亦有未詳考者，一一舉之，并及注之可疑者附焉。

京兆

華陰

當有『京輔都尉治』五字，是傳寫之脱。

南陵

沂水

案：師古曰：『沂，先歷反。』則讀如涅，而水經注引作滻水。以地而言，滻水是也，並無沂水，但師古不應妄著如此。考南陽有泥水，或以泥水通作沂水，而泥故有涅音，亦未可定也。夏侯嬰食邑沂陽，是時漢未有魯地，其南陵之沂陽乎？然則非溠水也。

馮翊

臨晉　故大荔，秦獲之，更名。有芮鄉，故芮國。

大荔國在北地，秦滅之，遷其民于此耳。後人遂以大荔爲芮，合而一之。

沈陽　當作汧陽，即潏水也，傳寫之譌。

扶風

郁夷　詩：『周道郁夷。』

恐不因詩得名，疑是古西夷種落之名。

武功　有淮水祠。

淮水不得祠于武功，當是渭水之誤。

弘農

宜陽　在澠池，有鐵官也。

齊召南曰：『七字乃弘農郡下之文，錯簡複出于此。』

丹水　『水出上雒，東至析入鈞』。師古曰：『鈞，亦水名也。』

鈞水即本志盧氏縣下之育水。班氏錯舉其名，而師古不能實指之，似別有一鈞水矣。『鈞』，水經作『沟』。

太原

廣武 河主賈屋山在北。

河主當作句注，傳寫之誤。

上黨

屯留 當云故赤狄留吁之國。

銅鞮 當云晉大夫羊舌赤邑。

高都 有天井關。

既見于此，則上黨郡下此句可芟。

河内

山陽 『東太行山』。師古曰：『行，胡郎反。』

杭世駿曰：『行，本讀如字，顔音晚出。』

隆慮　國水　水經注不載，但有谷口津，見河水篇。或曰『即國水也』。胡渭曰：『東京以後無此水。』

河南　雒陽　『户五萬二千八百三十九』，字誤溷入河南郡下小字。『莽曰義陽』，今本誤作『宜陽』。宋白曰：『秦三川郡治洛陽，後徙滎陽。』胡三省曰：『秦滅周，置三川郡。』則其治宜在雒陽。予謂二家之言皆有誤。秦莊襄王元年，取韓滎陽，已置三川郡矣。不治滎陽而安治乎？其後或徙洛陽耳。

東郡　黎　孟康曰：『詩黎侯國。』黎在上黨之壺關，不在此，其得名蓋以黎侯之所寓也。孟説謬。

陳留　尉氏　應劭曰：『鄭之别獄也。』鄭之尉氏，以其官氏而食邑于此，因以名獄，非獄在此也。

濟陽　當云即濟川王國，見水經注。

潁川

父城　周武王弟所封。

『成』字誤作『武』。

汝南

細陽　案：説文是『洅』字，非『細』字。

寑　應劭曰：『孫叔敖之寑丘也。世祖更名固始。』仲馮以淮陽國别有一固始縣，故疑此寑非孫叔敖所封，非也。汝南之寑，實與淮陽之固始接，皆春秋時丘之地。世祖并淮陽之固始入于陽夏，而以汝南之寑爲固始，志不盡詳，故啟仲馮之疑。

南陽

宛　有北筮山。　育陽　有南筮聚。筮，水經注引作澨，或以爲即禹貢之三澨者也。

育陽　應劭曰：『育水出弘農盧氏。』酈曰：『育水出西北。』

此二育水也。育陽之育水，即鈞水，已見弘農郡，水經注作沟水者也。酈之育水，則水經作淯水者也，不可溷舉。師古未能分晰疏通。

雉　灃水東至郾入汝。師古曰：『郾音屋。』

汝、潁之間無郾縣，乃『酈』字，非『郾』字，師古謬爲之音。

南郡

當陽　施廷樞曰：『謂當陽水之上也。』

江夏

安陸　横尾山，古文以爲陪尾山。

泗水豈有導自安陸者？昔人辨之久矣。

廬江

舒　當云故廬江王都。

皖　杜佑云：『有皖水。』

九江

壽春邑

當云故淮南王長都，後以爲邑。

合肥　應劭曰：『夏水出父城東南，至此與淮合，故曰合肥。』夏肥水豈得至合肥？應劭之妄言也。蓋誤以夏肥水爲肥水，别有詳駁，見予水經注重校本中。

山陽

湖陵　禹貢『浮于淮泗，通于河』。水在南。應劭曰：『尚書一名湖。』此有脱文，當作『禹貢「浮于淮泗，通于菏。」菏水在南。』應劭曰：『尚書，河，一作菏。』

橐　臣瓚曰：『音拓。』瓚音是也，而師古于功臣侯表乃以『公老反』音之，則『槁』字也，大謬。

濟陰

定陶

當云故梁王彭越都。

乘氏　泗水東南至睢陵入淮。應劭曰：『春秋敗宋師于乘丘，是也。』

據水經注，乃是菏水，非泗水也。泗水見魯國卞縣下。

乘丘在泰山，魯地。乘氏别一邑。

沛郡

鄲　孟康曰：『音多。』

沈炳巽曰：『據史記所引，是音多寒反，仍讀如邯鄲之鄲。今脱去二字，丁度安收入歌部韻中。』

魏郡

元城　當云大河所築沙丘堰之地。

鉅鹿

鄡　師古詳其音而不詳其形，當云：『鄡』即『鄵』字。本志真定國緜曼縣下，則正作『鄵』字。

常山

元氏　沮水首受中丘西山窮泉谷，東至堂陽入黄河。

以郭氏山經注校之，沮水乃泜水也，音相近而訛。不然常山無沮水，遂成萬古之疑。洪邁曰：『應劭謂元城以魏公子元得名，闞駰謂元氏以趙公子元得名，其説可疑。』

中丘 逢山長谷，諸水所出，東至張邑入濁。

『諸水』是渚水，考之説文始得了然。入濁乃入渦也。石勒與遼西段氏兄弟盟于渚陽，蓋其地矣。胡棋碉不知，故渾注之。世無善本，雖博物如原父、貢父，亦難懸空校定，況我輩乎！

清河

靈 胡三省曰：『殆即齊之靈丘。』閻若璩曰：『亦無徵。』于欽曰『在滕縣』，則非也。

涿郡

范陽 莽曰順陰。

以在順水之陰也。

勃海

蒲領 水經注作『扶領』者謬。

平原

漯陰 莽曰翼成。

水經注:『莽曰巨武。』

樓虛

齊召南曰:『當作楊虛,誤也。』見後卷。

千乘

千乘　有鐵官。

千乘郡下已曰『有鐵官』矣,本縣無須複出。

高苑　案:志作高宛。

史記膠西王都宛。案:膠西後改爲高密,無苑縣,徐廣遂以高宛當之,殆非也。或者膠西之苑縣,武帝以後并省耳。抑或高苑初屬膠西,而後割爲千乘耶?

濟南

歷城　當云有濼水。

泰山

盧　濟北王都也。

案:濟北王傳云:『國除,爲北安縣。』今志無此縣,殆其後改名爲盧者。

蛇丘　隧鄉，故隧國，春秋曰：『齊人殲于隧。』

隧當作遂，此直是流俗本之譌，而師古不能正之。

蓋　洙水至蓋入池水。

水經注曰：『池，當作泗。』

齊郡

臨朐　石膏山，洋水所出。

即巨洋水，疑脱『巨』字。

北海

劇

水經注引志曰：『王莽更名愈縣。』今無此文。

東萊

腄　有之罘山祠，居上山，聲洋丹水所出。

當作『居上山聲洋河』。

『腄』亦作『錘』，樂史更于文登縣云：『丹水蓋在今縣西七十里清陽水側近，〔校〕『在今縣西七十里』者，當爲腄舊城，非丹水也。與之罘山相對。』顧祖禹曰：『亦謂之清洋河，殆即「聲洋」之轉。今福山境也。』然則漢志殆失去一『河』字。

曲成　亦作曲成。案：此句應再考。

琅邪

海西　東京初年劉永封董憲之地，東海亦有此縣。今流俗本大抵譌爲海曲。

朱虚　師古所疑汶水有二之説，蓋讀水經注不熟也。

長廣　奚養澤在西。

職方之澤，惟此湮没。

椑　夜頭水經椑南至海。

欒史曰：『夜頭水，諸地書皆失所在，即輿地志之向水也。椑縣在今莒縣南七十里，故向城。

向，春秋時故邑也。』

東海

下邳　當云故楚王韓信都。

繒　禹後。

然則即鄫也，亦即曾也。

平曲　莽曰平端。

平曲　莽曰端平。

齊召南曰：『縣邑同名者，皆異郡，故或加東、西等字以別之。東海一郡而平曲二邑同名，殊不可曉。以莽所更名推之，一顛一倒，或者第二平曲是曲平。』予案水經注誤引平曲作西平，苟非曲平，何以成此誤乎？召南之説得予言，實佳證也。

臨淮

僮

宜依水經注作潼，蓋以潼水得名。

會稽

餘杭　莽曰進睦。

何倬曰：『宋本是淮睦。』予案南史有下淮，其地在此，淮睦所由名也。

鄞

當有『東部都尉治』五字，見宋志，而今本脱之。案原本有錢唐一條，云：『錢唐在吳之東，何以部反曰西？洪适曲爲之説而不得，予謂乃「東」字之譌』云云。大約考得鄞條，故將錢唐條删去。今據寫本原批，録而存之。

丹陽

丹陽　熊繹所封。

誤以吴地爲楚地，昔人辨之久矣。

黝　漸江水出南蠻夷中。

唐盧潘引志文作浙江，出黝縣南率山東。見王氏困學紀聞。

豫章

宜春　南水。

『南』字乃『牽』字之譌。

武陵

鐔成　潭水。

世所傳宋祁校本乃僞書，然其云潭水當作鐔水，則似可從也。

零陵

泠道　莽曰零陵。案今本作『莽曰泠陵』。

既以泠道改爲零陵，則零陵不知又改何名？而今本斷脱。

漢中

房陵　淮水至中離入沔。案今本注作「中廬」。

中離乃中廬也，古字通。

廣漢

什方

侯表亦作「什邡」。案志作「汁方」，本表作「什防」，史記作「汁邡」。

蜀郡

郫　禹貢：「江沱在西。」

顧祖禹曰：「非禹迹也。汶江之江沱亦非禹迹也。」

湔氐道　禹貢岷山在西徼外。江水所出，東南至江都入海，過郡七，行二千六百六十里。

江水所經，豈止于此？及見顧氏祖禹家舊本，乃「過郡九，行二千六百六十里。」

汶江　渽水

以説文考之，是涐水也，傳寫之誤，不足深訝。師古從而音以實之，則駴矣。

犍爲

南廣　符黑水。

謂符縣之黑水也。

越巂

蘇示　巨江在西北。

水經注不載。

益州

牧靡　南山臘涂水所出。案今本『牧』作『收』。

南山之臘谷也，脱一字，以水經校。

牂柯

西隨　尚龍溪。

水經注不載。

武都

武都　東漢水。　沮　荆州川。

東漢水不正其爲大川之名，而反以沮水當之，不知沮水即東漢之支流耳。班志于沔、漢、漾一派最爲茫然。

隴西

氐道　禹貢漾水所出。　西　禹貢西漢所出。

西漢與漾本一，而再書之，甚矣其瞀也。

金城

破羌　『屬國都尉治』五字脱。

天水

平襄　據酈道元語，似天水不治平襄者，不可考矣。

武威

媼圍　六朝之温圍也，字近而訛。

張掖

觻得　羌谷水出羌中。

酒泉

福禄　呼蠶水出南羌中。

敦煌

冥安　南籍端水出南羌中。　龍勒　氏羌水出南羌中。

以上四水皆弱水之支流，入于居延者，漢人皆能導以溉田，亦足見水利之修舉矣。千金之故迹，後世誰其嗣之？而并弱水之源流，亦茫然無知者，可歎也！張掖之番和，爲農部都尉治，田功盛矣。案志注曰『農都尉』，百官表同。張掖有二都尉，一治日勒，一治居延，不知誰主屬國者。予以續志考之，則居延乃屬國都尉也。厚齋以爲日勒者非。

安定

烏氏　烏水出西北入河。

即水經注之黑水也，由渭入河。

祖厲　應劭曰：『祖音（置）〔罝〕。』

案：『祖』本作『䖶』，其作『祖』者，後世之省文也。故易溷于『祖』，而竟忘其爲䖶祝之『䖶』矣。

北地

直路　沮水

歸德　洛水入河。

案『沮』本作『瀘』，其字與江南之『沮』不同。今概作省文，而『沮漆』之與『沮漳』溷矣。

亦由渭以入河。

上郡

高望　北部都尉治。　望松　北部都尉治。

何以有二『北部』字？誤文也。

西河

增山

莽改上郡曰增山，則西河之增山必改名，而今脱矣。案今本上郡無改增山之文。

朔方

渠搜

胡渭曰：『非禹貢之渠搜也。』

雁門郡

馬邑

當云：故韓王信都。

上谷

潘　據水經注乃『濆』字。自此志，續志、晉志、魏志俱作『潘』，以致今本水經注亦作『潘』。若非通鑑注引水經，則誰能蹤跡而正之？

遼西

肥如　玄水。宋祁本謂『玄』作『畜』，妄也。

鬱林

領方　又有橋水。據水經注，是領方縣南有橋水。然誤也，當從漢志。

趙

易陽　應劭曰：『易水出涿郡故安。』此是洺水，亦謂之南易水，故曰易陽。應説非。

襄國　西山，渠水所出。『渠』是『湡』字之譌，見説文。

廣平

曲周　武帝建元四年置。

酈道元曰：『酈商已封曲周，非武帝始置也。』予謂或其鄉邑先有曲周之名，至是置縣耳。

中山

北平

水經注引志曰：『有沈水東入河。』今無此文。案漢志渤海有沈陽，侯國，其即中山沈水之陽乎？非三輔之沈水也。

新處

侯表作辛處，又作薪處。

陸成

當作陘城，以中山之苦陘得名，〔校〕『陘城』『苦陘』之『陘』，底本皆誤作『涇』。誤作『陸』。田叔傳仍作陘城。

河間

候井

樂史曰：候井以井得名，即今弓高縣西北之房將池。此池每日再增減，疑其與海潛通，而地形窄小，有似于井，故以『候井』名其縣。歲月既久，今其泉不復有增減之候矣。

梁

睢陽　地志之首縣，于今爲治，于國爲都，是定例也。然亦偶有不然者。梁都睢陽，而列于八城之末，反首碭。蓋梁故秦之碭郡也。碭郡殆治碭，改而爲梁國，則都睢陽，地志以是未及釐正耳。

魯

蕃　應劭曰：『音皮。』師古所辨魯人爲陳蕃避諱之説，善矣，然未知『蕃』之本無皮音也。胡楳磵曰：『據通典，則蕃乃音反，然則皮字乃反字之譌，非真有皮音也。』斯言足以掃除燕説。

六安

六　當云：故有九江王布都，後別爲衡山王都。

長沙

茶陵　泥水。據水經注作洣水。

水經注引是書，間有爲今所無者。今本之多有脱文，固也。然亦有絶非脱文，而出于酈氏之妄者。如泗水篇曰：『下邳之宿留縣，王莽更名康義。』西京無下邳郡，乃東海郡之屬縣，安得下邳郡有宿留縣乎？本無此縣，莽又何從改名乎？不知道元何所據而言之。

盛唐

見武帝紀。文穎曰：『在盧江。』韋昭曰：『在南郡。』師古曰：『韋説是也。』予案：盛唐在樅陽，則文説是也。師古誤主韋説。

漢書地理志稽疑卷四

十三郡同異

志云：『武帝攘卻胡、（粤）〔越〕，開地斥境，南置交阯，北置朔方之州，兼徐、梁、幽、并夏、周之制，改雍曰涼，改梁曰益，凡十三部，置刺史。』其百官表曰：『元封五年，置刺史，員十三人。』是明以夏、周二代之十一州，增朔方、交阯二刺史爲十三也，司隸校尉所統不與焉。蓋司隸不可言州，校尉不可言刺史，而三輔、三河、弘農爲近畿，故不在十三州之内，猶之秦分三十六郡，而内史不與也。東京省朔方，則十三州少其一，故以司隸充之。百官志曰：『建武中，復置司隸，并領一州。』是蓋以見前者之不得爲州也。自顔師古注平當傳，謬言朔方不在十三州之内，則以司隸爲一部。是蓋以東京之制爲武帝制。而宋儒王厚齋因之，區分其目，載入通鑑地理通釋。今爲之糾其謬而更定之。

司隸校尉部

京兆　馮翊　扶風　弘農　河東　河内　河南

元封置十三部刺史，其時未有司隸也，則朔方焉得不爲十三郡之一。又二十有一年，始以巫蠱置司隸猶未察七郡也。已而罷巫蠱之任，始令察七郡。蓋前此以七郡爲近畿，不置刺史，已而屬之司隸，重王吏以寵之。及成帝時，嘗省司隸之官，哀帝復之，益可知其非十三部之定員也。百官表曰：『御史中丞總部刺史，而司隸不與焉。』是其證矣。

豫州刺史部

潁川　汝南　沛　梁　魯二郡三國。

前漢魯屬徐州，世祖始改屬豫州，見續志。則前志以魯屬豫者誤也，而王氏未及正之。顧宛溪亦仍其謬。

冀州刺史部

魏　鉅鹿　常山　清河　趙　廣平　真定　中山　信都　河間四郡六國。

兖州刺史部

陳留　山陽　濟陰　泰山　東郡　城陽　淮陽　東平五郡三國。

淮陽，續志屬豫州，則前志以爲兖州者，恐亦誤也。

徐州刺史部

琅邪　東海　臨淮　廣陵　泗水　楚三郡三國。

青州刺史部

平原　千乘　濟南　北海　東萊　齊　菑川　膠東　高密六郡三國。

荆州刺史部

高陽　江夏　桂陽　武陵　零陵　南郡　長沙六郡一國。

揚州刺史部

廬江　九江　會稽　丹陽　豫章　六安五郡一國。

益州刺史部

漢中　廣漢　武都　犍爲　越巂　益州　牂柯　蜀八郡。

益州八郡何嘗有武都，蓋涼州之郡也。誤入武都，失去巴郡，則百三郡國止百二矣。

涼州刺史部

隴西　金城　天水　武威　張掖　酒泉　敦煌　安定　北地九郡。

前志自武帝以下十郡，皆不注屬某州，蓋脱文也，而王氏由此而誤。不知前漢之涼州祇武都、隴西、天水、安定、北地五郡，其餘皆朔方州之所統也。二千年來，無知之者。

并州刺史部

太原　上黨　西河　朔方　五原　雲中　定襄　雁門八郡。

前漢之并州祇七郡，其朔方、五原二郡，合河西五郡，共七郡，爲朔方州。東京始以朔方二郡并入并州，河西五郡并入涼州。今王氏皆以續志之分部爲舊制，誤也。

幽州刺史部

渤海　上谷　漁陽　右北平　遼西　遼東　玄菟　樂浪　涿　代　廣陽十郡一國。

交州刺史部

南海　鬱林　蒼梧　交阯　合浦　九真　日南七郡。

當云交阯刺史，未得稱交州也，説見前。

師古所云朔方不在十三州之限，其説絶無所本。若以朔方未得爲州而不與，則交阯亦未得爲州，何以獨與乎？但中興以建武十一年省朔方，而揚雄在建武之前，其作十二州箴已不數朔方，則王莽時已并省。其事見本紀及莽傳。

沈約宋書州郡志曰：『前漢刺史未有所治。』劉昭注續志，亦云『傳車周流，靡有定止。』則其但行部而無公府明矣。然而師古引漢官舊儀曰『刺史有常治，以秋分行部』，則疑沈、劉之説未必然也。夫以秋分行部，則未及秋分以前，豈皆屬京師乎？是必有定止矣。志于太守之治則首縣是也，于都尉之治則亦書，而獨刺史之治不書，何歟？曰：前漢之刺史僅六百石，官尚卑，或以此故不書耳。交廣春秋：『交阯刺史治羸𨻻。元封五年移治蒼梧之廣信。』是前漢刺史之可考者矣。

漢置百三郡國序次志疑

志所載百三郡國序次，似當以十三部分列之，顧不然。惟益部、交部以地相從，其餘先後不可曉，并識之，以俟知者。

首司隸所統郡三：三輔、弘農、河東。

次并部郡二：太原、上黨。

次司隸郡二：河内、河南。

次兖部郡二：東、陳留。

次豫部郡二：潁川、汝南。

次荆部郡三：南陽、南、江夏。

次揚部郡二：廬江、九江。

次兖部郡二：山陽、濟陰。

次豫部郡一：沛。

次冀部郡四：魏、鉅鹿、常山、清河。

次幽部郡二：涿、勃海。

次青部郡三：平原、千乘、濟南。

次兖部郡一：泰山。

次青部郡三：齊、北海、東萊。

次徐部郡三：琅邪、東海、臨淮。

次揚部郡三：會稽、丹陽、豫章。

次荆部郡三：桂陽、武陵、零陵。

次益部郡八：漢中、廣漢、蜀、犍爲、越巂、益州、牂柯、巴。

次涼部郡二：武都、隴西。

次朔部郡一：金城。

次涼部郡一：天水。

次朔部郡四：武威、張掖、酒泉、敦煌。

次涼部郡二：安定、北地。

次并部郡七：上、西河、朔方、五原、雲中、定襄、雁門。并州共七郡，其朔方、五原别爲部，以統河西五郡，不屬并州也。東京罷朔方，始以河西五郡屬凉州，而朔方、五原屬并州。

次幽部郡八：代、上谷、漁陽、右北平、遼西、遼東、玄菟、樂浪。

次交部郡七：南海、鬱林、蒼梧、交阯、合浦、九真、日南。

次冀部國六：趙、廣平、真定、中山、信都、河間。

次幽部國一：廣陽。

次青部國三：甾川、膠東、高密。

次兖部國二：城陽、淮陽。當屬豫州，續志是也。此或誤文。

次豫部國一：梁。

次兖部國一：東平。

次豫部國一：魯。當屬兖州。漢初以魯屬楚國，屬徐州，見續志。此亦誤文。

次徐部國三：楚、泗水、廣陵。

次揚部國一：六安。

次荆部國一：長沙。

史記諸侯王表序曰：『漢初，山以東盡諸侯地，漢獨有三河、東郡、潁川、南陽，自江陵以西至蜀，北自雲中至隴西，與内史，凡十五郡。』漢表同。

案此言似尚有誤。漢初天子自屬之地雖少，然不止十五郡也。三河而外，尚有魏郡，江陵以西尚有武陵，而自雲中至隴西，中歷北地、上郡，然則并内史爲十八郡也：

内史、河南、河東、河内、魏、東、

潁川、南陽、南、武陵、巴、蜀、

漢中、廣漢、隴西、北地、上郡、雲中。

高帝十一年，曾罷東郡以益梁，罷潁川郡以益淮陽。然不久二國皆罷。

枚乘傳諫吴王書：『漢并二十四郡，十七諸侯。』

是言景帝時之封略也，而考之亦不盡合。時景帝已分内史爲二，而取南郡建爲臨江國，則仍十八郡也。楚削東海及薛郡，趙削常山，而長沙王國不復得分，置之桂陽，所謂長沙無南邊。則祇二十二郡也。時方削吴之會稽及鄣郡，故乘以二十四言之，而實則吴不奉削地之詔，二郡未入漢也。其曰『十七諸侯』，以是時所建國數之，亦不合：

吴、楚、淮南、衡山、廬江、齊、城陽、濟南、甾川、膠東、膠西、濟北、燕、趙、梁、代、河間、淮陽、臨江、廣川、汝南。

文、武以前舊國十六，景帝封者六，凡二十二。

七國反後，新封諸國無復兼數郡者。景十三王惟江都王以有寵故，并得丹陽，然已不得會稽矣。而應劭不知何據，謂長沙王入朝，自訴國小，遂益以桂陽、零陵。不知零陵，武帝所分郡也，安得先朝即以賜諸王乎？

九州山藪川浸考遺

漢志所載職方九山、九藪、九川、九浸地望，既列原文于序，又分系之百三郡國下，而不可考者闕焉。然亦有可考而遺之者，今稍爲補綴之，間及師古注文之得失焉。

揚州，其山會稽。

會稽郡山陰縣。

藪具區。

會稽郡吴縣。

川三江。

北江，會稽郡毗陵縣。

中江，丹陽郡陽羡縣。

南江，會稽郡吴縣。

浸五湖。

五湖不書，以其即具區也。

荆州，其山衡。

長沙國湘南縣。

藪雲夢。

南郡華容縣。

川江、漢。

江，蜀湔氐道。大川惟江、河不志其爲某州之川，以非一州所能該也。

漢，武都漆縣。

浸潁、湛。

潁，潁川郡陽城縣。

湛不書，殆不知所在也。鄭康成注職方，亦曰『未之聞矣』。酈道元以爲湛阪之湛水，見汝水篇，然則潁川郡昆陽道也。許叔重以爲當屬豫州，蓋先及之。師古反疑于許氏之説。

豫州，其山華。

京兆華陰縣。

藪圃田。

河南郡中牟縣。

川滎、雒。

滎不書，以已見泲水下也。

雒，弘農上雒縣。

浸波、溠。

波不書，殆不知所在也。康成以爲滎波之波，則與滎水複出。或曰爾雅「水自雒出爲波」之「波」，則與雒水複矣。不知乃水經滍水篇之波水也，出霍陽，蓋河南郡之梁縣也。

溠不書，亦不知所在也。在南陽郡隨縣，見水經涢水篇。左傳所謂「楚師梁溠」者也。

青州，其山沂。

沂不書，脱文也。師古曰：「在泰山郡蓋縣，即沂水所出。」

藪盟諸。

梁國睢陽縣。

川淮、泗。

淮，南陽郡平氏縣。

泗，魯國卞縣。其又書之濟陰郡乘氏縣者，菏水之誤文也。師古猶于所引禹貢中以爲泗所出，蓋讀水經注未熟也。

浸沂、沭。

沂，泰山郡蓋縣。

沭，琅邪郡東莞縣。

兖州，其山岱。

泰山郡博縣。但不曰兖州山。

藪泰壄。

山陽郡鉅壄縣。

川河、泲。

河，金城郡河間縣。但不書某州川。

泲，見幽州。

浸盧、濰。

盧不書，殆不知所在也。師古曰『在濟北盧縣』，非也，濟北無盧水。康成以爲雷澤之雷，則改字矣。考水經注在城陽國盧縣，師古失注。

濰，琅邪郡箕縣。

雍州，其山嶽。

右扶風汧縣。

藪弦蒲

右扶風汧縣。

川涇、汭。

涇，安定郡涇陽縣。

汭，右扶風汧縣。

浸渭、洛。

渭，隴西郡首陽縣。

洛，右馮翊懷德縣。

幽州，其山醫無閭。

醫無閭不書，脱文也。師古曰：『在遼東郡無慮縣。』

藪奚養。案『奚』亦作『豯』。

琅邪郡長廣縣。

川河、泲。

河，已見前。

泲，河東郡垣縣。

浸菑、時。

菑，泰山郡萊蕪縣。

時，千乘郡博昌縣。

冀州，其山霍。

河東郡彘縣。

藪揚紆。

不書，殆不知所在也。酈道元以爲鉅鹿，今本水經注無此文。然疑未可遽定也。

川漳。

上黨郡沾縣。

浸汾潞。

汾，太原郡汾陽縣。

潞不書，殆不知所在也。師古曰『出歸德』，蓋本鄭康成而謬。北地歸德，洛水所出，雍州浸也，豈潞水乎？闞駰曰：『濁漳水即潞水。』然則上黨郡長子縣也，師古失注。

并州，其山恒。

常山郡上曲陽縣。

藪昭餘祁。

太原郡鄔縣。

川虖池、滬夷。案今本『滬』作『嘔』。

虖池，代郡鹵城縣。

滬夷，代郡靈丘縣，而師古于志序中注以爲代郡平舒縣，則誤以爲祁夷之水矣，豈非釋班志而自背班志者乎？

浸淶、易。

淶，代郡廣川縣。案『廣川』應作『廣昌』。

易，涿郡故安縣。

溝洫志水道補箋

溝洫志中歷序春秋以來變更水道之詳，本之河渠篇，乃地志所相爲表裏者也。師古未及詳箋，今補之。

溝洫志曰：『禹疏九川，功施三代。自是之後，滎陽下引河東南爲鴻溝，以通宋、鄭、陳、蔡、曹、衛，與濟、汝、淮、泗，會。』

案地志，河南郡滎陽縣有狼湯渠，首受濟水，東南至陳入潁。狼湯，水經作莨蕩，通典作浪宕。

地志：『陳留郡陳留縣：魯渠水，首受狼湯渠水，東至陽夏，入渦渠。』水經注有渠水篇。附見水經注渠水篇。

地志：『淮陽國，扶溝縣：渦水，首受狼湯渠水，東至向，入淮。』即水經注陰溝水篇也。

地志：『梁國蒙縣：獲水，首受甾獲渠水，東北至彭城，入泗。』

陰溝水之支爲汲水，次爲獲水，故水經注先汲水而後獲水。漢志不載汲水。地志：陳留郡浚儀縣：睢水，首受浪湯渠水，東至取慮，入泗。水經注有睢水篇。

右地志狼湯渠之原委五，即所謂鴻溝者也。狼湯渠之至尉氏縣爲鴻溝，由是而魯渠、過渠、菑獲渠，則入淮以通睢水，皆鴻溝之沿注也。故溝洫志中以鴻溝概之。狼湯渠之東出爲官渡水，秦人引之爲粱溝；又東爲汲水，爲獲水，則入泗以入淮。而鴻溝之水，至浚儀又合汲水爲睢水。地志以狼湯渠統之，溝洫志中以鴻溝統之，其實一也。

鴻溝不知誰所開。閻若璩曰：『蘇秦説魏王曰「大王之地，南有鴻溝」，則七國以前有之。晉、楚戰于邲，邲則汲水，則春秋以前有之。而酈道元謂「滎澤以通淮、泗」，又曰「昔禹塞其淫水，而于滎陽下引河」，甚謬。』予謂閻氏何不引職方以折之？職方豫州，其川滎、洛則滎澤豈禹所塞乎？後世如蘇軾之徒，遂謂鴻溝是禹迹，則皆道元之言啟之，而不知漢志之有明文也。宋儒惟黄文叔言之最覈。

予考古徐州志所言，頗疑鴻溝之迹始于徐偃王。志言『偃王導溝陳、蔡之間』，以水道求之，即沙水過水之故址也。導之則必于滎、浪上流，在宋、鄭不在陳、蔡，而餘波及于睢、泗者無論矣。是亦古人之所未及者也。蓋淮、濟之通，當始于徐；而江、淮之通，則成于吴。四瀆之被紊，皆由于霸者。

于楚，西方則通渠漢川、雲夢之際。

案地志：『南郡華容縣：雲夢澤在南。夏水首受江入河。』水經注有夏水篇然不載此。皇覽曰：『孫叔敖激沮水，作雲夢大澤之地。』即此事也。雲夢見于禹貢，豈叔敖作？蓋激沮水以入之者，叔敖也。沮水非沮漳之『沮』，即漢水也。漢水一名沔，又一名沮，見地志。

于吴，則通渠三江五湖。

案地志：中江自陽羡入海，北江自毗陵入海，南江自吴入海。此所謂『通渠』者，通江湖也。禹貢時之入中江，本不與太湖通，吴始通之。明高淳、韓邦憲又曰：『吴闔閭伐楚，用伍員計，開渠以運糧，今尚名胥溪，又有五牙山可證。』是説與志合。考左傳襄三年楚子重伐吴，克鳩兹，至于衡山；哀十五年，楚子西伐吴，及桐汭：此舟師也，非胥溪無由達矣。自是湖流入江，舟行無阻，而漢以後人遂指吴所開爲禹故道，誤矣。

于齊，則通淄、濟之間。

案地志：『泰山郡萊蕪縣：原山，菑水所出，東至博昌入濟。』又地志：『千乘郡博昌縣：時水，東北至巨定，入馬車瀆。』

案：以上所序楚、吴、齊諸侯水道變更，皆非先王所許。惟李冰之治蜀，則大有功者，不當與諸國並論也。其漏而未及列者，趙惠文王二十一年，徙漳水武平之西；二十七年又徙漳水武平之南八年之中，再遷巨浸，不詳所以，而河渠與此志皆不之悉，但見之世家。

十二國分野志，其謬已爲先儒所糾，然尚有未及者，今附見于此卷。鄭與韓同分，可也，陳與韓同分，何所據乎？爲此説者，蓋見漢初韓王信都陽翟，而兼有淮陽，故意陳之屬韓，而不知非也。陳自當屬楚，無可疑者，況襄王東徙後，陳固楚都也。

有河北之中牟，見左傳、論語；有河南之中牟，見漢志。河南之中牟在滎陽，則固屬韓不屬魏，漢志以歸之魏分野，謬矣。魏于滎陽，故風馬不相及。魏所有，乃河北之中牟，本屬趙，自惠王徙大梁後，趙以中牟易魏之浮水，不可溷也。

既曰周襄王以河内賜晉，又謂自衛文公徙河南，而河内殷虚入于晉。案河内之地，自是周賜，朝歌入晉之年無所考，大略當在城濮之後，非文公時也。謂『楚嚴王滅陳、魯』，案陳亡于春秋之末，固非嚴王時；魯亡于七國之末，尤非嚴王時也。爲斯言者，冬烘之甚。而張守節因謂二國亦當屬楚分，更不足語矣。

魏分自中牟而下曰陽武，曰酸棗，曰卷，皆是韓分，而誤以入魏。水經注曰：『酸棗有韓王望氣臺、聽訟館，而史記蒙驁攻魏，定酸棗，蓋七年晚年入魏者。』案此語有誤字。

漢書地理志稽疑卷五

王子侯表封國考異補正

王子、功臣、外戚恩澤三侯表，其封國地理在本表可案者，不過十之四，而質之地志則多異。索隱于史記注中補之，幾得十之八。然亦有明在地志而反爲所遺，至其旁引晉書地道記又多所誤者，予稍爲之摭拾其後，其不可考者則闕之，並采酈道元、張守節、樂史、胡三省之言相爲疏證，以附地志之後，庶亦有補哉。索隱曰：凡地志所無者，或故縣而後省，或是鄉邑名。

蘘頡 其地不著。張守節引括地志以爲山名，在上谷。案漢人分土，西不過西河、上郡，北不過涿郡、中山，其極邊之地不以封。蘘頡獨破例者，欲就此山名也。地志無，荀（記）紀作『括蘘』者謬。

合陽 乃郃陽也。索隱曰『馮翊』。地志有。樂史曰『信都』，不足信。〔校〕『信』，底本作『都』，據粵雅堂叢書本改。

沛　酈道元曰『沛郡』。地志有。

德　本表曰『泰山』，而索隱曰『漢表在濟南』。然則今本誤也。但今本自宋以來皆作泰山。考功臣表，則屬濟南者是也。地志無。

上邳　道元曰『薛縣』。地志無。

朱虛　索隱曰『琅邪』。地志有。

東牟　索隱曰『東萊』。地志有。

菅　流俗本誤作『管』。索隱因以滎陽系之，非也。道元曰『濟南菅縣』，于欽然之。地志有。

氏丘　史記作『瓜丘』。索隱曰『魏』。案地志無瓜丘，亦無氏丘，但有斥丘耳。斥丘，故魏也。

營平　索隱曰『表在濟南』，然則今本脱也。史記無『平』字，道元亦同。地志無。

楊丘　道元曰『濟南』，則陽丘也。古文楊、陽本通，史記倉公傳，楊虛亦作陽虛，是其證已，藝文志『陽丘侯偃』尤可據。地志有。

楊虛　道元曰『平原』，引地志以證之，而地志無其文。胡三省曰：『不知所謂地志者，何志也？』齊召南曰：『地志平原但有樓虛，蓋今本誤「楊」爲「樓」耳。』予考功臣侯表，成帝時有樓虛侯訾順，則齊説又未合。且東京以楊虛封馬武，而續志亦無其縣，蓋不可考矣。要其地當不離乎平原、高唐之間，以其爲商河所自出也。

枌 索隱曰『平原』。地志有。

安都 張守節曰『高陽』，則涿郡也。地志無。

平昌 道元曰『琅邪』。索隱曰『平原』。而張守節曰『上谷』，則誤以爲昌平矣。地志平原之平昌，曰『侯國』。

武成 索隱注齊世家，曰『平原』。地志無。

白石 索隱以爲金城，謬也。是時河西未開，安得封國于匈奴城中？且既開之後，亦未嘗于河西有封國也。張守節曰在安惪，然則平原之鄉名是矣。地志無。

阜陵 索隱曰『九江』。地志無。

安陽 道元曰『汝南』，是也。索隱曰『馮翊』。案地志汝南之南陽曰『侯國』，而馮翊無安陽。案南陽應作安陽。

陽周 地志屬上郡。史記本傳及荀紀作『周陽』，則屬聞喜。

東城 索隱曰『九江』。地志有。

平陸 道元曰『陳留』，引風俗傳以證之，以爲建武元年省入尉氏。案地志陳留無平陸，或是莽所置縣，而東京省之，不可以證漢表也。索隱曰『西河』，又曰東平亦有之。胡三省曰：東平近楚，爲得之。地志有。

休　胡三省曰：『孟子去齊居休，即富所封。』地志無。

紅　杜預曰：『紅即虹縣。』地志有。

沈猷　本傳作沈猶。索隱曰：『漢表在高宛。』然則今本脱。地志無。

宛朐　索隱曰『濟陰』。地志有。

棘樂　地志無。疑是春秋之棘櫟也。

乘氏　索隱曰『濟陰』。地志有。

桓邑　亦作垣，然恐非河東之垣縣也。地志無。

茲　地志：琅邪有茲鄉。英布傳：豫章亦有茲鄉，未知所封。

安成　本表曰『豫章』。地志無。案王莽時有安成侯張普者，亦封其地，蓋即長沙之安成也。

宜春　地志屬豫章。

句容　本表曰『會稽』。地志有。

容陵　史記作『句陵』，亦當在句容界中。地志無。

杏山　地志無。

浮丘　本表曰『沛』。地志無。

廣戚　地志屬沛，曰『侯國』。

丹陽　本表曰『無湖』，然則是時丹陽尚未置縣也。凡本表如此者甚多。地志有。

盱台　地志屬臨淮。

胡孰　本表曰『丹陽』。地志有。

秣陵　地志屬丹陽。

淮陵　當從史記作睢陵。故本表屬淮陵。蓋其時睢陵尚未置縣也。地志有。

張梁　地志無。

龍丘　本表曰『琅邪』。地志無。

劇　道元曰『北海』。案：菑川亦有之，而地志屬北海者，曰『侯國』。

懷昌　史記作『壤』，無『昌』字。案『懷』字當是『博』字之訛，千乘縣也。地志有。

平望　地志屬北海。

臨衆　本表曰『臨原』。地志曰『侯國』。

葛魁　徐廣曰：『葛一作莒』，則城陽也。地志有。賈逵曰『川阜曰魁』。

益都　即地志之益縣。

平的　索隱曰『北海』。地志曰『侯國』。案：『的』，史記作『酌』。

劇魁　索隱曰『北海』。地志曰『侯國』。

壽梁　本表曰『壽樂』。地志無。壽梁,惟周勃傳注有之。索隱以爲東郡,則即壽良也。古文梁、良本通。而地志亦並無壽樂,不可考。原案:『壽良』本『壽聚』,見水經注汶水篇,當是『聚』字。

平度　索隱曰『東萊』。地志有。

宜成　本表曰『平原』,而地志屬濟南,曰『侯國』。本表誤也。

臨朐　本表曰『東海』,而地志屬東萊。案東海是朐,東萊是臨朐,本表誤也。

雷　本表曰『東海』。而道元曰是城陽之盧縣。案職方兖州,『其浸盧濰』。康成讀『盧』爲『雷』,則古文雷、盧本通。而東海與城陽接界,故有移屬乎。本表如此類者甚多。沈炳巽曰:『東海有昌盧,地志曰「侯國」,或即此盧也』。

東莞　索隱曰『琅邪』。地志有。

辟土　本表曰『東海』。史記無『土』字。道元曰即城陽之辟陽。地志無。

尉文　本表曰『南郡』。徐廣曰即趙封廉頗地。案此乃趙敬肅王子所封,當是廉頗故邑。然七國時不應有越界之封,則疑是魏郡之譌也。張守節曰『蓋蔚州地』,亦意度之。地志無。

封斯　索隱曰『常山』。地志曰『侯國』。

榆丘　地志無。

襄嚵　本表曰『廣平』。地志無。案:表與史記皆作『襄嚵』,今但作『襄』者,恐是脱文。抑以『嚵』爲謚耶?

邯會 索隱曰『魏』。地志曰『侯國』。

朝 地志無。

東城 見前。

陰城 即地志南陽之陰縣也。師古曰『今襄城有陰城縣』，是已。

廣望 索隱曰『涿』。地志曰『侯國』。案史記作『望廣』。

將梁 本表曰『涿』。地志無。

薪館 本表曰『涿』。地志無。案『薪』史記作『新』，下『薪處』之『薪』同。

陸成 索隱曰『志屬中山，表屬涿』。案涿有成縣，疑此誤加一『陸』字，案『成』今本作『城』，史記作『陘城』。有辨見後。

薪處 本表曰『涿』，而地志屬中山。

蒲領 本表曰『東海』，誤也，乃是勃海。地志曰『侯國』。

西熊 地志無。

棗强 索隱曰『清河』。地志有。

卑梁 史記作『畢梁』，本表曰『魏』。地志無。蓋非史記吴之卑梁也。

旁光 史記作『房光』。本表曰『魏』。地志無。

距陽　地志無。史記楚世家及年表，距陽，楚地，亦作鉅陽，在江汝之交。河間王子越境而封，非例也。然王子之封亦間有不在國之左近者。

蔞　史記作『蔞安』。案南陽有『蔞溪』，見後漢書；北海有蔞鄉，見後漢志，而班氏無之。

阿武　地志屬涿，曰『侯國』。

參户　索隱曰『渤海』。地志曰『侯國』。

州鄉　索隱曰『涿』。地志曰『侯國』。

成平　流俗本誤作『平成』。索隱曰：『表在南皮』。然則今本脱，地志有。

廣　本表曰『勃海』，而地志屬齊。

蓋胥　本表曰『魏』，而索隱曰『表在泰山』，謬也。〔案〕史記建元以來王子侯者年表索隱作『漢志在太山，表在魏郡。』此蓋全氏誤記。泰山無蓋胥，乃蓋耳。地志無。

陰安　本表曰『魏』。地志有。案史記作『陪安』。

榮關　本表曰『茬平』。地志無。案史記作『榮簡』。

周望　史記作『周堅』。地志無。

陪　本表曰『平原』。地志無。

前『菆』字之訛。史記作『叢』。索隱曰『表在平原』。然則今本脱。案平原之長叢溝蓋即其地。

地志無。

安陽 本表曰『平原』。予考之地志，平原但有安縣，曰『侯國』，非安陽也。蓋衍一字。

五據 本表曰『泰山』。地志無。

富 殆即東平之富城。

平 道元曰『河南』。地志有。

羽 索隱曰『平原』。地志曰『侯國』。

胡母 本表曰『泰山』。地志無。

離石 索隱曰：『表在上黨，志屬西河。』然則今本脱。但離石無隸上黨之理，豈别是一鄉聚之名乎？是未敢決也。

涉 疑即南陽之涉都，見功臣表。地志無。

邵 索隱曰『表在山陽』。然則今本脱。

利昌 索隱曰『齊』。案地志無利昌，但有利耳，索隱不知何據。

藺 索隱曰『西河』。地志有。

武原 地志屬楚。

臨河 索隱曰『朔方』。案漢朔方諸郡不以封，則别是一内郡鄉亭之名，且朔方以元朔二年開，而封即以三年匆匆置，必無之事也。竊疑代共王子皆封西河，則此或是西河之臨水，而傳抄誤耳。

高俞 地志無。

隰成 本表曰『西河』。地志有。案今本表作『濕成』，志作『隰成』。

端氏 地志屬河東。

土軍 師古曰『西河。或以爲洛陽之土軍里者，非也』。地志有。

鉅乘 地志無。

皋狼 本表曰『臨淮』。地志無。張熷曰：『代共王子皆封西河，乃西河之皋狼也。』

千章 本表曰『平原』。張熷曰：『非也。蓋西河之千章，所以封代王子。』此説是也。其以爲平原者，平原之重丘，一名千鐘故也。地志有。案史記作干章。徐廣曰：一作『斥』。

夏丘 地志屬沛。

博陽 索隱曰『汝南』，誤也。道元以爲楚之傅陽，即古逼陽，則是流俗本誤爲博陽也。地志有。

寧陽 道元曰『泰山』，與地志合。而索隱曰『表在濟南』。然則今本脱，蓋移屬也。

瑕丘 索隱曰『山陽』。地志有。然道元引此文作『敬丘』。案地志，沛之敬丘曰『侯國』，而徧考本表，無以敬丘封者，則頗疑瑕丘實敬丘之譌，而道元所見爲古本也。

公丘 索隱曰『沛』。地志有。

郁狼今本作『桹』。　韋昭曰『屬魯』。地志無。

西昌　地志無。案夏侯勝傳：『初，魯共王分封西寧鄉，以封其子節侯，别屬大河，後更名東平。』共王六子封侯，無西寧，殆即西昌也。但本表，西昌及身酎金失國，無謚法，而西寧有謚，又疑非也。共王子以『節』謚者三，廣戚屬沛，寧陽屬泰山，瑕丘屬山陽，其公丘義侯亦屬沛。然則屬東平者誰耶？蓋自三劉、吴氏以來皆未之及，豈故有所謂西寧節侯者而今本失之與！

陸成　本表曰『辛處』，即薪處也。案索隱曰陸成『在辛處，于理爲得』，以見前系陸成于涿之非也。不知薪處前亦不系于中山，而系于涿；或是自涿移屬中山，亦未可定。但中山靖王子，一封于武帝元朔二年之六月，一封于三年之三月，同産而所封同地，又同時，故索隱曰『二人不應重封』。此予前以二年所封者，乃涿郡之成侯，非陸成侯也。『陸成』，史記作陘城，當從史記爲是。漢書田叔傳亦從史記作陘城，而本表與地志誤爲陸成。案今本『陸成』作『陸地』。

邯平　本表曰『廣平』。地志廣平但有潮平，無邯平，未知誰是？

武始　本表曰『魏』。地志有。

象氏　韋昭曰『屬鉅鹿』。地志曰『侯國』。

易　本表曰『鄗』。索隱曰『志屬涿』。案趙之易陽縣近鄗，乃南易水，即洺水，本表所指者此也。涿之易則北易水，本各爲一望。

路陵　本表曰『南陽』。史記作『洛陵』。地志無。

攸輿　本表曰『南陽』。道元曰：『今長沙有攸縣，本名攸輿。』索隱亦云。然則本表或是承陽，而傳寫誤之。

荼陵　本表曰『桂陽』。索隱曰『志屬長沙』，蓋移隸也。

建成　索隱曰『表在豫章』。然則今本脱。而道元曰『沛』。地志皆有。案沛之建成曰『侯國』。

安衆　本表曰『南陽』。地志曰『侯國』。案表無此文，應云索隱。

葉　索隱曰『南陽』。地志有。

利鄉　道元曰『東海利城縣東之利城』，是已。非地志涿郡之屬也。地志無。

有利　本表曰『東海』，而道元曰屬城陽之陽都。地志無。

東平　本表曰『東海』，而道元曰『無鹽』，本表誤也。地志有。

運平　本表曰『東海』。地志無。

山州　疑即東海之山鄉也。

海常　本表曰『琅邪』，而徐廣曰『在東萊』。胡三省曰：『本表是也。』

騶丘　地志魯有騶縣。案史記作『鈞丘』。

南城　當是東海之南成，若南城則屬豫章。地志南成曰『侯國』。

廣陵　或如河内之别有山陽，臨淮之别有廣平，漢中之别有武陵，未必是邗上也，否則與王國之名相重矣。山陰有鄉曰廣陵。

杜原　史記作『莊原』。地志無。

臨樂　韋昭曰『屬勃海』。地志曰『侯國』。樂史曰：『莽改樂亭。地理書並失所在，今臨津縣界。』

東野　地志無。

高平　本表曰『平原』。地志無。

廣川　亦未必是信都之廣川，以其爲王國名也。

重　本表曰『平原』。地志重丘是也。案史記作『千鍾』。

披陽　師古曰『千乘縣也』。地志曰『侯國』。

定　地志屬『勃海』，曰『侯國』。

稻　索隱曰『琅邪』。地志曰『侯國』。樂史曰：『舊地理書皆失所在，在今高密縣西南濰水堰側。』

山　本表曰『勃海』。地志無。

繁安　地志屬千乘，曰『侯國』。

柳　地志屬勃海，曰『侯國』。

雲　索隱曰『琅邪』。地志曰『侯國』。

牟平　索隱曰『東萊』。地志有。

柴　索隱曰『泰山』。地志有。

柏暢　本表曰『中山』。案道元曰『汶水逕柏暢亭東』，然則亭名也，但屬常山。地志無。案史記作『柏陽』。

鄗今本作『鄗』。　索隱曰『常山』。地志有。

乘丘　索隱曰『表在深澤』。然則今本脱。而道元曰『泰山』，誤也。地志無。案，史記作『桑丘』。

高丘　地志無。

柳宿　索隱曰『表在涿』。然則今本脱。而蘇林曰『柳宿在中山之盧奴』，見外戚傳，非涿也。凡中山、涿之地界，犬牙交錯，蓋多前後互異者。

戎丘　案戎丘在天水，見後漢書隗囂傳。但漢室未嘗以隴上地分封，則别是一地也。地志無。

樊輿　地志屬涿，曰『侯國』。

曲成　本表曰『涿』。地志無。

安郭　本表曰『涿』，而道元曰屬中山之安國。地志無。

安嶮　地志屬中山。案今本『安嶮』作『安險』。史記同。

安道　當屬南陽，見功臣表。地志無。案史記作『安遥』。

夫夷 地志屬零陵。

舂陵 索隱曰『南陽』。案本封零陵，後封蔡陽之白水。地志曰『侯國』。

都梁 索隱曰『零陵』。地志曰『侯國』。

洮陽 索隱曰『零陵』。地志有。

泉陵 索隱曰『零陵』。地志曰『侯國』。流俗本誤作『衆陵』，今據王莽傳正之。

終弋 本表曰汝南。地志無。

麥 本表曰『琅邪』。地志無。

鉅合 本表曰『平原』，而道元曰『濟南』。案巨合水在濟南，不在平原也。地志無。

昌 本表曰『琅邪』，道元誤以爲信都之昌成。地志有。

蕢 索隱曰『表在琅邪』。然則今本脱。地志無。

雩葭 索隱曰『琅邪』。地志有。史記作『雩殷』。案今本志作『雩段』，表作『虖葭』。

原洛 本表曰『琅邪』。地志無。案史記作『石洛』。

挾釐 史記作『挍』，無『釐』字。案『釐』或是謚，而本表别有挍侯，則不可合以爲一也。城陽頃王子二十二人，兼數二侯，僅得二十人耳，若合之，則十九人矣，故索隱疑之。予謂『挾釐』之『挾』，當作『扶』，琅邪郡之邞縣也。『邞』讀作扶，因誤爲『挾』，而『釐』其謚也。

案今本挾釐侯前尚有挾術侯一條，而此未之及，疑寫手脱漏。

朸　見前。

文成　本表曰『東海』。索隱曰『遼西』。予謂漢人不以上谷諸郡分封，此是東海鄉邑之名。地志無。案史記作『父城』。徐廣曰：「一作『六』。」

校　索隱曰：『或以爲琅邪祓縣，恐非。』予謂是也。地志明云祓，侯國，而今表無之，則『校』字爲『祓』字之訛無疑也。

庸　本表曰『琅邪』。地志無。

翟　本表曰『東海』。地志無。

鱣　本表曰『襄賁』。地志無。

彭　本表曰『東海』。地志無。

瓡　地志屬北海，曰侯國。顧炎武曰：『師古本表注謂即「瓠」字，又音孤；而地志注謂即「執」字；功臣表注謂與「孤」同；河東郡下作「狐讘」，未知即此一字否？』予案東平王傳『瓠山』，晉灼引漢注作『瓡山』，則瓠音是也，若執音則誤耳。其又通而爲狐，亦一也。流俗本則且以瓡爲報矣。

虚水　地志屬琅邪，曰『侯國』。

東淮　本表曰『北海』，索隱引以爲『東海』，誤也。馬文煒曰：『東淮者，東濰也，古文之省。今人呼濰河爲淮河，蓋本于此。』而不知『淮』之仍讀爲『濰』也。地志無。

拘　本表曰『千乘』，索隱引以爲『東海』，恐是索隱誤也。地志無。史記作『枸』。

涓　本表曰『東海』。索隱曰『南陽有涓陽，疑非東海』。案史記作『涓』，而南梁水一名涓水，則或是『涓』字，亦未可定。南梁固與東海近也。地志無。

陸　本表曰『壽光』。地志無。

廣饒　索隱曰『齊』。地志有。

缾　索隱曰『琅邪』。地志有。樂史曰：『安丘縣南，與郚城近。』

俞閭　地志無。

甘井　本表曰『鉅鹿』，地志無。

襄隄　本表曰『鉅鹿』，而史記作『襄陵』。故索隱曰『志屬河東』。地志無襄隄。

臯虞　索隱曰『琅邪』。地志曰『侯國』。

魏其　索隱曰『琅邪』。地志曰『侯國』。

祝兹　本表曰『琅邪』。索隱曰：『案志則廬江之松兹，亦作祝兹。』予謂膠東王子所封，當是琅邪。

凡王子侯表同之文，皆可以此類推。案今本琅邪郡無祝兹，而有兹鄉。下注云『侯國』。

高樂　本表曰『濟南』。地志無。

參鬷　本表曰『東海』。地志無。

沂陵　本表曰『東海』。地志無。予以爲即臨沂。

沈陽　本表曰『勃海』。地志無。案道元曰：『中山之北平有滱水，〔校〕『滱水』，底本誤作『沈水』。其或與勃海接乎？』張熷曰：『「沈」疑當作「浮」，浮陽屬勃海。』案古人或以亂爲治，則張説亦近之。

漳北　本表曰『魏』。地志無。案漳南見項羽傳。

南䜌　本表曰『鉅鹿』。地志有。

南陵　本表曰『臨淮』。地志有。

鄗　見前。

安檀　本表曰『魏』。地志無。

爰戚　本表曰『濟南』，而地志屬山陽，本表誤也。

栗　地志屬沛，曰『侯國』。

洨　地志屬沛，曰『侯國』。

猇　地志屬濟南，曰『侯國』。

揤裴　本表曰『東海』，謬也。地志乃魏郡之即裴，曰『侯國』。師古引鄭氏曰：『肥鄉縣南有即裴城。」則亦既糾之矣。

澎 師古曰：「東海縣也。」胡三省曰：「檢班志無此縣。」案本表彭侯，注曰「東海」，然非縣也。師古因「彭」而及「澎」，又誤以爲縣。

松茲 地志屬盧江，曰「侯國」。

温水 地志無。

蘭棋今本作「旗」。 地志屬東海，曰「侯國」。

容丘 地志屬東海，曰「侯國」。

良成 地志屬東海，曰「侯國」。

蒲領 見前。

南曲 地志屬廣平。

高城 地志屬南郡，予以爲是勃海之高成也。

成 本表曰「涿」。 地志曰「侯國」。

新市 本表曰「堂陽」，蓋建國時未置縣也。 地志曰「侯國」。

江陽 本表曰「東海」。 地志無。

陽武 地志屬河南，荀紀作武陽者，謬。

朝陽　本表曰『濟南』。地志曰『侯國』。
平曲　本表曰『東海』。地志曰『侯國』。
南利　本表曰『汝南』。地志無。道元曰：『今汝陽縣有南利、北利二城。』
安定　本表曰『鉅鹿』。地志曰『侯國』。
東襄　本表曰『信都』。地志無。
宣處　地志無。
修市　本表曰『勃海』。地志曰『侯國』。
東昌　地志屬信都，曰『侯國』。
新鄉　莽傳作『信鄉』，師古曰：『古新、信通。』地志屬清河，曰『侯國』。
修故　本表曰『清河』。地志無。
東陽　地志屬清河，曰『侯國』。
新昌　本表曰『涿』。地志曰『侯國』。
邯溝　本表曰『魏』。地志曰『侯國』。
樂陽　本表曰『常山』。地志曰『侯國』。
桑中　地志屬常山，曰『侯國』。

張 本表曰『常山』，而地志屬廣平。

景成 本表曰『勃海』。地志曰『侯國』。樂史曰：『今清池縣界，所謂五壘城者也。』

平隄 本表曰『鉅鹿』，而地志屬信都，曰『侯國』。樂史曰：『今東强縣之東北。』

樂鄉 本表曰『鉅鹿』，而地志屬信都，曰『侯國』。

高郭 地志屬『涿』，曰『侯國』。樂史曰：『今鄚縣界，滹水過其城南東流，稱裹角城，以水裹其角而過也。』

鄚 地志屬涿，而師古曰『河間』，誤。

樂望 本表曰『北海』。地志曰『侯國』。

成 本表曰『北海』，即地志之成鄉也，曰『侯國』。

柳泉 本表曰『南陽』，地志屬北海，曰『侯國』，本表誤也。張熷曰：『膠東戴王子並封北海。』

復陽 本表曰『南陽』。地志曰『侯國』。

鍾武 地志屬江夏，曰『侯國』，而道元曰『零陵』。

高城 顧炎武曰：『是國重出。』

富陽 地志屬泰山。

海昏 本表曰『豫章』。地志有。

曲梁　本表曰『魏』,而地志屬廣平,曰『侯國』。

遽鄉　本表曰『常山』。地志無。

新利　地志無。

户都　當是『石鄉』二字之譌。地志屬北海,曰『侯國』。

樂信　本表曰『鉅鹿』。地志曰『侯國』。

昌成　本表曰『信都』。地志曰『侯國』。

廣鄉　本表曰『鉅鹿』,而地志屬廣平。

成鄉　本表曰『廣平』。案地志作城鄉。若成鄉,則高密之屬也。

平利　本表曰『魏』,而地志屬廣平。

平鄉　本表曰『魏』,而地志屬廣平。

平纂　本表曰『平原』。地志無。

成陵　本表曰『廣平』。地志無。

西梁　本表曰『鉅鹿』,而地志屬信都,曰『侯國』。

歷鄉　本表曰『鉅鹿』。地志曰『侯國』。

陽城　地志屬汝南,曰『侯國』。

柞陽　本表曰『廣平』。地志無。

武陶　本表曰『鉅鹿』。地志曰『侯國』。

陽興　本表曰『涿』。地志無。

利鄉　本表曰『常山』。案地志，常山乃都鄉，而利鄉屬涿，本表誤也。

都鄉　本表曰『東海』。案地志，常山有都鄉，曰『侯國』，非東海也。此二國蓋互舛，都鄉乃常山也。利鄉則東海，見前所引道元説。

昌慮　本表曰『泰山』，而地志屬東海，曰『侯國』。

平邑　本表曰『東海』。地志無。

山鄉　本表曰『東海』。地志曰『侯國』。

建陵　本表曰『東海』。地志曰『侯國』。

合陽　本表曰『東海』。案地志但有『合鄉』。

東安　本表曰『東海』。地志曰『侯國』。

承鄉　本表曰『東海』。案地志，承縣曰『侯國』。

建陽　本表曰『東海』。地志曰『侯國』。

高鄉　本表曰『琅邪』。地志曰『侯國』。

兹鄉　本表曰『琅邪』。地志曰『侯國』。

藉陽　本表曰『東海』。地志無。

都平　本表曰『東海』。地志曰『侯國』。

棗　本表曰『琅邪』。地志曰『侯國』。

箕　本表曰『琅邪』。地志曰『侯國』。

高廣　本表曰『琅邪』。地志曰『侯國』。樂史曰：『在今莒縣界。』

即來　本表曰『琅邪』。地志曰『侯國』。

膠鄉　本表曰『琅邪』。地志無。

桃　本表曰『鉅鹿』，而地志屬信都。

安平　本表曰『鉅鹿』，而地志屬信都。

陽山　本表曰『桂陽』。地志曰『侯國』。

庸　見前。

昆山　本表曰『琅邪』。地志曰『侯國』。樂史曰：『在今莒縣界。』

折泉　本表曰『琅邪』。地志曰『侯國』。樂史曰：『在今莒縣東北界分流山。』

博石　本表曰『琅邪』。地志曰『侯國』。

要安　本表曰『琅邪』。地志無。

房山　本表曰『琅邪』。地志曰『侯國』。

式　本表曰『泰山』。地志有。

臨鄉　本表曰『涿』。地志曰『侯國』。

西鄉　本表曰『涿』。地志曰『侯國』。

陽鄉　本表曰『涿』。地志曰『侯國』。

益昌　本表曰『涿』。地志曰『侯國』。

羊石　本表曰『北海』。地志曰『侯國』。

石鄉　本表曰『北海』。地志曰『侯國』。

新城　本表曰『北海』。地志曰『侯國』。

上鄉　本表曰『北海』。地志曰『侯國』。

于鄉　本表曰『北海』。地志曰『侯國』。

就鄉　本表曰『東海』。地志無。

石山　地志屬琅邪，曰『侯國』。

都陽　地志屬東海，曰『侯國』。

參封 地志屬琅邪，曰『侯國』。

伊鄉 地志屬琅邪，曰『侯國』。

襄平 地志屬臨淮，曰『侯國』。

貰鄉 以承鄉侯例之，當是貰縣之貰鄉，屬鉅鹿。

樂 地志無。

中鄉 地志屬山陽，曰『侯國』。

鄭 地志屬山陽，曰『侯國』。

黄 本表曰『濟陰』，而地志屬山陽，曰『侯國』。

平樂 地志屬山陽，曰『侯國』。

菑鄉 本表曰『濟南』，而地志屬山陽，曰『侯國』。本表誤也。

東鄉 本表曰『沛』。地志有。

陵鄉 本表曰『沛』。地志有。

漂陽 本表曰『沛』。地志有。案今本漂陽作溧陽。

釐鄉 本表曰『沛』。地志無。

高柴 本表曰『沛』。地志曰『侯國』。

臨都　地志屬沛。

高　地志屬沛，曰『侯國』。

北鄉　地志屬齊，曰『侯國』。

蘭陵　地志屬臨淮，其東海亦有之，而屬臨淮者曰『侯國』。

廣平　地志屬臨淮，曰『侯國』。

博鄉　地志屬九江，曰『侯國』。

柏鄉　地志屬鉅鹿，曰『侯國』。

安鄉　地志屬鉅鹿，曰『侯國』。

廣　本表曰『齊』。地志有。

平　本表曰『齊』。案地志，齊之廣平曰『侯國』，而別無所謂平者，蓋平乃河南之屬縣也。

昌鄉　以承鄉、貰鄉例之，當是昌縣，屬琅邪。

頃陽今本作『順陽』。　地志無。

樂陽　地志屬常山，然是乃膠東王子所封，當是陽樂。地志屬東萊，曰『侯國』者也。今表中無以陽樂封者。則此樂陽爲傳寫之誤無疑。

平城　地志屬北海，曰『侯國』。

密鄉　地志屬北海，曰『侯國』。

樂都　地志屬北海，曰『侯國』。

卑梁　見前。

膠東今本作『膠陽』。　當是膠陽之訛。其時有膠東王，不應又有膠東侯。而北海之膠陽，地志曰『侯國』，故知其爲傳寫之失也。應劭曰：『淳于縣有膠陽亭。』蓋其後并入淳于也。

武鄉　地志屬琅邪，曰『侯國』。

成鄉　地志屬高密。欒史曰：『郡國縣地道記云：北海有成鄉，王莽改曰石樂。此成鄉，王莽改曰順成。』則此成鄉蓋在安丘縣北，與北海成鄉犬牙相接。

麗兹　地志琅邪有麗縣，曰『侯國』。

竇梁　地志無。

廣戚　見前。

陰平　地志屬東海，曰『侯國』。

承鄉　見前。

樂平　屬平氏，見恩澤表中。

外黄　地志屬陳留。

高陽　地志屬琅邪，曰「侯國」。樂史曰：「在今高密縣西北，一名膠陽亭。」

平陸　見前。

郚鄉　地志屬東海，曰「侯國」。

宰鄉　地志無。

建鄉　地志屬東海，曰「侯國」。

安丘　地志屬琅邪，其北海亦有之，而屬琅邪者曰「侯國」。

栗鄉　地志屬山陽，曰「侯國」。

金鄉　道元曰：「金鄉，鉅野縣之東界，〔校〕『鉅野縣』，底本誤作『鉅鹿縣』。後漢置縣。」地志無。

平通　當屬博陽，在汝南，見功臣表中。地志無。

西安　地志屬齊。

湖鄉　當屬山陽之湖陵。地志無。

重鄉　道元曰：「濟水東逕重鄉城南，左傳所云重館也。」地志無。

桑丘　在七國時爲齊地，見史記。地志無。但齊之桑丘有二：其一近楚，即泰山之乘丘也；其一近燕，在易州。

陽興　見前。

案今本此下尚有『陵陽』一條。

高樂 當屬濟南，見前；否則當屬新野，蓋以恩澤表師丹所封知之。

平邑 見前。

平纂 見前。

合昌 地志無。

伊鄉 見前。

就鄉 見前。

膠鄉 見前。

宜鄉 地志無。

昌成 見前。

樂安 地志屬千乘。

桃鄉 地志屬泰山，曰『侯國』。

新陽 地志屬東海，其汝南亦有之。而屬東海者曰『侯國』。

陵石 一作陽石者是也。地志屬東萊。樂史曰：『後漢省并當利，今之掖縣。』

祁鄉 地志屬沛，曰『侯國』。

富陽　地志屬泰山。

曲鄉　本表曰濟南，而地志屬山陽，曰『侯國』。本表誤也。

桃山　地志屬泰山，曰『侯國』。

昌陽　地志屬臨淮，曰『侯國』。

臨安　地志屬琅邪，曰『侯國』。

徐鄉　本表曰『齊』，而地志屬東萊。

臺鄉　地志屬齊，曰『侯國』。

西陽　本表曰『東萊』，而地志屬山陽，曰『侯國』。本表誤也。

堂鄉　地志無。

案今本此下尚有『安國侯』一條。

梁鄉　地志無。

襄鄉　地志無。

容鄉　地志無。

緼鄉　地志無。

廣昌　地志屬代。

都安　地志無。

樂平　見前。

方鄉　地志無。

庸鄉　地志無。

南昌　地志屬豫章。

嚴鄉　胡三省曰：『當在東平。』

武平　胡三省曰：『當在東平。』

陵鄉　見前。案東武城亦有之。

武安　地志屬魏。

湘鄉　道元曰『零陵』。地志無。

方樂　地志無。

宜禾　殆即南陽之筑陽，王莽所更名者。

宜春　地志屬會稽。案今本宜春作富春。

陶鄉　地志無。

釐鄉　見前。

昌鄉 見前。

新鄉 見前。

鄗鄉 見前。

新成 地志屬北海，曰「侯國」。

宜陵 屬杜衍，見恩澤表中。地志無。

堂鄉 見前。

成陵 見前。

成陽 地志屬汝南，其濟陰亦有之。而屬汝南者曰「侯國」。

復昌 地志無。

安陸 地志屬江夏。

梧安 地志無。

朝鄉 地志無。

扶鄉 地志無。

方城 地志屬廣陽。

當陽 地志屬南郡。

廣成　地志無。
春城　地志無。
昭陽　道元曰：『邵陵縣，故昭陽。』則長沙也。
承陽　地志屬長沙。
信昌　地志無。
吕鄉　當在南陽大吕、小吕二亭之交。
李鄉　徐廣曰：『河内平皋縣有李城。』
宛鄉　屬南陽。
壽泉　地志無。
杏山　見前。

右皆王子侯表

漢書地理志稽疑卷六

功臣侯表外戚恩澤侯表補正

平陽 索隱曰『河東』。地志有。

信武 地志無。索隱曰：『故縣，後省。』杭世駿曰：『信武是名號，失其地。』

汝陰 索隱曰潁川。地志有。案今本索隱云屬汝南。

清河 史記作『清陽』。地志清河郡，治清陽縣。

陽陵 楚漢春秋作陰陵。索隱曰『馮翊』。案馮翊之陽陵，故弋陽，景帝更名，非開國所封也。陰陵在九江。觀後傳寬孫以與淮南謀反誅，則是九江。地志無。

廣 地志屬齊，而索隱曰『晉書地道記在東莞』，不已傎乎！

廣平 索隱曰『臨淮』。地志有。

平棘　地志屬常山。

博陽　索隱曰『汝南』。地志曰『侯國』。

塞　索隱曰『在桃林西』。地志無。

堂邑　索隱曰『臨淮』。地志有。

隆慮　索隱曰『河内』。地志有。

曲逆　索隱曰『中山』。地志有。

留　韋昭曰『彭城』。地志有。

射陽　索隱曰『臨淮』。地志有。

酇　索隱曰：『初封沛之酇，後封南陽之酇。』謬也。杜佑曰：『在南陽，不在沛地。』南陽之酇曰『侯國』。

筑陽　地志屬南陽。

武陽　地志屬東海，曰『侯國』。史記作武陵。

絳　索隱曰『河東』。地志有。

脩即條。　地志屬信都。

平曲　地志屬東海，曰『侯國』。

舞陽　索隱曰『潁川』。地志有。

曲周　索隱曰『廣平』。地志有。

繆　地志有。

潁陰　索隱曰『潁川』。地志有。

臨汝　當是汝南之故縣，而後省。

汾陰　索隱曰『河東』。地志有。

安陽　地志屬汝南，曰『侯國』。

梁鄒　索隱曰『濟南』。地志有。

成　道元引此作郕，曰在泰山。索隱曰『涿』。

節氏　當是即丘之誤，屬東海。

蓼　索隱曰『六安』。地志有。

費　索隱曰『東海』。地志有。而師古曰非季氏邑，則索隱誤也。據師古于季氏邑曰音『祕』，于此曰音扶味反，但不言其所在。案顧炎武曰：『南武成，即費也。』

巢　在廬江之居巢也。地志有。

陽夏　索隱曰『淮陽』。地志有。

隆慮　見前。

陽都　道元曰『城陽』。地志有。而索隱曰：『地志闕，晉書地道記在琅邪』。非也。

陽信　地志屬勃海，而史記作新陽，故索隱曰『汝南』。

東武　索隱曰『琅邪』。地志有。

汁防　索隱曰『廣漢』。地志有，即汁方。漢人不以巴、蜀爲封國，汁防終以宿憾，而平州則以其土著也，見後。

棘蒲　見左傳。應劭曰即平棘。師古曰『非也』。然宋白尚守其説。胡三省曰：『據靳歙傳，乃趙地，在安陽東。』是也。地志無。羅廷唯曰：『當作棘津，班固有棘津侯銘可證。』予謂此不足據。

都昌　地志屬北海。

武强　道元曰：『曹參傳「還攻武强，因至滎陽。」臣瓚云在陽武，是也。』胡三省曰『廣川屬縣』，謬矣。

地志無。

貰　索隱曰『鉅鹿』。地志有。

海陽　索隱曰『南越縣，志闕』，而道元曰是遼西之海陽。案遼西誠有海陽，然邊郡不以封，而揺毋餘係越將，則索隱之説是也。

南安 索隱曰屬犍爲，又曰建安亦有此縣。是時二方俱未開，安得以後世地名釋開國之封域乎？蓋必別有其地，而不可考矣。

肥如 索隱曰「遼西」。地志有。案漢人分土，凡邊郡及巴、蜀險惡之地皆不以封。蔡侯本遼西人，而因封之，觀其曾孫尚爲肥如大夫可證。

曲成 索隱曰：「漢志闕，表在涿。」然則今本脱。惟是以志爲缺，則東萊明有曲成矣，何冬烘也？胡三省曰「東萊」是也。況列侯位次，曲成侯又稱夜侯。夜乃古掖字之通。曲成與掖俱屬東萊，益知非涿地，審矣。

河陽 索隱曰「河内」。地志有。

淮陰 索隱曰「臨淮」。地志有。

芒 索隱曰「沛」。地志有。

張 地志屬廣平。

敬市 索隱曰「河南」。齊召南曰：「據地志當作故市。」

柳丘 索隱曰「勃海」，蓋即柳縣也。地志曰「侯國」。

魏其 索隱曰「琅邪」。地志曰「侯國」。

祁 索隱曰「太原」。地志有。

平　索隱曰『河南』。地志有。

魯　索隱曰『魯』。地志有。案是時尚稱薛郡也。

城父　索隱曰『沛』。地志有。史記作故城。

任　索隱曰『廣平』。地志有。

棘丘　地志無。

阿陵表作『河陵』。　索隱曰『涿』。地志有。

南　蓋南陽之南郡也。地志無。

昌武　地志屬膠東，不知索隱何以曰闕？

高苑表作『宛』。　索隱曰『千乘』。地志有。

宣曲　索隱注貨殖傳，曰：『當作京輔，今闕其地。』

發婁　地志無。

終陵　史記作絳陽，故道元以爲晉都。然本表無注。

東茅　京相璠曰：『今高平縣西有茅鄉城』，則屬泰山。地志無。河内有茅，故此以『東』別之。

斥丘表作『斥丘』。　索隱曰『魏』。地志有。案『斥』即『斥』之變。

臺　索隱曰：『臨甾郡有臺鄉縣。』案項王改齊郡曰臨甾，漢復改曰齊。地志有。道元亦呼爲臺縣。

安國 索隱曰『中山』。地志有。

樂成 韋昭曰『河間』。地志有。

辟陽 索隱曰『信都』，道元亦云然，恐非也。本表辟陽近甾川，則非信都矣，當是城陽之辟陽也。地志無。

鄜城 本表曰『長沙』，不知索隱何以于表則引晉書地道記以爲北地，于傳則引三蒼以爲城父？而張守節既以爲河南，又以爲陳倉？皆因史記作蒯城而誤也。地志無。若以穆天子傳西征所至之蒯合之，當是北地。而説文則曰『右扶風鄠有此鄉』。案三輔自定鼎後不以封。

鄲 師古曰『沛』。地志有。

沛 即沛縣。地志有。

安平 索隱曰『涿』。胡三省曰：『非甾川之東安平縣也。』案豫章亦有安平。地志曰『侯國』。而鄂千秋孫以交通淮南誅，則疑其爲豫章也。

北平 索隱曰『中山』。地志有。樂史曰：『今滿城縣。』

高胡 地志無。

厭次 即富平，地志有。道元曰：『應劭謂明帝改富平曰厭次，以表觀之，知厭次舊名，非始明帝，殆復故耳。』予謂不然。凡地名多屬古人所有，而後世取以氏其縣，如鄗之改名禾成，出自王莽，而高祖已以禾成封公孫；昔曲周置自武帝，而高祖已以曲周封酈商；金鄉置自東京，而班氏王子侯表中已有之，皆其例也。

平皋　索隱曰『河内』。地志有。

復陽　道元曰『清河』。索隱曰『南陽』。案地志，南陽之復陽曰『侯國』，則疑非清河也。

陽阿表作『河』。　道元曰『平原』，蓋誤以爲阿陽也。索隱曰『上黨』。地志有。

埤山　地志琅邪有椑縣，然非椑也。

柏至　地志無。

中水　索隱曰『涿』。地志有。樂史曰：『今樂壽縣之西北，地居兩河之間，故名。』

赤泉　索隱注項羽本紀，曰『疑即丹陽之丹水』。案此亦以意言之。地志無。

杜衍　索隱曰『南陽』。地志有。

臨汝　見前。

朝陽　道元曰『濟南』，而索隱曰『南陽』。地志屬濟南者，曰『侯國』。

棘陽　索隱曰『南陽』。地志有。

涅陽　索隱曰『南陽』。地志有。

平棘 見前。

深澤 索隱曰『中山』。地志有。

臾 地志無。

椁表作捊。 索隱曰『扶風』，又曰『河東亦有郇城』。地志有。史記作『恂』。齊召南曰：『三輔不應分封。』予謂同時郃陽、宣曲，已有之矣，特後此則無耳。若其地，則楚亦有之。

歷 史記作『磨』。索隱曰：『歷在信都，而劉氏欲依字讀，然無證。』予謂磨是濮上地。史記春申君不云『濮磨之北』乎？安在無證也。王厚齋曰：『國策割濮磨之北屬燕。』則當在河北。

武原 地志屬楚。

槖 索隱曰『山陽』。地志有。

宋子 索隱曰『鉅鹿』。地志有。

猗氏 索隱曰『河東』。地志有。

清 索隱曰『東郡』。地志有。

彊 地志無。

彭 索隱曰：『表屬東海。』然則今本脱。地志無。

吴房 索隱曰『汝南』。地志有。

甯 道元曰『河内』。胡三省從之。而索隱曰『漢表甯陽屬濟南』，然則今本脱。但恐非也。案濟南有甯城，非甯陽，而河内之甯更古，道元是也。地志無。

昌 索隱曰『琅邪』。地志有。

共 索隱曰『河内』。地志有。

閼氏 道元曰『閼與』，則近上黨，固無確證。索隱曰『安定』，則烏氏矣，亦未敢信也。

安丘 地志屬琅邪，曰『侯國』。而索隱曰『北海』。

襄平 索隱曰『臨淮』。地志曰『侯國』。道元曰『遼西』者非。

龍陽 史記無『陽』字。道元曰：『泰山博縣之龍鄉也。左傳齊侯伐我取龍』，是也。地志無。索隱曰是廬江之龍舒，非也。

平 史記作『繁』。索隱以爲魏郡之繁淵，案索隱『淵』作『陽』。而未敢堅。或曰：『蜀郡之繁縣也。』亦未足信。若河南之平已建國矣，一地不應再封，蓋莫可考。『索隱作』〔案〕史記高祖功臣侯年表陸梁條下『如淳據始皇紀』云云，漢書高惠高后文功臣表亦作『如淳曰（作）秦始皇本紀』云云，全氏誤記耳。

陸量 師古曰：『秦本紀所云陸梁地也。』案：陸梁者，南粤三郡之通稱。此陸量特其一縣耳。地志無。

高景 史記作高京，疑即太原之景陵也。地志無。

繩 其地當在繩水之上，即澠水也，屬齊。地志無。

離 其地當在離水之上，即濰水也，屬零陵。地志無。

義陵 史記言義陽，故索隱曰「汝南」，非也。義陵乃武陵之屬縣，故吴程以長沙柱國封焉，〔校〕「吴程」，底本誤作「吴郢」。猶之鄧弱以長沙將故封灕也。索隱求之地志，得一而足，而不知審其地之所近。

宣平 地志無。史記表曰：「張敖子偃改封南宫。」徐廣曰：「改封信平。」案南宫，地志屬信都。

睢陵 地志屬臨淮。

信都 史記作新都。古「新」、「信」通。

樂昌 地志屬汝南。徐廣曰：「細陽之池陽也。」胡三省曰：「東郡亦有此縣。」案范史張酺傳曰：「是池陽。」

東陽 索隱曰「臨淮」。地志有。而樂史曰是清河郡之東陽。

慎陽 索隱曰「汝南」。地志有。

開封 索隱曰「河南」。地志有。

禾成 道元曰「和成」。則莽新分置下曲陽之郡也，屬鉅鹿。然非也。蓋常山之鄗，莽改爲禾成者也。地志有。

堂陽　索隱曰『鉅鹿』。地志有。

祝阿　索隱曰『平原』。地志有。

長修　索隱曰『河東』。地志有。

陽平　索隱注恩澤表，曰『東郡』。

江邑　地志無。

滎陵表作『營』。　索隱曰『北海』。地志有。

土軍　索隱曰『西河』。地志有。

廣阿　索隱曰『鉅鹿』。地志有。案今本史記『阿』作『河』，應從漢書。

須昌　索隱曰『東郡』。地志有。

臨轅　地志無。

汲　索隱曰『河内』。趙一清曰：道元引此作『波』。亦河内也。地志有。

甯陵　史記作寧陵。索隱曰『陳留』。地志有。

汾陽　索隱曰『太原』。地志有。

江鄒　地志無。

戴　應劭曰『故菑縣』。菑本作戴，讀如再。地志有。

衍　道元曰『封丘』。案衍氏，魏地，見曹參傳。亦有但曰衍者，魏世家『秦拔我垣、蒲陽、衍』是也。索隱『衍當爲卷』，近。張守節曰。地志無。案『近』字疑有誤。

平州　其爲王唊所封者，〔校〕『王唊』，底本誤作『王吸』。屬泰山之梁父，而非此之平州也。索隱曰：『晉書地道記屬巴郡。』案漢人不以巴蜀分封，而昭涉掉尾疑是巴人，故建國焉。本表其玄孫尚爲涪不更，是可證也。索隱所引晉記，唯此條爲可信，但不知地志何以不載？〔校〕『地志』，底本作『巴志』，據粵雅堂叢書本改。

中牟　索隱曰『河南』。地志有。

邔　索隱曰『南郡』。地志有。

博陽　索隱曰『彭城』。地志有。

陽羨　史記作『陽義』。索隱曰『宜陽』，謬也。在會稽。地志有。

下相　索隱曰『臨淮』。地志有。

高陵　索隱曰『琅邪』。地志曰『侯國』。

期思　索隱曰『汝南』。地志有。

戚　地志屬東海。而索隱曰志闕，引晉書地道記以疏之，則可怪矣。

穀陽　地志屬沛。案史記『陽』作『陵』。

嚴　史記作『莊』，避諱也。齊地，左傳『得慶氏之木百車于莊』，斯其地矣。地志無。

成陽　索隱曰『汝南』。地志曰『侯國』。

桃　索隱曰『信都』。地志有。

高梁　道元曰『河東』。地志無。

紀信　地志無。

景　史記作『甘泉』。索隱曰『疑是甘水』，亦無據。地志無。

張　見前。

煮棗　索隱曰『宛朐』。案此見續漢書郡國志，而欒史曰『信都縣之東北』。

傿陵　索隱曰『潁川』。地志有。案史記『傿』作『鄢』。

鹵　地志屬安定。史記作『菌』。案本表曰『藏鹵』。

便　本表曰『編』，則屬江夏，但疑非也。道元曰：『桂陽郡有便縣。』地志無。

軑　本表曰『江夏』。地志有。欒史曰：『今光州仙居縣界。』

平都　索隱曰『東海』。地志乃都平，非平都也。平都屬上郡。

南宮　本表曰『北海』。索隱曰『信都』。予謂北海之南宮，鄉名也，張買所封；信都之南宮，縣名也，張偃所封。不然，同時而重封，可乎哉！地志無。

梧 索隱曰『彭城』。地志有。

平定 地志屬西河。

博成 張守節曰：『今兖州博成，本漢縣。』不知其爲泰山之博，而非博成也。案本表别有博成，見後。

沅陵 索隱曰『武陵』。地志有。

中邑 地志屬勃海。

樂平 當屬平氏，見恩澤表中。案今本『樂平』作『樂成』。

山都 地志屬南陽。

祝兹 已見王子表中。

成陰 史記作『成陶』，予以爲『武陶』之譌。地志屬鉅鹿，曰『侯國』。

俞 索隱曰『清河』。即地志之鄃。

醴陵 索隱曰『清河』。地志有。案今本作『長沙』。

陽信 索隱曰：『表在新野，志在勃海。』然則今本脱。

壯武 索隱曰『膠東』。地志有。

樊 索隱曰『東平』。地志有。

沶陵　史記作『波陵』。案：沶水在南郡宜城，沶陵以此得名，『波』字非也。地志無。案索隱又云『漢表「波」作「泜」』。今漢表已作『沶』。

南郎　李彤曰『河内有郎亭』。地志無。

黎　索隱曰『東郡』。地志有。案史記『黎』作『犂』。

鉼　索隱曰『琅邪』。地志曰『侯國』。案史記『鉼』作『鉼』。

弓高　本表曰『營陵』，而地志屬河間。胡三省曰：『河間置國在頹當封侯前，故表志異。』予謂此皆先後改屬者。然亦有本表誤系，而當以志正之者，如蒲領即（裴）〔表〕之系于東海，正復不一而足。

龍頟　索隱曰『平原』。地志曰『侯國』。據欒史，則與弓高皆在阜城。〔校〕『阜城』，底本誤作『信都』。

按道　本表曰『齊』。地志無。

襄城　本表曰『魏』。地志無。索隱以爲潁川者，非也。顧祖禹曰：『元城縣有襄城，漢封韓嬰于此。』案元城屬魏，其言與表合。案史記『城』作『成』。

故安　索隱曰『涿』。地志有。

清安　史記作『傳』，注作『靖安』。地志無。

俞　見前。

建陵　地志屬東海，曰『侯國』。

建平 索隱曰『沛』。地志曰『侯國』。

平曲 索隱曰『漢表在高城』，蓋勃海之高城也。然則今本脱。道元誤以爲金城之西平。地志無。地志但于東海之平曲曰『侯國』，與表亦不合。欒史曰『在今霸州永清縣』。

南窌 地志無。恐即左傳之石窌也。

葛繹 地志本注乃山名，屬下邳。

江陽 索隱曰：『東海縣名。』案地志無之，蓋據王子表，殆是鄉名也。道元以爲犍爲之江陽，誤矣。

遽 索隱曰：『漢表鄉名，在常山。』然則今本脱。

新市 索隱曰『鉅鹿』。地志曰『侯國』。

商陵 索隱曰：『表在臨淮。』然則今本脱。地志無。

山陽 地志屬河内。

安陵 索隱曰：『即傿陵。』

桓 索隱曰『河東』。地志有。案史記作『垣』。

迺 索隱曰『涿』。地志有。案史記作『遒』。

容城 索隱曰『涿』。地志有。案史記『城』作『成』。

易 表作『翕』。索隱曰『涿』。地志有。

范陽　本表曰『涿』。地志有。

翕　本表曰『内黄』。地志有。

亞谷　索隱曰：『漢表在河内。』然則今本脱。地志無。欒史曰：『乃容成縣之渾泥城。見水經。景帝改爲亞谷城以封。』

塞　見前。

翕　見前。

特轅　本表曰南陽。地志無。史記作『持裝』。

親陽　本表曰舞陽。案『親』字乃『溵』字，謂溵水之陽。地志無。

若陽　本表曰『平氏』。地志無。

平陵　本表曰『武當』。地志無。案欒史曰：『今霸州大城縣。』亦異聞。

岸頭　本表曰皮氏。地志無。

涉　已見王子表中。

昌武　本表曰『舞陽』。地志無。案今本索隱作『武陽』。

襄城　索隱曰：『漢表作襄武。』然則今本漢表作『襄城』者，因史記誤也。考師古注景武功臣表已作襄城，則誤久矣。猶賴索隱之言以正之。但本表曰『襄垣』，則是上黨屬縣之鄉名；而索隱曰

『隴西』，又誤也。地志無。

安樂　本表曰『昌』，蓋鄉名也。道元以爲樂安，在千乘，則舛矣。地志無。

合騎　本表曰『高城』。地志無。

軹　史記作『涉軹』，本表曰『西安』。地志無。

從平　本表曰『樂昌』。地志無。

隨城　本表曰『千乘』。地志無。案史記『城』作『成』。

博望　索隱曰『南陽』。地志曰『侯國』。

衆利　索隱曰：『表在陽城姑幕。』今本無陽城二字。地志無。

膫表作『潦』，誤。本表曰『舞陽』。地志無。

從票　地志無。案史記『票』作『驃』。

浞野　地志無。

宜冠　本表曰『昌』。地志無。

煇渠　本表曰『魯陽』。地志無。

下麾表作『磨』。本表曰『猗氏』。地志無。

漯陰表作『濕』，誤。本表曰『平原』。地志有。

煇渠　本表曰『魯陽』。韋昭曰：『僕多「多」，表作『朋』。所封作煇渠，應疕所封作渾渠，並在魯陽。今同作「煇」，誤也。』孔文祥曰：『或是一邑分封二人，韋説非是。』然張守節曰：『煇渠，表作順梁。』未知又是何別本也。

河綦　本表曰『濟南』。地志無。

常樂　本表曰『濟南』。地志無。

邳離　史記作『符離』。本表曰『朱虛』，謂邳離；索隱曰『沛』，謂符離也。地志無邳離。

義陽　本表曰『平氏』。地志有。

杜　索隱曰『表在東平』。今本作重平，則勃海也。地志無。案史記『杜』作『壯』。

衆利　見前。

湘成　本表曰『陽城』。地志無。

散　本表曰『陽城』。地志無。

臧馬　本表曰『朱虛』。地志無。

瞭　見前。案史記又作『暸』。

術陽　本表曰『下邳』。地志無。

龍　史記作『龍元』，蕭該非之。索隱曰：『龍，魯邑。見左傳。』案此即前龍陽侯之龍。地志無。案今本史記『元』作『亢』。

成安 索隱曰：『表在郟，志在陳留。』謬也。郟屬潁川，而潁川有成安，曰『侯國』。韓千秋郟人，則潁川之成安是也，非陳留也。

昆 本表曰鉅鹿。地志無。

騏 本表曰『北屈』。地志曰『侯國』。

梁期 索隱曰『魏』。地志有。

瞭 索隱曰『表在下邳』，則非前所封二侯之瞭也。而今本作南陽，當是索隱所見爲古本。地志無。案史記又作『瞭』，傳寫誤也。

將梁 屬涿，見王子表中。

安道 本表曰『南陽』。地志無。

隨桃 索隱曰『表在南陽』，然則今本脱。地志無。

湘成 本表曰『堵陽』，地志無。道元誤以爲相成。案今本漢表無『堵陽』字。

海掌 本表曰『琅邪』。地志無。案史漢二表俱作『海常』，恐誤寫作『掌』。

外石 本表曰濟南。地志無。

下酈 史記作『下酈』，本表曰『南陽』，則史記是。地志有。

繚嫈　西南夷傳作『聊嫈』。地志無。

蓹兒　即語兒也，屬會稽。地志無。案史記『蓹』作『蘗』。

開陵　本表曰『臨淮』。地志曰『侯國』。

臨蔡　本表曰『河内』，道元誤以爲金城之臨羌。地志無。

東城　本表曰『九江』。地志有。

無錫　本表曰『會稽』。地志有。

涉都　本表曰『南陽』。地志無。續志乃鄉名。

平州　本表曰『梁父』。地志無。

荻苴　本表曰『勃海』。地志無。

澅清　本表曰『齊』。地志無。案今本此下尚有『騠兹侯』一條。

浩　地志無。

瓡讘　本表曰『河東』。地志有。

幾　本表曰『河東』。地志無。案國策及史記趙世家皆曰魏邑，張守節曰『在（湘）〔相〕潞間』。

涅陽　本表曰『齊』。而道元曰『南陽』。索隱同。蓋涅水不在齊也。

海西　胡三省曰：『地志屬東海郡。』琅邪亦有之。今流俗本皆誤作『海曲』。

新時 本表曰「齊」。地志無。

承父 本表曰「東萊」。地志無。

開陵 見前。

秺 本表曰「濟陰」。地志有。

重合 本表曰「勃海」。地志有。

德 已見王子表中。

題 本表曰「鉅鹿」。地志無。徐文靖曰即清河之甀題，非也。荀紀作「蹋題」，則以其蹋户救太子故。案樂史曰甀題在棗强，則本表是。

邘 本表曰「河内」。地志有。荀紀作「抱」，則以其抱太子故。

轑陽 本表曰「清河」。文穎誤以爲魏之清淵，蓋繚也。地志有。

當塗 本表曰「九江」。地志曰「侯國」。

蒲 本表曰「琅邪」。地志無。

承父表作「丞父」。見前。但二侯除國、封國，亦頗相重，有誤。

秺 見前。

建平 本表曰「濟陽」。地志屬沛，曰「侯國」。本表誤也。

宜城　本表曰『濟陰』。地志無。

弋陽　索隱曰『汝南』。地志曰『侯國』。

商利　本表曰『徐』。地志無。

成安　見前。

平陵　見前。道元誤以爲平陽。

義陽　見前。

長羅　本表曰『陳留』。地志曰『侯國』。

爰戚　地志屬山陽，曰『侯國』。

博成　本表曰『淮陰』。地志無。案索隱曰『表在臨淮』，則與今本異。

高昌　本表曰『千乘』。地志有。

平通　本表曰『博陽』。地志無。

都成　道元引作『郕都』，曰『山陽郷』也。案山陽有城都縣，非郷也，且郕都非城都也。合郕都與城都，皆非都成也，故樂史疑之。索隱曰『潁川』，地志亦無之。

合陽　本表曰『平原』。地志有。樂史曰：『信都郡東。』

安遠　本表曰『慎』。地志無。

歸德 本表曰『汝南』。地志有。

信成 本表曰『細陽』。地志有。

義陽 見前。

義成 地志屬沛。

駟望 本表曰『琅邪』。地志曰『侯國』。

延鄉 地志屬千乘。

新山 地志屬琅邪，曰『侯國』。

童鄉 當是勃海之章鄉，誤文也。地志曰『侯國』。欒史引十三州志云：『饒安縣之童鄉亭，即古章鄉縣也。字類而譌。』

樓虛 地志屬平原，曰『侯國』。

臨泗 當是沛之故縣，而後省。

周呂令 索隱曰：『濟陰之呂都。』又曰：『改封令，邑名，在滎陽，見晉書地道記。』則妄也。史記明曰『令武』爲謚，而忽曰邑乎？又案：楚亦有呂。〔校〕周呂令，史記高祖功臣侯者年表周呂令武侯呂澤條，封邑名周呂，令武是謚，然漢書外戚恩澤侯表則作『周呂令武侯』。體下全氏文意，『令』下宜補『武』字。

鄜 史記作『鄜』，則南陽。鄜則馮翊。地志有。

腄　索隱曰『東萊』。地志有。

東平　索隱曰『東平』。地志有。

汶　索隱曰『沛』。蓋縣以汶水名也，漢志傳寫，誤『汶』爲『汶』。而師古曰『音問』，謬哉。地志有。

建成　地志屬沛，曰『侯國』。

不其　地志屬琅邪。

漢陽　史記作湖陵者是。

扶柳　索隱曰『信都』。地志有。道元曰『琅邪』，蓋誤失去『柳』字也。

襄城　索隱曰『潁川』。地志有。

軹　索隱曰『河内』。地志有。

壺關　道元曰『上黨』。地志有。

昌平　索隱曰『上谷』，非也。諸王表作『平昌』，則是平原，或琅邪也。地志平原曰『侯國』。

贅其　索隱曰『臨淮』。地志有。

滕　索隱曰『沛』，蓋即公丘也。地志有。

吕　徐廣曰『宛』。道元同。地志無。

祝兹　見前。

建陵 索隱曰『東海』。地志曰『侯國』。

軹 見前。而索隱外戚傳注又以爲長安之軹道。

鄗 索隱曰『太原』。本紀作靖郭。師古疑鄗是後改所封。但表言鄗侯坐濟北王反弗救，國除，則當近齊，非遠在太原郡中者也。顧祖禹曰是鉅鹿之鄗，亦無據。案史記又作『清都』，則傳寫之變也。

周陽 道元曰『聞喜』，蓋邑名也。索隱曰『上郡』，則是陽周矣。趙兼之子遂以周陽爲姓，豈可顛倒乎？

章武 索隱曰『勃海』。地志有。

南皮 索隱曰『勃海』。地志有。

魏其 見前。

蓋 道元曰『泰山』。地志有。索隱曰『勃海』，非也。

武安 索隱曰『魏』。地志有。

周陽 見前。

長平 道元曰『上黨』，非也。索隱曰『汝南』。地志有。

宜春 索隱曰『汝南』，其豫章亦有之；而屬汝南者曰『侯國』。

陰安　索隱曰『魏』。地志有。

發干　索隱曰『東郡』。地志有。

平津　本表曰『高成』。地志無。

冠軍　本表曰『南陽』。地志有。

樂平　本表曰『東郡』。案東郡之清，章帝始改樂平，向疑表誤也。及讀索隱，曰『表在平氏』，乃知今本爲後人所妄填者，其當屬南海無疑也。案南海應作南陽。史記作樂成，故道元以爲河間，亦誤也。

冠陽　本表曰南陽。地志無。

周子南　本表曰『長社』。地志之『周承休』是也，曰『侯國』。

衛　本表曰『觀』。地志之畔觀也。

樂通　本表曰『高平』。韋昭曰：『臨淮之高平也。』地志無。

牧丘　本表曰『平原』。地志無。

富民　本表曰『蘄』。地志無。

博陸　本表曰『北海、河間、東郡』。師古曰：『光初食北海、河間，後益封東郡也。』夫光初食三千户乃占二方，後益封一萬七千户乃止一地乎？不知光初食封，爲北海之河東城，見文穎注；後益邑，則河東之河北縣及東郡之東武陽縣，見本傳。是侯表誤也，而師古亦失考。臣瓚曰：「今河陽有博陸城。」地志無。

安陽 本表曰「蕩陰」。而道元曰「弘農」，索隱曰「汝南」，皆謬。地志無。

桑樂 本表曰「千乘」。地志無。

宜春 見前。

安平 本表曰「汝南」。地志無。索隱曰：「志屬涿。」

富平 本表曰「平原」。地志曰「侯國」。案本傳，初封陳留別邑，在魏郡，其後改封平原。

陽都 地志屬城陽。

陽平 索隱曰「東郡」。地志有。

營平 索隱曰「濟南」。地志無。

平丘 本表曰「肥城」，則泰山也。索隱曰志屬陳留，非也。

昌水 本表曰「於陵」。地志無。

陽城 本表曰「濟陰」。索隱曰：「誤也。濟陰是城陽，非陽城，而汝南、潁川各有陽城。」予案地志，則汝南是。案「濟陰」，今本或作「濟陽」。

爰氏 本表曰「單父」。地志無。

扶陽　本表曰『蕭』。地志曰『侯國』。

平恩　索隱曰『魏』。地志曰『侯國』。

高平　本表曰『柘』，則淮陽也。地志無。索隱以爲臨淮者，誤。

平昌　道元曰『平原』。地志曰『侯國』。案表平昌之後，次以博陽、建成。而博陽、建成，表皆曰『汝南』。樂昌，表曰『南頓』，陽成，表曰『沛』，與此前後互易，自應以此爲是。殆謝山所見之表，别是一本耶？

樂昌　本表曰『汝南』。地志無。道元曰『東郡』。

陽城　本表曰『汝南』。地志曰『侯國』。

樂陵　索隱曰臨淮、平原俱有之。予案地志是臨淮。案今本表曰『臨淮』。

武陽　本表曰『郯』。今本作『東郡』。地志無。案：東郡有東武陽；東海郡有武陽；且注曰『侯國』，此云志無，殆訛『有』爲『無』也。此卷似此者尚多。

邛成　本表曰『濟陰』。地志無。宋祁曰即山陽之郜成，未敢信也。

安平　當是東安平。地志有。

將陵　地志無。

平臺　本表曰『常山』。地志曰『侯國』。

（傳）〔博〕望　見前。

欒成　本表曰『平氏』。地志曰『侯國』。

博陽　本表曰『南頓』。地志曰『侯國』。

建成　本表曰『沛』。道元曰『勃海』。地志沛之建成，曰『侯國』。

西平　本表曰『臨淮』，而道元以爲汝南之西平。地志有。案：今本無『臨淮』字。又案：臨淮、汝南皆有西平，而皆不云『侯國』，此恐是東海之平曲耳。平曲乃曲平之訛，而曲平又訛西平，檢第三卷平曲條自見。

陽平　見前。案本表曰『郯』。

安成　本表曰『汝南』。地志曰『侯國』。

平阿　本表曰『沛』。地志曰『侯國』。

成都　本表曰『山陽』，然則當作『城都』，而本表及元后傳皆作『成都』，誤也。地志曰『侯國』。

紅陽　本表曰『南陽』。地志曰『侯國』。

曲陽　本表曰『九江』。地志曰『侯國』。

高平　本表曰『臨淮』。地志曰『侯國』。

新都　本表曰『南陽』。地志曰『侯國』。

褒折　地志無。案今本『褒折』作『褒新』。

賞都　地志汝南之宜禄也。

樂安　本表曰『僮』。地志無。

安昌　本表曰『汝南』。道元曰『河内』。地志屬汝南者曰『侯國』。然考張禹乃河内人，恐以道元爲是。

高陽　本表曰『東莞』。地志無。案琅邪有高陽，且注曰『侯國』。而此云志無，可知此書之訛字多矣。

安陽　見前。

成陽　本表曰『新息』。地志曰『侯國』。荀紀作『陽城』，誤也。道元亦誤以爲陽城。

新成　地志屬北海，曰『侯國』。荀紀作『新城』，誤也。

高陵　本表曰『琅邪』。地志曰『侯國』。

安陵　本表曰『汝南』。地志無。案今本『安陵』作『定陵』，則正屬汝南。

殷紹嘉　本表曰『沛』。地志有。

宜鄉　地志無。

氾鄉　本表曰『南陽』。地志無。

博山　本表曰『順陽』。地志曰『侯國』。

陽安　地志屬汝南。

孔鄉　本表曰『夏丘』。地志無。

平周　本表曰『湖陽』。地志無。

高樂　本表曰『新野』。地志無。荀紀作『高鄉亭』者，誤也。

義陽　本表曰『東海』。案：本傳以東海之厚丘爲國，地志無。胡三省曰『新野』，誤也。

高武　本表曰『杜衍』。地志無。

楊鄉　本表曰『湖陵』。地志無。

新甫　本表曰『新野』。地志無。

汝昌　本表曰『陽穀』。地志無。

陽新　本表曰『新野』。荀紀作『長信』，誤也。地志無。

高安　本表曰『朱扶』。胡三省曰『朱扶無可考』。

方陽　本表曰『龍亢』，而道元曰『酇之房陽』。地志無。

宜陵　本表曰『杜衍』。地志無。道元作『宜陽』，誤也。

長平　本表曰『濟南』。地志無。

扶德　本表曰『贛榆』。地志無。

扶平　本表曰『臨淮』。地志無。

廣陽　本表曰『汝南』。地志無。案今本『汝南』作『南陽』。

承陽　本表曰汝南。地志無。

褒魯　本表曰『南陽平』。案泰山郡有南武陽，有東平陽；山陽郡有南平陽，而獨無南陽平。況褒魯者，泰山郡之桃山也。地志有。

褒成　本表曰瑕丘。地志無。

防鄉　地志無。當即檀弓之防，亦見左傳，魯邑。

紅休　蓋兼食其先人所封二國邑。案今本此下尚有『寧鄉侯』一條。

定鄉　地志無。

常鄉　道元曰『高苑』。地志無。

望鄉　地志無。

南鄉　見功臣表。

邑鄉　地志無。

亭鄉　地志無。

章鄉　地志屬勃海。

蒙鄉　地志無。

盧鄉　地志屬東萊。

成武　地志屬山陽。

明統　以名號封，失其地。

破胡　以名號封，失其地。

討狄　以名號封，失其地。

右功臣及外戚恩澤侯表。

地志云：『平帝時侯國二百四十一。』案：志所書之郡三十一，共得侯國一百九十四，失去四十七國。而一百九十四者，山陽之郜成，涿之良鄉，北海之饒，琅邪之柔與慎鄉，桂陽之陰山，廣平之陽臺，不見于表者有七，蓋互有斷脱矣。實則漢末侯國，尚不祇二百四十一而已也。

讀易別録

讀易序録〔一〕

納蘭成氏所聚經解，易爲最多，其外尚有唐李鼎祚、郭京、邢璹，宋安定胡先生、歐陽兖文忠公、東坡先生、沙隨先生、誠齋慈湖二楊先生、林栗、曾稑、王莘叟、李過、戴師愈、李椿、張行成、崔山先生、深寧先生、東發先生、陳友文、方實、孫魯齋先生，元黄鎮成、李公凱、李恕、熊良弼、鄧錡、保八，皆流傳，著名于世。今以永樂大典合之，亦多有爲引用所未及者，蓋當日文淵閣無此書也。然其中未見之本，則幾相半：若河南史文徽證易口訣義六卷，司馬温文正公易傳三卷，陳中肅了齋易説一卷，李莊簡公光讀易老人解説十卷，丹陽都聖與絜易變體義十六卷，長陽先生郭雍傳家易十一卷、卦辭旨要六卷，華亭田興齋疇學易蹊徑二十卷，山齋先生易袚周易總義二十卷，金華鄭亨仲剛中讀易窺餘十五卷，都昌馮厚齋椅易輯注、輯傳、外傳共五十卷，節齋先生蔡淵周易經傳訓解三卷，卦爻辭旨□卷，吳陳寧極深清

〔一〕本篇據黄永年先生藏舊鈔本鮚埼亭集外編卷四十二録入。

全齋讀易編三卷，長樂趙虛舟以夫易通十卷，建安張中溪清子大易附録集注十一卷，眉山李謙齋杞易詳解二十卷，大名齊伯恒履謙易本説六卷，寧德陳石堂普易解兩卷，莆田陳宏易童子問一卷，天水趙静之善譽易説二卷，郭東山昺易解一卷，朱祖義易句解十卷，黄岩陳澤雲應潤爻變易藴四卷，及蘭溪徐子才周易直説，泰和魯傳道貫易學變通，吉水解求我蒙易經精藴大義，陳訥河圖易象本義，胡震易衍義，則雖見于史志、書録，而絶不可得矣。至楊瀛易尚四通，趙與逌易遺説，張應珍、趙珪易解，蘇起翁讀易記，姑汾遁叟□□指龜，貢清之易撮要，吴説之易疑問，陳至易辨疑，無名氏易象龜鑑、易纂，則并其名亦爲史志、書録之所希見。楊瀛以下，朱竹垞經義考皆無之。因亟鈔一編，而別識其目于此，使予得以數年無事，遍鈔諸經，遺秉滯穗，莫非經苑之腴，昔儒有知，其尚克相予也。

讀易別録上

嗚呼！諸經之中，未有如易之爲後世所録者。舊史之志藝文，蓋自傳、義、章句而外，或歸之蓍龜家，或五行家，或天文家，或兵家，或道家，或釋家，或神仙家以見，其名雖繫于易，而實則非也。彼其爲傳、義、章句者，諸家之徒居十九焉。今取其所自出之宗暨其流演之派，釐然別而列之，而彼傳、義、章句之無當于經，蓋不攻而自見矣。是舊史衛經之深心也。予嘗綜其概而言之，大半屬圖緯之末流，蓋自乾坤鑿度諸書既出，其意欲貫通三才，以依託于知來藏往、廣大悉備之學，遂妄以推測代前知之鑒，而卜筮者竊而用之，始有八宫、六神、納甲、納音、卦氣、卦候飛伏諸例，其外則爲太乙九宫家，遯甲三元家，六壬家，所謂三式之書也。三式之書，早見于春秋之世，伶州鳩已言之矣。而或謂圖緯始于西漢之末，亦考之未審也。三式皆主乾象，于其中又衍爲星野、風角二家，又推之節氣之變爲律曆家。律曆之分爲日者家，漢有鐘律叢辰之書，是日者亦本于律。合星野、風角、時日以言兵事，則爲兵家。又以仰觀者俯察，爲形法家。其在人也，爲禄命家，爲醫家，爲相家。若占夢家，則本周官所以屬之太卜者，又無論也。更有異者，以陰陽消長之度，爲其行持進退之節，爲丹竈家。丹竈之于卜筮，豪不相及也。已而其先事逆中，亦託之易。然自唐以前，援易以入于占驗之門者居多；自唐以後，則易半道藏所有，是亦一大變局也。夫必欲以支離之小道，擣撦聖人之經，是亦文、周所不能禁，而究之則于易何有哉？雖然諸家之託于易，原其初不過借易以自文其説，而非謂吾之説可以明易也。其以入之傳、義、章句之中者，説經者之罪也。近日有作經義考者，不審舊史之例，概取而列之于易，則所以亂經者莫甚于此。愚故列圖緯于篇首，而以諸書附之，略疏證其門户之異同，以見其必不可以言經也。若夫舊史所載，閒亦有分晰未盡者，并爲改而正之，庶乎使正閏之不淆云。

易乾鑿度二卷

易坤鑿度二卷

易稽覽圖二卷

易通卦驗二卷

易辨終備一卷

易是類謀一卷

易乾元序制記一卷

易坤靈圖一卷

易流演通卦驗一卷
易萌氣樞
易天人應
易中孚經
易内傳
易傳太初篇
易讖
易緯
易説
河圖洛書二十四卷目録一卷
河圖二十卷
河圖九（卷）〔篇〕
洛書六（卷）〔篇〕
河圖赤伏符三篇
河圖會昌符三篇

河圖龍文一（篇）〔卷〕
河圖括地象
河圖挺佐輔
河圖帝覽嬉
河圖代姓紀
河圖令占篇
河圖秘徵篇
洛書甄曜度
河圖玉版
河圖魚龍
老子河洛讖

以上圖緯。共三十四種。

三墳易典三卷宋志著龜家，是箕子注，蓋僞書。○是書，經義考失載。
神農重卦經二卷隋志五行家。
周易三十八卷漢志著龜家。

周易明堂二十六卷漢志蓍龜家。案漢儒有明堂陰陽之學，禮記爲最多，周易明堂，亦其類也。案經義考：三十六卷。

周易三備三卷，又一卷隋、唐志五行家。宋志蓍龜家，是孔子師徒所造，蓋依託也。通志曰：『上備天文，中備卜筮，下備地理。』

大次雜易三十卷漢志蓍龜家。案春秋傳中有卜筮，不引易文，據所見雜占而言之者，見杜預、劉炫之説，所謂『雜易』者與？

古五子十八篇漢志誤入經部，劉向曰：『分六十四卦著之辰，自甲子至壬子，凡五子。』班固曰：『説易陰陽』

案此即納甲、納辰之例。

古雜易八十篇漢志誤入經部。

雜灾異三十五篇漢志誤入經部。

神輸五篇漢志誤入經部。

易家候陰陽灾變書見漢書儒林傳，孟喜所得，即魏相采以奏事者。此書，經義考失載。

漢丞相掾東海孟氏京房十一篇灾異漢志誤入經部。孟氏別有章句，應列于經，此乃牽連載之者。

又六十六篇漢志誤入經部。

魏郡太守東郡（經）〔京〕房周易錯卦七卷隋志五行家。案經部又有周易錯八卷，疑即是書之重出。

又周易飛候九卷，又六卷隋志五行家。案飛候者，京房以風角附會于易之書。

又周易飛候六日七分八卷隋志五行家。
又周易四時候四卷隋志五行家。
又周易混沌四卷隋志五行家。
又周易委化四卷隋志五行家。
於陵欽易吉凶二十三卷漢志蓍龜家。
任良易旗七十一卷漢志蓍龜家。
王景大衍玄基見後漢書。
周易新圖一卷隋志誤入經部。案新圖序入五行家，則新圖不當爲章句之書。
易新圖序一卷隋志五行家。
易通統圖二卷，又一卷隋志五行家。
易通統卦驗玄圖一卷隋志五行家。
周易雜圖序一卷唐志五行家。
薛景和周易普玄圖八卷隋志誤入經部。
顔氏周易大演通統一卷隋志誤入經部。
周易六帖四卷宋志五行家。經義考作『八帖』。

周易三備雜機要一卷宋志五行家。

周易問二十卷隋志誤入經部，唐志五行家。

周易十二論一卷通考。

周易稽頤圖一卷通志。

任奉古周易發題一卷通志。

周易經類一卷宋志五行家。

唐武功蘇鶚周易開玄關一卷通考。

唐台州道士王遠知易總十五卷龍城録。

周易口訣開題一卷宋志五行家。

周易備要一卷宋志五行家。

易法一卷宋志五行家。

易玄圖一卷宋志五行家。

證六十四卦納音五行一卷宋志蓍龜家。○是書，經義考失載。

周易飛伏例一卷宋志蓍龜家。○是書，經義考失載。編者案：據宋史藝文志此書在五行家。

以上皆通説陰陽灾異及占驗體例，今列之于首。共四十四種。

周易子夏占林三卷崇文書目卜筮〔家〕，宋志五行家。蓋僞書。

齊將曾孫臏卜法一卷宋志五行家。蓋僞書。○是書，經義考失載。

京房周易妖占十三卷隋志五行家。經義考：十一卷。

又周易占事十二卷隋志五行家。案隋志又有周易占十二卷，疑即妖占、占事二書之重出。

又周易守林三卷隋志五行家。

又周易逆刺占灾異十二卷隋志五行家。

又易傳三卷通考卜筮家。

又易傳算法一卷通考卜筮家。今附入易傳中，通稱易傳四卷。經義考作易傳積算法雜占條例一卷。

漢單父長費直易林五卷隋志五行家。

又周易筮占林五卷隋志五行家。

又易内神筮二卷隋志五行家。

又易外神筮二卷隋志五行家。

又易逆刺占灾異十二卷唐志五行家。○是書，經義考失載。博案此書已見前，豈同一名耶？

小黄令梁焦贛易林三十二卷隋志五行家。經義考：十六卷。

又易林變占十六卷隋志五行家。

隱者成都嚴遵周易骨髓決一卷通志。

又卦法一卷宋志蓍龜家。○是書，經義考失載。

伏萬壽周易集林十二卷隋志五行家，或曰京房。

建新大尹涿郡崔篆易林十六卷唐志五行家。經義考：六十四篇。

後漢方士汝南許峻易新林十卷隋志五行家。

又易決一卷隋志五行家。案宋志有許季山易決一卷。季山，即峻字，經義考不審，而兩列之。

又易灾條二卷隋志五行家。

又易雜占七卷隋志五行家。

魏少府丞管輅周易林四卷唐志五行家。

又周易通靈決二卷隋志五行家。

又周易通靈要訣一卷隋志五行家。

又文王版詞一卷宋志五行家。案此書殆即通考所謂周易版詞者也。

吴騎都尉會稽虞翻易集林一卷隋志五行家。

又周易日月變例六卷隋志誤入經部。

吴鬱林太守吴郡陸績易釋玄吴志。

張滿周易林七卷唐志五行家。

尚廣周易雜占九卷隋志五行家。

宋征北諮議參軍張浩周易占一卷隋志五行家。

周易雜占十三卷，又十一卷隋志五行字。

晉徵士高密徐苗周易筮占二十四卷隋志五行家。經義考：唐志。

晉尚書郎河東郭璞周易洞林三卷隋志五行家。

又周易新林九卷，又四卷隋志五行家。

又周易林五卷隋志五行家。經義考：六卷，七録。

又易立成林二卷隋志五行家。

晉句漏令丹陽葛洪周易雜占十卷隋志五行家。經義考：七録。

梁簡文帝易林十七卷南史。

梁元帝連山三十卷隋志五行家。

又洞林三卷隋志五行家。

梁臨海太守平昌伏曼容周易集林十二卷唐志五行家。

梁諸王侍讀丹陽陶弘景易髓三卷宋志五行家。

又易林一卷崇文書目：卜筮家。○是書，經義考失載。

梁中領軍吴郡朱异稽疑二卷宋志五行家。案七録异有易注百卷。是書經義考失載。

武靖周易雜占八卷隋志五行家。

魯洪度易林三卷隋志五行家。

梁處士新野庾詵易林二十卷南史。

吴遵世易占雜林百餘卷北史。○是書，經義考失載。

顔氏周易立成占三卷隋志五行家。

隋上儀同京兆臨孝恭孔子馬頭易卜書一卷見隋書藝術傳。

杜氏新〔易〕林占三卷〔隋〕〔唐〕志五行家。

周易林三十三卷，録一卷隋志五行家。案此疑即合諸家易林爲之者，宋志所謂『諸家易林』也。

周易林十八卷，又十卷隋志五行家。○是書，經義考失載。

周易新林一卷，又二卷隋志五行家。

周易卦林一卷隋志五行家。

易讃林二卷隋志五行家。

易立成四卷，又一卷隋志五行家。

易占三卷隋志五行家。

易林要訣一卷隋志五行家。

易要訣二卷隋志五行家。

周易初學筮要法一卷隋志五行家。

鄭氏易腦經二卷隋志五行家。

周易髓腦二卷隋志五行家。

雜筮占四卷隋志五行家。〇是書，經義考失載。

晉易髓八卷

李鼎祚易髓三卷，目一卷宋志五行家。

梁運周易雜筮占決文二卷唐志五行家。經義考「筮占」作「占筮」。

周易内卦神筮法三卷唐志五行家。經義考：二卷。

周易雜筮占四卷唐志五行家。

周易質疑卜傳三十卷通志。

周易髓要雜決一卷宋志五行家。

杜靈賁卜法二卷宋志五行家。〇是書，經義考失載。

周易天門子訣二卷宋志五行家。

又卜法二卷

又易髓一卷宋志五行家。

周易三空訣一卷宋志五行家。

周易三十六占六卷宋志五行家。

八卦雜決一卷宋志五行家。

周易十門要訣一卷通志。

周易斷卦例頭一卷通志。

周易要訣占法一卷通志。

周易卜經一卷通志。

六十四卦火珠林一卷宋志蓍龜家。

周易逆刺一卷宋志五行家。

易頌卦一卷宋志五行家。博案經義考作『黄景元周易卦頌』,疑即此書,此作『頌卦』,誤倒其文耳。

周易括世應頌一卷宋志五行家。

周易六神頌一卷宋志五行家。

易大象林一卷宋志五行家。

易杜秘林一卷宋志五行家。博案『杜』，經義考作『林』。

爻象雜占一卷宋志五行家。

周易問卜十卷通志。

晁説之京氏易式玉海。

周易竹木經一卷通志。

螺卜法一卷宋志五行家。

六十四卦頌論一卷

爻象頌論一卷

周易讚頌一卷經義考六卷。

易訣雜頌一卷

易傳一卷宋志蓍龜家。

范氏筳篿卜法見吴萊集。

周易爻詠八卷宋志五行家。

易大象歌一卷宋志五行家。

周易卜卦一卷宋志五行家。

玄理歌一卷宋志五行家。

鄒璞周易義經一卷經義考採宋志無名氏玄義經或即此書。『義』字上脱『玄』字耳。

王守一周易探玄十卷宋志。

以上漢、唐諸人卜筮、林占之書，仿古繇詞爲之者，而凡卜筮之書附焉。共百九種。

九宫八卦式蟠龍圖一卷隋志五行家。○是書，經義考失載。

六壬六十四卦名一卷宋志五行家。○是書，經義考失載。

吕才周易軌限通神寶照十五卷宋志著龜家。○是書，經義考失載。

李淳風周易（薪）〔蓂〕蓂軌一卷通志。○『蓂』，經義考作『冥』。

易通志周易（薪）〔蓂〕蓂璇璣軌革口訣一卷宋志著龜家。○是書，經義考失載。

蜀蒲虔貫易軌一卷通志。

又周易軌革指迷訣三卷宋志著龜家。

宋侍郎酈城掌禹錫周易流演遁甲圖一卷見蘇頌集。

軌革易贊五卷通志。

周易軌限算一卷通志。

軌革金庭玉鑑七卷宋志蓍龜家。

軌革傳道録宋志蓍龜家。

軌革秘寶一卷宋志蓍龜家。

軌革指迷照膽訣一卷宋志五行家。

軌革照膽訣一卷宋志五行家。

京女斷卦訣一卷宋志五行家。○是書，經義考失載。

周易神鏡鬼谷林一卷宋志五行家。

周易鬼鎮林一卷宋志五行家。

周易轆轤關一卷宋志五行家。

周易轆轤關雜占一卷宋志五行家。

周易轆轤圖頌一卷宋志五行家。

張胥周易繚繞詞一卷

徐復、林瑀周易天人會元紀

黄子玄易頌一卷宋志五行家。

周易飛燕轉關林竅一卷宋志五行家。『竅』字，據經義考補。

周易鬼林經一卷宋志五行家。『林』，經義考『靈』。

周易察微經一卷宋志五行家。

周易鬼衜算一卷宋志五行家。『衜』，經義考『御』。

易鑑三卷宋志五行家。

周易火竅一卷宋志五行家。

周易竅書一卷宋志五行家。

阮兆周易玉鑑頌一卷通志。

焦氏周易玉鑑頌一卷宋志五行家。〇是書，經義考失載。

周易飛燕繞梁歌一卷宋志五行家。

周易金鑑歌一卷宋志五行家。

周易靈秘諸關歌一卷宋志蓍龜家。

周易□訣一卷宋志五行家。

周易玄鑑林一卷宋志五行家。經義考：三卷。

成玄英周易窮寂圖一卷宋志。〇或云釋仁英作。經義考：五卷。

又易流演五卷宋志五行家。

周易聯珠論一卷宋志五行家。經義考『聯』作『連』。

易筩精義一卷通志。經義考：二卷。

中條山道士王鄯易鏡三卷宋志蓍龜家。

無惑先生即王鄯易鏡正經二卷宋志蓍龜家。○是書，經義考失載。

六十四卦歌一卷宋志五行家。案本志載于桑道茂九宮之下，故知爲三式之書。

以上漢、唐諸人以三式占驗之書。其四十五種。

京房易律曆、虞翻注隋志五行家。

費直、焦贛晷限曆一卷宋志五行家。○是書，經義考失載。

易晷限算一卷宋志五行家。

易律曆一卷隋志五行家。元本周易曆，今從經義考。

易曆七卷隋志五行家。

易律決疑一卷隋志五行家。編者按：『律』，隋志作『曆』。

周易神煞旁通曆一卷宋志五行家。

僧一行大衍曆一卷唐志。

晁説之易玄星紀譜

以上律曆家。共九種。

周易分野星圖一卷隋志五行家，唐志天文家。

大衍明疑論十五卷宋志天文家。○是書，經義考失載。

以上天文家。

許辯乾坤氣法一卷隋志五行家，又入兵家。

周易三略經三卷宋志五行家。

以上兵家。

天仙八卦真妙訣一卷宋志五行家。

大卦煞人男女法一卷宋志五行家。○是書，經義考失載。

黄囊大卦訣一卷宋志五行家。

地理八卦圖一卷宋志五行家。

周易八龍山水論一卷宋志五行家。

易括地林一卷宋志五行家。

以上堪輿家。共六種。

郭璞易斗圖一卷隋志五行家。

又易八卦命禄斗内圖一卷隋志五行家。
易八卦斗内圖二卷，又二卷隋志五行家。
周易斗中八卦絶命圖一卷隋志五行家。
周易斗中八卦推游年圖一卷隋志五行家。
周易八卦五行圖一卷隋志五行家。
周易灰神壽命曆一卷通志。
以上禄命家。共七種。
周易服藥法一卷唐志五行家。
脈六十四卦歌訣一卷宋志五行家。○是書，經義考失載。
以上醫家。
袁天綱易鏡玄要一卷宋志五行家。
通玄海底眼一卷宋志蓍龜家。
易旁通手鑑八卷宋志五行家。
以上相家。
周易斷卦夢江南一卷通志。

以上占夢家。
周易隨曲射匿五十卷漢志蓍龜家。
鼠序卜黄二十五卷漢志蓍龜家。
易射覆二卷，又一卷隋志五行家。
顔氏周易孔子通覆決三卷隋志五行家。
東方朔射覆經一卷宋志五行家。〇是書，經義考失載。
雜占射覆一卷宋志五行家。
以上射覆家。共六種。
大易二十四篇一卷宋志神仙家。〇是書，經義考失載。
淮南王九師道訓二篇漢志誤入經部。
老子神符（易）一卷唐志五行家。〇是書，經義考失載。
管輅遇仙訣五音歌一卷宋志蓍龜家。
魏伯陽周易參同契三卷唐志五行家。
又周易五相類一卷唐志五行家。〇是書，經義考失載。
參同大易誌三卷

參同契合金丹行狀十六變通真訣一卷
鄭遠之參同契心鑑一卷
張處參同契大易圖一卷
希還參同契一卷
周易門户參同契一卷
大易誌圖參同契一卷
參同契明鑑訣一卷
彭曉周易參同契分章通真儀一卷
石頭和尚參同契一卷
邢朝宗周易八仙經疏一卷通志。
王曉周易太清訣一卷宋志五行家。
周易通真三卷宋志五行家。
周易通真釋例一卷通志。
周易靈真述一卷通志。
周易靈真訣一卷宋志五行家。

周易靈訣一卷宋志五行家。
玉清無極洞仙經，衛琪注
周易八仙歌一卷宋志蓍龜家。經義考『歌』作『詩』。
陳摶易龍圖一卷宋志誤入經部。
又無極圖一篇
又有極圖一篇見鄭滁孫進中天圖表。
范諤昌大易源流圖一卷宋志誤入經部。按諤昌爲希夷四世弟子，其言老子自西周傳授孔子造易之源，可謂無忌憚之小人矣。
李溉卦氣圖一篇
靈隱子周易河圖術一卷崇文書目卜筮家。
麻衣道者正易心法一卷宋志。
戴師愈易圖見朱子集。
楊吴釋希覺周易會釋記二十卷通志。
以上丹竈家。共三十四種。

讀易別録中

或有問于予曰：易之晦也，圖緯于漢，黄、老于六朝，其説相背而馳。然儒者以爲皆無當于易，信乎？予曰：是也。但圖緯之學，皆以老、莊爲體，老、莊之學，皆以圖緯爲用。此自經師言易以來，但知其門户之分，而不知其門户之合。今夫漢、唐之言五行者，莫不依託于黄帝，而言虚無者，亦莫不依託于黄帝，蓋清浄無爲之説，原非竟忘世者也。其本心固欲以方寸運量天下之變，而又不能有洗心退藏之量，故其託爲齊生死輕去就者，矯也，而實則常欲出而一試。故老子一傳而爲文子，當世所稱計然者也。種、蠡師之以霸越，其言爲壬遯之祖。而陰陽消長之説，既不勝其支離而難通，則必附之于玄妙之窟，以明其言之有據，而使天下之人神其術而不疑。故陰符之書入于道家。試觀漢、唐以來，嚴君平、葛稚川之徒，皆以老、莊治圖緯者也；管公明、李淳風之徒，皆以圖緯治老、莊者也。至于康節而尤備，其言老子得易之體，蓋自實踐中知之，而所用以推元會者，即六日七分之法，是真集大成者也。然則王、韓承漢儒之後，操忘象忘言之妙，吐去一切，是所謂得其半者也，不足以絀圖緯之學也。雖然圖緯之流演，其書之傳于今者，部帙尚數百，而王、韓之派則寥焉。吾求之于舊史，道、釋二家之中，不過一二種而已。然即此一二種，而王、韓之無當于經，亦可見也。且王、韓之學行，而論易者轉思京、焦；及陳、邵之學行，而論易者轉思王、韓。今觀吾别録中所載，則知其爲百步五十步之相笑也。圖緯候氣直日之法流爲神仙，老、莊玄（兆）〔牝〕谷神之旨亦流爲神仙，是丹竈之學亦兼二家之體用而成，是皆先儒從來未見之旨也。

山琮老子幽易五卷隋志道家。

周易玄品論二卷隋志誤入經部。

周易玄品二卷隋志五行家。

周易圖象玄珠五卷

張（子）〔志〕和太易十五卷唐志神仙家。

周杲周易罔象成名圖一卷唐志釋家。

李含光〔老〕子莊子周易學記三卷，又義略三卷唐志神仙家。

帥夜光三玄異義三十卷唐志神仙家。

孔穎達等周易玄談六卷紹興書目。

程大昌易老通言一卷宋志道家。

讀易别録下

昔（若）〔者〕聖人作易以通神明之德，以類萬物之情，于是以蓍龜前民用。然古之重龜也甚于蓍，尚書洪範篇『七稽疑，建立卜筮，乃命卜筮：曰雨，曰霽，曰蒙，曰驛，曰克，曰貞，曰悔，凡七。卜五，占用二。衍忒，立時人作卜筮。三人占，則從二人之言』，是雖並舉卜筮言之，而五卜，皆龜之用。故其下文有『龜從筮逆』，而無筮從龜逆者。周禮掌龜之官凡五：有太卜，有卜師，有龜人，有菙氏，有占人。而又有占夢一官，亦爲太卜之屬。掌蓍之官祇一筮人，以辨九筮之名，雖與太卜同掌三易之書，然凡國之大事，必先筮而後卜，又必使占人眂筮。若春秋傳雖先卜而後筮，而仍以卜爲重，故云筮短，蓋其禮之不同如此。自孔子作易，始以幽贊神明闡蓍之德，而即大衍之策極其圓神之用。蓍之顯于古也，蓋自孔子始也。自漢而降猶然重龜：漢書文帝本紀『羣臣迎王于代，王命卜之，兆得大横』，是大事卜也。東方朔傳『諸數家射覆，朔乃别著布卦而對』，是小事筮也。漢官儀『太史令之屬三人龜卜，二人易筮』，則卜之官多于筮也。後漢書梁后紀『太史卜兆得壽房，又筮得坤之比』，則卜筮猶並用也。唐六典太卜令卜筮之法：一曰龜，二曰兆，三曰易，四曰式，則固以卜先筮也。自一行以大衍爲曆，昌明其數，伊、洛諸公出，而法遂大備。蓍之顯于今也，蓋自一行始也。蓍學既盛，龜學遂失不傳。近儒作經義考者，其于易部祇録蓍書而去龜書，予謂記有曰：『易抱龜南面。』鄭康成曰：『易，官名，即太卜。』然則太卜直以易命其官，奈之何其去之也。然則又考四史志中，所載龜書之多于蓍書者十九，而大都皆漢、唐人之作，則皆溺于壬遁之説者，故不敢登之經部，而别録之，是舊史所見之精也。爰取以附之别録之末。

夏龜二十六卷漢志。○案此即周禮所謂玉兆之書，掌于太卜者也。

龜書五十三卷漢志。

南龜書二十八卷漢志。○案此即周禮六龜之一，掌于太卜者也。

晉大夫史蘇龜經十卷，又一卷隋志。○案此書恐是僞作，故漢志無之。崇文書目有，三卷。

史蘇沈思經一卷隋志。

史蘇龜眼玉鈐論一卷宋志。

巨龜三十六卷漢志。

雜龜十六卷漢志。

太史卜書説文引。

褚先生龜筴傳一卷

葛洪龜訣二卷以下隋志。

管郭近要訣龜音色二卷

龜卜要訣四卷

龜圖五行九親四卷

周子曜龜親經三十卷

龜卜五兆動摇訣一卷

柳彦詢龜經三卷以下唐志。

柳世隆龜經秘要二卷

劉寶真龜經一卷

王（行）〔弘〕禮龜經一卷

臨孝恭九宫龜經一百十卷

莊道名龜經一卷

孫思邈龜經一卷

孫思邈五兆算經一卷

周易枯骨經一卷通志。

五兆金車口訣一卷以下宋志。
聶承休龜經雜例要訣一卷
玄女玉函龜經一卷
劉玄龜髓經論一卷
毛寶定龜竅一卷
黄法五兆曉明龜經一卷
靈龜經一卷
龜圖一卷
神龜卜經一卷
龜甲曆一卷
龜兆口訣一卷
五兆秘決三卷
五行日見五兆法三卷
五兆穴門術三卷
龜繚繞訣一卷

靈龜經一卷

龜經要略一卷

龜髓訣一卷

春秋龜策經一卷

質龜圖一卷

齕骨林一卷

九宮蓍龜序一卷隋志。

以下蓍書蓍法，至宋人始漸復三易之舊，故宋志多入之經部，其在蓍龜家者祇四種，則知其必爲五行之派也。今依其例。

蓍書二十八卷漢志。

啟筮案此即連山筮書。○初學記引。

殷筮案此即歸藏筮書。○太平御覽引。

大筮衍易二十八卷漢志。

易卦八具漢志。

梁元帝筮經十〔一〕〔二〕卷梁書。

畢中和揲蓍法柳宗元集。
鄭克揲蓍古法一卷宋志。
青城山人揲蓍法一卷
不爲子揲蓍法一卷
禄英居士揲蓍圖一卷
任奉古明用蓍求卦一卷
程子揲蓍法見蓍卦辨疑中。
邵子揲蓍法
郭雍揲蓍法
莊綽揲蓍新譜一卷見薛士龍集。
亡名氏小衍揲蓍法
史通易著
趙汝楳筮宗三卷
吴霞舉筮易七卷
孫義伯復古蓍法

程龍筮法一卷
鮑雲龍筮草研幾一卷
雷思齊易筮通變一卷
玄女筮經五卷
耿格大衍天心照一卷
林（儻）〔儵〕天道大備